教育部人文重点研究基地重大项目"黎语生态研究"（14JJD740012）

横向项目"瑶族古文字研究"（201109）

冯广艺 李庆福 等 著

# 南方少数民族语言生态研究

中国社会科学出版社

图书在版编目（CIP）数据

南方少数民族语言生态研究/冯广艺等著. 一北京：
中国社会科学出版社，2017.4
ISBN 978 - 7 - 5161 - 9960 - 2

Ⅰ.①南…　Ⅱ.①冯…　Ⅲ.①少数民族—民族语—语言调查
—中国　Ⅳ.①H2

中国版本图书馆 CIP 数据核字（2017）第 042079 号

| | |
|---|---|
| 出 版 人 | 赵剑英 |
| 责任编辑 | 郭晓鸿 |
| 特约编辑 | 席建海 |
| 责任校对 | 李　莉 |
| 责任印制 | 戴　宽 |

| | |
|---|---|
| 出　　版 | 中国社会科学出版社 |
| 社　　址 | 北京鼓楼西大街甲 158 号 |
| 邮　　编 | 100720 |
| 网　　址 | http://www.csspw.cn |
| 发 行 部 | 010 - 84083685 |
| 门 市 部 | 010 - 84029450 |
| 经　　销 | 新华书店及其他书店 |

| | |
|---|---|
| 印刷装订 | 北京君升印刷有限公司 |
| 版　　次 | 2017 年 4 月第 1 版 |
| 印　　次 | 2017 年 4 月第 1 次印刷 |

| | |
|---|---|
| 开　　本 | 710×1000　1/16 |
| 印　　张 | 23 |
| 插　　页 | 2 |
| 字　　数 | 283 千字 |
| 定　　价 | 99.00 元 |

凡购买中国社会科学出版社图书，如有质量问题请与本社营销中心联系调换
电话：010 - 84083683

# 新常态下我国少数民族语言生态研究

## 代　序

当下，我国社会经济发展进入了新常态。新常态给我国的社会经济注入了活力，也给我国少数民族语言生态研究带来了勃勃生机。新常态下，思考如何研究我国少数民族语言生态，探讨少数民族语言生态现状及其发展演变，构建良好的少数民族语言生态系统，创建中华民族和谐共存的语言生态环境，是语言工作者神圣的使命。这里，从新常态下我国少数民族语言生态研究的意义、机遇和路径等方面论述我国少数民族语言生态研究的相关问题。

### 一　新常态下我国少数民族语言生态研究的意义

我国境内的语言有 120 多种，分属汉藏语系、阿尔泰语系、南岛语系、南亚语系和印欧语系。新中国成立后，国家推行正确的语言文字政策，尤其是施行了《中华人民共和国语言文字法》和《民族区域自治法》，我国少数民族语言生态呈现出较好的语言生态环境。现阶段，由于社会主义生态文明建设和国家构建社会主义核心价值观体系的需要，研究少数民族语言生态必然具有重要的现实意义。首先，研究少数民族语言生态具有提升语言学科研究活力的学术价值。过去我们对少数民族语言研究注重对语言内部系统进行深入细致的描写和分析并取得了巨大成功，相应地对社会生态环境对语言生态环境的影响、民族语言生态系统等研究不多。《中国少数民族语言简志丛书》的基本写法是先简单地介绍某一少数民族的基本情况（如人口分布、地域分布、地理文化等），然后主要描写某一少数民族语言内部的语音、词汇、语法系统，前者虽然涉及语言所依存的社会环境，但语焉不详，所占篇幅很少，后者是主体，描写也非常具体、全面。研究少数民族语言生态问题，就是用语言生态学的理论和方法探讨少数民族语言生态系统，探讨少数民族语言生态与社会生态环境的关系，研究语言接触所引起的语言生态的各种变化。语言生态学（也称"生态语言学"）是一门新兴的实用性强、富有活力的学科，它对研究少数民族语言生态问题具有很强的解释力，无疑提升了语言学科的整体研究活力。其次，研究少数民族语言生态，处理好四个关系，即共时描写与历时比较的关系，单一语言研究与不同语言比较研究的关系，语言本体研究与非本体研究的关系，借鉴与创新的关系，对我们正确地认识少数民族语言生态研究的理论并付诸实践，具有很强的指导意义。①

（1）共时描写与历时比较的关系。社会生态环境是一个变量，语言生态也是一个变量，它们之间是"共变"关系，研究少数民族语言生态仅用共时描写是不够的，必须将共时描写和历时比较结合起来。如有的少数民族语言在历史上曾是语言活力很强的语言（如满语），在语言生态系统中，具有很显要的"生态位"，而到了今天，却演变成为即将消亡的濒危语言了。这类语言的语言生态问题，如果没有把共时和历时结合起来进行研究，就不可能找出它们从盛到衰、从强到弱，甚至濒危消亡的真正原因。

---

① 参见戴庆厦《正确处理民族语言研究中的四个关系》，《河北师范大学学报》2006年第2期。

（2）单一语言研究与不同语言比较研究的关系。研究少数民族语言生态，应该认识到，我国的语言生态系统是一个复杂庞大的系统，把一种民族语言放在这个系统中进行语言生态研究，自然会考虑到这种民族语言与其他语言的关系了。例如，在我国语言生态系统中，谈到语言接触问题，我们至少会遇到少数民族语言同汉语的接触、少数民族语言之间的接触、少数民族语言内部各方言的接触等现象，在频繁的语言接触中，语言生态的变化是复杂多样的，有的语言在接触中语言活力变强了，有的语言变弱了，语言替换、语言转用、语言兼用、双语、多语等现象都会不同程度地发生，一句话，语言生态发生了改变，这些仅从单一语言上孤立地研究是远远不够的，必须将不同语言放在语言生态系统的框架内进行比较研究才能说明问题。

（3）语言的本体研究与非本体研究的关系。语言本体研究是指对语言体系内部语音、词汇、语法等问题的研究，在我国语言学研究领域里一直是研究的重点，语言的非本体研究是指与语言相关的问题研究，包括语言与社会、语言与民族、语言与生活、语言与应用、语言与生态等方面的研究，戴庆厦先生在这方面给我们做出了榜样。如除了在少数民族语言本体方面研究成果丰硕，他对社会语言学的研究、对濒危语言的研究、对语言和民族关系的研究、对双语问题的研究、对民族语言文字政策的研究、对语言教育的研究等，都取得了显著的成果。

（4）借鉴与创新的关系。语言研究贵在创新，研究少数民族语言生态是一个新课题，我们一方面要借鉴国内外先进的语言学理论，学习老一辈学者的治学精神和治学方法，另一方面在新常态下应有新作为和新担当，要开辟一条研究少数民族语言生态的新路子。

## 二 新常态下我国少数民族语言生态研究的机遇

### 1. 社会生态环境给少数民族语言生态研究创造了条件

现阶段，和谐社会的进一步推进、生态文明建设的逐步深化和社会主义核心价值观的深入人心，给我们研究我国少数民族语言生态、构建良好的语言生态环境创造了最佳氛围。和谐社会的基础之一是语言和谐，良好的语言生态环境是生态文明建设的题中应有之义，而和谐、文明则是社会主义核心价值观的重要内容。在开放的社会环境下，由于经济建设和社会发展的需要，汉语与民族语言之间、民族语言与民族语言之间、民族语言与外语之间的接触越来越频繁，语言生态环境也会发生急剧的变化。著名语言学家戴庆厦先生指出："中国的语言，处在各民族语言相互接触、相互影响的生态环境中，其发展既有语言的分化，又有语言的融合，两者交融一起难以分清。"[1] 戴先生所说的各民族语言相互接触、相互影响的生态环境正是现阶段少数民族语言生态环境的显著特征，也是我们研究少数民族语言的新视野。语言接触会带来语言的一系列变化，会对语言的功能和结构等产生重要影响。以黎语为例。黎语是黎族人民的母语，主要分布在我国的海南省。海南省黎语的生态环境在改革开放前后有着显著的不同。改革开放前，四面环海的独特地理环境，使得黎族人民与外界接触较少，黎族社会基本处于比较封闭的状态，黎语与岛外的其他语言（包括汉语普通话等）的接触相对较少，因而黎语的生态环境是一种受外界影响较少、独自运用、独自发展的面貌，黎族人民运用自己的母语进行族内交际，兼用其他民族语言的人并不多。正如欧阳觉亚、郑贻青两位先生根据 20 世纪 50 年代的黎语调查编著而成的《黎语简志》

---

① 戴庆厦：《中国少数民族语言文字研究·导言》，民族出版社 2012 年版，第 5 页。

一书所指出的那样："除琼中东部靠近万宁和琼海两个县的部分地区和白沙县西北部靠近儋县的部分地区有少数黎人使用汉语外，其余各地的黎族居民都用黎语作为主要的交际工具。"① 改革开放以来，尤其是海南建省和海南国际旅游岛创建以来，海南黎族人民的经济社会生活发生了巨大的变化，黎语的生态环境也随之发生改变，黎族人民与外界的联系增多了，黎语与其他语言的接触更加密切了，黎族人民使用黎语的情况也发生了改变。2007 年出版的《中国的语言》"黎语"部分（郑贻青执笔）中说："琼中东部靠近万宁县和琼海县的部分地区和白沙县西北部靠近儋县的部分地区，以及陵水县东部和南部一些地区的部分黎族群众已转用汉语方言海南话。居住在保亭、三亚、琼中、陵水等县的黎族一般都兼通汉语海南话。方言间人们可以用黎语交际，也可以用海南话交际。……21 世纪以后，随着海南的进一步开放，外来人口不断增加，黎族操普通话的人越来越多，黎族地区正朝着双语制的趋势发展。"② 郑先生所说的黎族地区发生的语言接触、语言转用、语言兼用和双语现象等正是黎族社会生态环境的变化给黎语生态带来的变化。这给我们研究黎语语言生态带来了良机。从理论上讲，语言接触使少数民族语言使用者在语言态度、语言选择等方面发生了改变，随之出现了语言替换（语言转用）、语言兼用、语码混用等现象，而从民族语言整体上看，语言濒危、语言衰变等也不可避免。美国语言生态学家萨利科科·S. 穆夫温说："生态环境是语言演化和形成中不可忽视的重要因素。""一门语言的演化通过个体使用者以及他们的话语和习语得以推动，同时在各种个体语共存的情况下，由生态作用于变异。"③ 从黎语社会生态环境及其变化的角度研究黎语

---

① 欧阳觉亚、郑贻青：《黎语简志》，民族出版社 1980 年版，第 1 页。

② 孙宏开、胡益增、黄行：《中国的语言》，商务印书馆 2007 年版，第 1338 页。

③ ［美］萨利科科·S. 穆夫温：《语言演化生态学·前言》，郭嘉、胡蓉、阿错译，商务印书馆 2012 年版，第 11 页。

生态及其发展是切实可行的。

2. 以往少数民族语言研究给少数民族语言生态研究提供了借鉴

以 20 世纪 50 年代我国少数民族语言大调查为代表的我国少数民族语言研究，其基本模式大致可以概括为以田野调查为基础，以单一的少数民族语言为研究对象，以民族语言本体为核心，描写其语音、词汇和语法体系。这方面的代表性成果是《中国少数民族语言简志丛书》等。现在看来，当时取得巨大成功的经验有几点：一是国家和政府相关部门高度重视少数民族语言研究，把少数民族语言研究当作国家大事来抓，当时在国家经济尚不宽裕的情况下，组织大批人力物力，分成 7 个调查队，深入民族地区，开展少数民族语言大调查。二是一大批专家学者以调查研究少数民族语言为己任，具有吃苦耐劳、勤恳奉献、严谨治学、勇于创新的可贵精神。如著名语言学家戴庆厦先生当年还是个年轻人，随第三调查队深入哈尼族、景颇族聚居区，与少数民族同胞同吃同住同劳动多年，这种多年如一日的融入式调查研究，使戴先生成为景颇语、哈尼语研究的权威专家，也使得我国对这些少数民族语言的研究得到世界同行专家的认可。三是讲究科学方法，强调协作精神。当时为了做好大调查工作，组织了全国性的语言调查培训，特别注重国际音标记音训练，要求语言调查者应掌握描写语言学的理论，掌握田野调查的方法，搞好民族关系，搞好调查者与被调查者的关系，搞好调查队成员之间的关系，充分体现协作精神。四是精益求精，旨在推出精品。20 世纪 50 年代的语言大调查是一项重大工程，《中国少数民族语言简志丛书》是这项工程"打磨"出的学术精品。我们看到这套丛书从 20 世纪 50 年代语言大调查开始到"文革"结束后陆续出版，其中每一部著作都是调查团队、编著者少则几年、多则几十年辛勤耕耘、精心打造的佳作，至今还是研究语言学的学者案头必备的参考书。它告诉我们，学术研究，尤其是少数民族语言研究是一项长期的艰苦的工作，需要沉下心来，坚持不懈，绝不能心浮气躁、观望不前。我国少数民族语言生态研究，除了继承这种语言本体研究的优良传统，还要重点研究：第一，少数民族语言的外在生态和内在生态。萨利科科·S. 穆夫温认为研究语言演化生态学，"不光要关注一种语言所涉及的社会经济环境和人种环境（其外在生态［external ecology］）……还要关注语言系统在变化前及（或）变化中各个语言单位和规则相互共存现象背后的本质（其内在生态［internal ecology］）。……外在生态和内在生态在决定一种语言的演化轨迹方面都具有重要作用"①。第二，少数民族语言使用主体。人是决定语言生态环境的主要因素，少数民族语言使用主体即少数民族母语使用者，他们的语言态度、语言选择、语言能力等是决定一种少数民族语言能否生存、能否保持语言活力并发挥交际功能的关键。在《语言生态学引论》中，我们强调人在构建良好的语言生态环境中的作用，指出："人是语言的运用者、操作者，人类社会中不同的民族都有自己不同的语言，语言是民族的标志，也是民族的凝聚物。一个民族的语言如果在语言生态系统中失去了它应有的位置，它可能会消亡，可能会出现濒危，等等。这是语言生态系统中的一种常见现象，固然有其深刻的政治、社会、文化等原因，但起关键作用的是人。例如一个国家对自己的全民共同语的规范、对官方语言的选择、对记录语言的符号系统的选定等，都是人为的因素在起作用。"②

3. 语言和谐共存给少数民族语言生态研究提出了挑战

我国语言政策的目的是语言的统一性和多样性相结合，是我国各民族之间的语言和谐共存。国家在推广普通话的同时，允许地方方言

---

① ［美］萨利科科·S. 穆夫温：《语言演化生态学》，郭嘉、胡蓉、阿错译，商务印书馆 2012 年版，第 171、216 页。

② 冯广艺：《语言生态学引论》，人民出版社 2013 年版，第 139 页。

的存在和发展；国家把汉语普通话作为全民共同语的同时，也鼓励少数民族使用和发展本民族的语言和文字。这种语言政策为我国的语言和谐共存提供了优越的条件，也是我国建构良好的语言生态环境的肥田沃土。

少数民族语言之间的和谐关系是现阶段我们研究少数民族语言生态的一个重点。语言与语言之间，不论是强势语言还是弱势语言，不论是使用人数多的语言还是使用人数少的语言，不论是兴盛的语言还是衰变甚至濒危的语言，都应该是平等的，语言平等原则是我国处理民族语言关系最重要的原则。在研究少数民族语言生态时，我们应该运用这条原则指导具体的语言现象的分析和评价，绝不允许歧视弱势语言、歧视使用人数少的语言、歧视衰变语言和濒危语言。

少数民族语言之间的和谐共存关系是现阶段我们研究少数民族语言生态的一个难点。我们应该看到，我国有一些少数民族语言已经濒危，还有的语言处于衰变之中。"赫哲语、满语、普标语、义都语、苏龙语、仙岛语等，使用人数已不足百人。如今使用人口在千人以下的（上述六种以外）有15种。这些都是'濒危语言'。""在我们民族平等语言平等的社会主义国家，语言的消失不会是由于人为的压制；但是一种语言的消失，终归是一种社会文化形态的消失，抢救濒危语言也是当前我们能做和应该做的一项紧迫任务。"[①]

## 三 新常态下我国少数民族语言生态研究的路径

既关注语言本体的研究，也重视语言生态环境的研究。研究语言本体，注重揭示语言结构体系内部的语音、词汇、语法特征和规律，是我国少数民族语言研究的优良传统，也是我国少数民族语言研究的成就所在。从语言的发展上看，语言是随着社会的发展而发展的，社

---

① 孙宏开、胡增益、黄行：《中国的语言·序》，商务印书馆2007年版，第2—3页。

会生态环境的变化，必然会给语言带来变化。因此，弄清社会生态环境及其对语言的影响是非常必要的。21世纪以来，不少学者做过这方面的尝试。如周国炎先生的《仡佬族母语生态研究》一书研究已处于濒危状态的仡佬语的生态环境，提出保护仡佬语、维护民族语言文化多样性的主张。熊英的《土家语生态研究》一书同样以濒危语言为研究对象，力图从土家语的语言生态方面探讨该民族语言的保护和发展等问题。濒危语言、衰变语言是世界语言发展演变中的一种易发现象，这些现象的产生虽然跟语言的内部结构有联系，然而更多地与语言的生态环境以及这种生态环境带来的语言功能的变化、语言活力的增减和语言使用者的语言态度及使用人数等有密切关系。

研究少数民族语言生态，要深入民族地区，做好田野调查工作。

20世纪50年代的语言大调查的经验告诉我们，做好田野调查工作是少数民族语言研究成功的关键。可以说，没有扎实的少数民族语言田野调查，就没有《中国少数民族语言简志丛书》，就没有学术精品。关在书斋里闭门造车，不做基本的田野调查工作，是无法取得少数民族语言生态研究成果的。戴庆厦先生指出："只有通过田野调查，才能真正体会语言是什么。语言在实际生活中发生变化，不到群众中接触语言，就不可能真正理解语言的存在和变化。一个有作为的语言学家，对语言要有感性和理性两方面的认识，如果缺少感性认识，理性认识就没有根基；如果只有感性认识而没有理性认识，认识的层次就得不到升华。田野调查是语言学家获得感性认识和理性认识取之不尽的源泉。"[1] 戴先生是这样说的，也是这样做的。几十年来，他深入少数民族地区，进行田野调查不少于50次，成果丰硕，即使现在他80岁高龄，还常常奔波在田野调查的第一线，我们应该学习戴先生这种"活到老，学到老，工作到老"的精神。

---

[1]　戴庆厦：《戴庆厦文集》（第三卷），中央民族大学出版社2012年版，第617页。

　　研究少数民族语言生态，要了解民族语言生态的基本特征。不同的少数民族语言有着不同的语言生态特征，即使是同一种少数民族语言，内部也可能会有若干种方言，方言与方言之间也会有不同的语言生态特征。如黎语具有鲜明的语言生态特征，黎语内部的五个方言的生态特征也有差异。由于黎语主要分布在海南省，从宏观上看，海南岛四面环海，具有独特的地理环境，新中国成立前黎语受岛外语言的影响较小，这一方面有利于黎语的传承、保护，另一方面也使得黎语相对封闭，与岛外语言的接触相对少一些，由此引起的语言生态变化也相对小一些。从微观上看，黎语内部的五个方言（哈、杞、美孚、润、加茂）中，使用人数不等，与外界接触程度不同，语言内部系统也有差异（加茂方言与其他四种方言差异较大），各方言的语言活力、语言功能等也有强弱之分。了解了这些情况，我们研究黎语生态就可以根据其生态特征有的放矢，真正弄清黎语及其方言的语言生态面目，以免漫无边际，盲目行事。①

　　研究少数民族语言生态，要重点关注现阶段少数民族语言使用现状及其发展演变趋势。近年来，很多语言学家在研究语言本体的同时，把视野投向语言生态研究，他们特别重视对少数民族语言使用现状和发展演变等的研究，并取得了丰硕的研究成果。戴庆厦先生和他带领的研究团队以少数民族语言的"点"为研究对象，在对"点"进行"融入式的田野调查"的基础上，采取"解剖麻雀"的方法，揭示现阶段少数民族语言使用中出现的新情况、新特点、新规律，可以看作研究少数民族语言生态的佳作。如《中国濒危语言个案研究》（民族出版社 2004 年版）、《中国少数民族语言文字应用研究》（云南民族出版社 2000 年版）、《基诺族语言使用现状及其发展演变》（商务印书

---

　　① 参见冯爱琴《用语言生态学的方法研究黎语的保护与传承——访中南民族大学教授冯广艺》，《中国社会科学报》2013 年 7 月 19 日。

馆 2007 年版)、《阿昌族语言使用现状及其演变》(商务印书馆 2008
年版)、《云南蒙古族喀卓人语言使用现状及其演变》(商务印书馆
2008 年版)、《构建多语和谐的语言生活》(民族出版社 2009 年版)、
《云南山乡彝族语言使用现状及其演变》(商务印书馆 2009 年版)、
《西摩洛语语言使用现状及其演变》(商务印书馆 2009 年版)、《泰国
清莱拉祜族及其语言使用现状》(民族出版社 2010 年版)、《片马茶山
人及其语言》(商务印书馆 2010 年版)、《中国少数民族语言使用现状
及其演变研究》(商务印书馆 2010 年版)等。

　　研究少数民族语言生态,要准确把握少数民族语言的"生态位",
制定相应的语言生态对策。在语言生态系统中,不同的语言具有不同
的生态位。我国是一个多民族多语言的国家,汉语既是汉族使用的语
言,也是宪法明文规定的全民共同语,在语言生态系统中处于高端位
置。少数民族语言,不论使用人口多少,都是语言生态系统中的成
员,都是构建多样性与统一性相结合的和谐的语言生态系统的支柱。
现阶段我国少数民族语言中,有几种情形值得关注:一是处于濒危状
态的少数民族语言的生态位即将丧失,二是处于接触性衰变中的少数
民族语言的活力正在减弱,三是不少少数民族语言在语言竞争中都有
不同程度的语言替换,四是少数民族地区的双语、多语现象更加复杂
多样等。这些都是影响少数民族语言生态位的重要因素,亟待制定相
应的语言生态对策。

　　研究少数民族语言生态,要真正弄清少数民族母语使用者的语言
态度,尊重他们的语言权利。不同语言(或方言)的使用者的语言态
度既包括对自己的语言(母语)的态度,也包括对其他语言的态度,
在语言接触中,不同语言使用者的语言态度决定语言的发展走向,也
直接影响语言生态的演变。我们在调查研究海南黎语的过程中,对不
同方言区的黎语使用者做过一些问卷调查,发现不同方言区的黎族同
胞对待自己的母语的态度有所不同,因而在黎语和汉语或海南话发生

语言接触的过程中，有的地区发生了语言替换或语言转用，有的地区黎语保持较好，而有的地区则呈现出黎语、汉语双语兼用的情况，这是黎族同胞选择语言的权利，我们不能剥夺他们的语言权利，我们要做的工作是弄清形成这种状况的原因和语言生态变化的规律。

研究少数民族语言生态，要聚集一批敢于攻坚的学术队伍。20 世纪 50 年代的少数民族语言大调查的经验告诉我们，只有汇集一大批既有献身于少数民族语言研究精神、又有过硬的少数民族语言研究本领的学者，才能取得辉煌的成果。应该认识到，我国少数民族语言生态研究是一项长时期的艰巨的任务，需要投入大量的人力物力，需要组织多个学术团队，像 20 世纪 50 年代的前辈学者那样，分赴少数民族地区，对我国境内的所有少数民族语言进行一次彻底的穷尽性的语言生态大调查，真正弄清我们少数民族语言生态的实际情况，研究我国少数民族语言生态发展演变中的一系列问题，为构建我国和谐共存的语言生态环境而努力奋斗。

冯广艺　冯念

# 目　　录

## 黎语研究

## 瑶语、瑶族古文字、女书研究

## 仡佬语研究

黎语研究

# 黎语生态研究的基本构想

著名语言学家王均认为："黎语是我国南疆海南岛上黎族使用的语言。由于历史和地理上的因素，特别是语言本身的特点，它在汉藏语系壮侗语族中占有相当重要的地位。"[①] 从语言生态学的角度分析少数民族语言的生态环境、生态保护和文化传承等问题是当代语言学研究的一个路径。语言生态学视域下的黎语生态环境研究，即研究海南省不同地区黎语的不同现状，分析黎族人的语言态度、黎语和其他语言接触的内在规律，考察黎语的现实生态环境，进而总结建构良好的少数民族语言生态环境的理论和经验，指导人们在良好的语言生态环境中更有效、更合理地从事语用实践活动，直接为社会主义生态文明建设服务。

一

用语言生态学的理论和方法研究中国少数民族语言在我国刚刚起步。语言生态学是一门新兴的学科，它在研究语言的生存、保护、传承和发展方面显示出强大的解释力和生命力。美国语言学家萨利科科·S.穆夫温（Salikoko S. Mufwene）所著《语言演化生态学》（*The Ecology of Language Evolution*，郭嘉、胡蓉、阿错译，商务印书馆

---

① 王均：《〈黎语调查研究〉评介》，《民族语文》1985 年第 3 期。

2012 年版）用语言生态学的理论和方法研究克里奥尔语的发展问题，提出了著名的"克里奥尔语的创始人原则"，指出语言演化和生态有内在联系，认为研究语言"不光要关注一种语言所涉及的社会经济环境和人种环境（其外在生态〔external ecology〕）——如接触环境以及不同的使用者群体之间的权力关系——同时还要关注语言系统在变化前及（或）变化中各个语言单位和规则相互共存现象背后的本质（其内在生态〔internal ecology〕）。……外在生态和内在生态在决定一种语言的演化轨迹方面都具有重要作用"①。我国是一个多民族多语言的国家，根据《中国的语言》（商务印书馆 2007 年版）一书的研究，现阶段我国的语言有 129 种，分属汉藏、印欧、阿尔泰、南岛、南亚五个语系，语言类型上也有分析型、黏着型和屈折型之分，从语言生态的角度看，这些语言的外在生态和内在生态也不一样，尤其是在语言接触频繁的今天，语言转用、语言兼用、语言衰弱、语言濒危、多语共存、语言活力发生改变等现象在不同的语言中有不同的表现。黎语内部有五大方言，语言资源丰富，生态环境良好。我们认为，黎语的生存、保护、传承和发展，依赖于其较好的外在生态和内在生态，因而，从语言生态学的角度研究黎语，可以丰富我国的语言理论，探求一条符合我国语言国情和少数民族语言研究实际的可行之路。

黎语是我国海南省黎族人民使用的语言。过去，由于地理和人文等因素决定了它是一种与外界接触较少的语言。20 世纪 50 年代以来，黎语逐渐受到学术界的关注，著名语言学家王力、严学宭等都写过研究黎语的论文，以欧阳觉亚、郑贻青为代表的民族语言学家对黎语做过系统、深入的研究，出版了《黎语简志》《黎族语言调查研究》《黎汉词典》《黎语》等著作，为我们进一步研究黎语打下了坚实的基础，

① 〔美〕萨利科科·S. 穆夫温：《语言演化生态学》，郭嘉、胡蓉、阿错译，商务印书馆 2012 年版，前言第 2 页。

功不可没。改革开放以来，海南建省，社会经济、文化教育蓬勃发展，外来人口大量涌入，黎语和其他语言（尤其是汉语普通话）的接触日益频繁，黎语的生态环境发生了巨大变化，且岛内不同地域的黎语及其方言土语也因为语言接触程度的不同而在发展演变上具有不平衡性。弄清这些问题，对制定黎语的发展规划和语言生态对策意义重大。从黎语内部的方言划分上看，过去一直将黎语分为五大方言，近几年，我们先后对黎语及其方言做过 8 次调查，在调查中，包括调查对象、黎语学者和海南省民委干部都认为黎语的方言可能与传统的划分情况不同，然而究竟分多少方言？各方言内部又有多少次方言（土语）？黎语谱系情况如何？等等，意见不一。通过深入调研厘清这些问题，对进一步研究黎语，提升黎语的语言活力，推进黎语的发展，也具有实际应用意义。

语言生态学的研究方法之一是将一种语言与其生态环境紧密联系在一起进行研究，它重点考察生态环境的变化对语言的生存和发展的影响，考察不同生态环境下语用主体的语用实况，强调构建良好的语言生态环境对语言发展的正面效用以及语用主体在构建良好的语言生态环境中的作用。现阶段，海南不同地域的黎语及其方言的发展、演变不平衡，人们的语言态度等的不同也影响黎语的生存和发展，如语言兼用和语言转换等十分普遍，需要用语言生态学的研究方法弄清黎语的外在生态和内在生态在黎语发展、演变中的作用。在语言调查方法上，我们除了采用少数民族语言调查和汉语方言调查的一般方法，更强调运用"融入式田野语言调查方法"（immersion field work），更深入、细致地调查黎语及其方言土语，尤其注重语用主体的语言态度等语言情感因素的考察和语言内在生态和外在生态的考察。融入式田野调查方法对调查各种语言和方言，弄清它们的真实面目具有研究方法意义。

## 二

黎语属于汉藏语系壮侗语族黎语支，黎语人口有一百二十四万余人，主要分布在中国海南省。根据 20 世纪五六十年代的语言调查，黎语分侾（哈）、杞、润、美孚、加茂 5 种方言，国家于 1957 年为黎族设计了拉丁字母形式的文字方案。

目前，研究黎语的主要著作有：欧阳觉亚、郑贻青《黎语简志》（民族出版社 1980 年版）、《黎语调查研究》（中国社会科学出版社 1983 年版）；郑贻青、欧阳觉亚《黎汉词典》（四川民族出版社 1993 年版）；文明英、文京《黎语长篇话语材料集》（中央民族大学出版社 2009 年版）；苑中树《黎语语法纲要》（中央民族大学出版社 1994 年版）；张雷《黎语志强话参考语法》（2010 年南开大学博士学位论文）；等等。这些成果主要是研究黎语语音、词汇、语法等问题。

20 世纪 50 年代，王力先生和钱逊先生发表了论文《海南岛白沙黎语初探》（《岭南学报》1952 年第 2 期），严学宭先生发表了《黎语构词规律和创立新词术语的原则》（中南民族学院第一届科学讨论会论文）、《关于黎语方言和创制黎文的意见》（在海南黎族苗族自治州首府通什举行的黎族语言文字问题科学讨论会上的论文）、《黎文创制的经过》（《南方日报》1957 年 3 月 22 日）。改革开放以来，研究黎语的主要学术论文有：欧阳觉亚、郑贻青《从词汇上看台湾原住民族语言与黎语的关系》（《寻根》2004 年第 2 期），郑贻青《浅析黎语中的汉语借词及黎汉相同词》（《民族语文论文集》，中央民族学院出版社 1993 年版），符镇南《试谈"徕人"和黎人是同一族源》（《海南黎族苗族自治州民族研究》第 1 辑，1985 年 10 月）、《黎语的方言岛》（《民族语文》1990 年第 4 期），高泽强《黎族族源族称探讨综述》（《琼州学院学报》2008 年第 1 期）、《黎语的历史与未来走势》（《广西民族研究》2008 年第 3 期），黄鈜《从黎语词汇看黎族社会的发展》

（《中央民族大学学报》1995 年第 5 期）、《黎语地名初探》（《琼州大学学报》2001 年第 3 期），符宝玉《论黎语的传承与保护》（《前沿》2010 年第 5 期），李枚珍、王琳《海南黎语使用现状与对策》（《海南大学学报》2010 年第 4 期），刘援朝《黎语方言的语音交替现象》（《语言科学》2006 年第 5 期）、《黎语方言声调的对应问题》（《语言科学》2004 年第 4 期），等等。这些成果除了对黎语中的汉语借词、黎语与其他语言的关系等做了一般性研究，还对黎语方言、黎语使用现状、黎语保护传承等进行了探讨。

欧阳觉亚先生和郑贻青先生长期致力于黎语的研究，他们深入黎族地区调查黎语及其方言土语，撰写了一系列黎语研究论著，取得了丰富的成果。他们认为海南"除琼中东部靠近万宁和琼海两个县的部分地区和白沙县西北部靠近澹县的部分地区有少数黎人使用汉语外，其余各地的黎族居民都用黎语作为主要的交际工具。居住在保亭、崖县、琼中、陵水等县的黎族兼通汉语的较多，其他地区懂汉语的较少"①。他们详细地分析了黎语的语音、词汇和语法特点，指出黎语有五个方言，哈方言使用的人口最多（他们主要是以哈方言中乐东县的保定话为代表调查黎语的），简要比较了黎语各方言的语音、词汇和语法的特点及差异。郑贻青（2007）分析了黎语的发展态势，指出："21 世纪以后，随着海南的进一步开放，外来人口不断增加，黎族操普通话的人数越来越多，黎族地区正朝着双语制的趋势发展。""方言间人们可以用黎语交际，也可以用海南话交际。"② 近年来，学界提出"用语言生态学的方法研究黎语的保护与传承"③ 的新思路，张群、钟

---

① 欧阳觉亚、郑贻青：《黎语》，王均等《壮侗语族语言简志》，民族出版社 1984 年版，第 687 页。

② 孙宏开、胡增益、黄行：《中国的语言》，商务印书馆 2007 年版，第 1338 页。

③ 冯爱琴：《用语言生态学的方法研究黎语的保护与传承》，《中国社会科学报》2013 年 7 月 19 日第 A06 版。

宇的《黎语哈方言区语言使用现状调查研究》(《湖北师范学院学报》2012 年第 5 期),王薇、李庆福的《黎语语言现状调查研究》(《湖北师范学院学报》2013 年第 1 期)是这方面的论文。相对而言,从语言生态学的角度研究黎语的成果不多。

我们提出从语言生态学的角度研究黎族语言的生态状况和黎语的生存、保护、传承和发展问题,其基本研究目标是:(1)通过对调查点黎语记音整理,研究黎族语言各方言的内部关系,不同次方言之间的区别;(2)将调研成果和《黎汉词典》做对比研究,探讨黎语语音、语法、词汇等方面的发展变化;(3)将调查的语言资料与壮侗语族的侗水语支、壮傣语支及苗瑶语族的苗语支、瑶语支等进行比较研究,找出黎语词汇、语音、语法上的特点及其内部差异;(4)分析黎语使用现状,调查黎族人的语言态度,了解语言接触中的语言兼用和语言转用及其特点等,提出保护黎语、传承黎语、发展黎族文化的对策;(5)从语言生态学的角度分析黎族语言的生态环境,提出黎语生态保护的意见和建议;(6)进一步探讨黎语变化和经济社会发展的关系,分析经济社会对黎语生态环境的影响。

## 三

我们主要从以下几个方面研究黎语生态环境。

### (一)研究现阶段黎语的基本特点

针对这一点要特别关注改革开放以来黎语生态环境的变化和黎语在语音、词汇、语法等方面的演变情况,分析黎语的使用现状,黎族同胞使用黎语的语言态度,黎语外在生态和内在生态对黎语的变化和发展所起的作用,展望和预测黎语的发展趋势,提出黎语的语言生态对策。

1. 研究黎语生态系统

从黎语的外在生态（external ecology）和内在生态（internal ecology）两个方面研究黎语生态系统。外在生态主要包括黎族地区的社会经济、自然环境、历史地理、文化教育、风俗习惯等外在因素对黎语的影响，尤其注意考察改革开放以来这些因素对黎语的语音、词汇、语法等发展变化产生的影响。内在生态主要分析黎语内部的方言分布和不同方言的生态特点，从黎语内部谱系上探讨黎语及其不同方言（次方言）的谱系关系，对黎语及其方言（次方言）的划分做进一步的分析论证。根据欧阳觉亚、郑贻青《黎语简志》，黎语内部谱系如图1所示（语言、方言、次方言）。

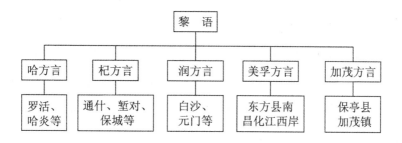

**图1　黎语内部谱系图**

黎语内部的谱系究竟怎样？改革开放以来黎语谱系的发展演变情况如何？都值得研究。

2. 从语言生态学的角度研究黎语和其他语言的接触带来的语言变化

黎语是海南黎族人民的母语，过去因社会经济、地域环境等因素的制约，黎语与其他语言的接触较少。近现代以来，特别是改革开放以来，黎语与其他语言的接触日趋频繁，语言接触的类型也多种多样，黎语不同方言与汉语普通话、海南话甚至外语等都存在不同程度的语言接触，如深层接触、表层接触、直接接触、间接接触、主动接触、被动接触、个体接触、群体接触等。由于语言接触频繁，黎语变化巨大，黎族地区语言兼用、语言转用、语言混合等已成为常见现象，这是研究黎语生态环境必须关注的问题。

3. 论述黎语的使用现状，分析语言生态与黎语运用的关系

首先，考察黎族地区语言交流方式的变化情况，即考察从过去的单一使用黎语的方式向双语（使用黎语和汉语普通话或汉语方言海南话等）的转化和由黎语转用汉语普通话或汉语方言海南话的情况。其次，考察黎族同胞的语言态度，分析不同年龄段、不同文化程度、不同地域、不同阶层的黎族同胞黎语运用的基本情况。最后，考察黎族同胞黎语运用能力的发展和变化，分析现阶段黎族同胞的黎语整体水平和个体差异，确认黎语的语言活力等级。

4. 研究现阶段黎语生态环境与制定黎语发展规划等问题

通过分析现阶段黎语的基本特征，提出在黎族地区如何推广双语教育，如何保护、传承黎语及其文化，如何进一步构建黎语和汉语普通话等语言的语言和谐关系，从而为国家语言政策的制定和黎语的生态对策等提供参考意见等问题。①

（二）以黎语五大基本方言中的若干语言点作为研究对象

研究黎语各方言的内在生态特点和外在生态特点，从罗活、哈应、抱显、通什、堑对、保城、白沙、元门以及加茂方言、美孚方言等方言区（或次方言）当中选取约 30 个村镇为语言点进行深入细致的田野调查，特别注意偏远山村的黎语方言调查，进一步掌握鲜活的语言材料，分析不同方言的语音、词汇、语法特点和生态特征，确定不同方言土语的语言活力等级，对黎语方言土语的生存、保护、传承和发展提出针对性意见和建议。具体地说，有如下几个方面。

---

① 冯广艺：《语言生态学引论》，人民出版社 2013 年版，第 157 页。

（1）分析不同语言点黎语使用现状及其原因，具体考察不同语言点黎语作为黎族同胞交际工具的使用情况，考察不同语言点黎语稳定使用（或不稳定使用）的条件和因素。

（2）研究不同语言点的语言接触问题，考察不同语言点黎语受汉语普通话和汉语方言海南话（或其他语言）影响而形成的变化，如黎语方言中汉语和其他语言的借词、语音变化和语法变化等。

（3）考察不同语言点是否形成了语言兼用或语言转用，是否形成了双语制，探讨形成双语制的成因。

（4）考察不同语言点的语言活力，分析不同语言点黎族部分青少年母语能力减退及其原因，分析语言态度等对语言能力的影响，提出在不同语言点进行语言规划、开展双语教育等的具体对策。

（5）从语言生态学的角度，研究保护、传承黎语方言对保持黎语多样性的意义。

考察不同语言点黎语发展变化的不平衡性并提出相应的语言生态对策，预测黎语不同方言今后的发展演变趋势。

（三）黎语五大方言分布地域不同、生态环境不同、使用人数不同

黎语方言使用者中，哈方言43万余人，杞方言17.9万余人，润方言4.4万余人，加茂方言5.2万余人，美孚方言3万余人。与汉语及其他语言接触程度不同，因而五大方言的发展变化也不尽相同。主要从以下几个方面入手：

（1）调查30个方言点，分析比较不同方言在语音、词汇、语法等方面的不同。如语音上，各方言的声韵调系统不同。声母数目，哈方言中的保定话有32个，杞方言中的堑对话只有21个；韵母数目，加茂方言有145个，而最少的有82个；声调多的是6个，少的只有3个。这说明黎语内部各方言语音差别很大，值得深入探究。词汇上，有的方言与其他语言接触多，借词多，借词类型多样，有的方言与其

他语言接触少，借词少，借词类型单一。语法上的差异相对小一些，但因受汉语等语言的影响，也有共时和历时上的变化，值得研究。

（2）根据斯瓦迪士（Swadesh M.）的核心词词表，选取黎语不同方言中 200 个核心词进行语音和词汇上的比较分析，弄清黎语各方言的不同特点及与其他语言的接触情况，认清黎语不同方言发展演变的不平衡性。

（3）比较不同方言的不同生态特点，构建黎语方言生态比较的基本模式。从语言生态上看，黎语内部各方言的生态环境是不同的，如有的地方（如陵水县东南部一些地区）的黎族同胞已经转用汉语方言海南话，有的地方则是语言兼用，如保亭、三亚、琼中等兼用汉语海南话，他们可以用黎语交际，也可以用汉语海南话交际。

语言转用和语言兼用是黎语方言生态的一大特点，近些年来，黎族操汉语普通话的人越来越多，双语制已成为一种发展趋势。通过比较分析，提出如何正确对待语言转用、做好语言兼用、完善双语制等语言生态对策。

（4）研究不同年龄、性别、文化程度、社会阶层等因素对黎语方言使用的影响以及如何保护、传承黎语方言等问题。考察黎语不同方言的语言活力等级，尤其关注使用人数少、使用范围小、交际功能弱的黎语方言（次方言），提出保护这些方言（次方言）的意见和建议，如进行双语（黎语及其方言和汉语普通话）教学、制定黎语方言保护措施和发展规划等。

## 四

我们主要采用融入式田野语言调查方法和文献对比分析相结合的研究方法。运用这种方法，首先，以当地黎族人纯正的黎语发音材料为主要研究对象，对黎语及其不同方言土语的语音、词汇、语法进行比较，同时对黎语与壮侗语诸语支及其他相关语言进行比较。其次，运用系统方法研究黎语及其方言，从整体上探讨黎语生态系统中的问题。同时，宏观的研究方法和微观的研究方法、共时的研究方法和历时的研究方法、定性分析的方法和定量分析的方法等，都适用于黎语生态环境的研究。

总之，用语言生态学的理论和方法研究黎语生态环境，就是要在以下几个方面开拓创新：（1）详细划分黎语方言土语，确保选点涵盖准确而全面，拓展黎语研究的学术空间，进一步对黎语内部各方言做对比研究，揭示黎语内部各方言的差异及其规律；（2）全面探究改革开放以来黎语发展演变的新特点、新动向，提出语言跟踪调查研究的新理论和新方法，深化对黎语各方言的具体研究；（3）从语言生态学的角度分析现阶段黎语的使用情况，尤其是研究黎族人民在语言接触中的语言态度、语言兼用、语言转用问题，旨在保护黎语及其所承载的黎族文化，为传承黎族的宗教、民俗、历史、文化等，提出切实可行的对策；（4）通过对黎族语言的生态研究，进一步揭示出少数民族语言生存和发展的生态环境，为构建良好的语言生态环境提供理论依据和实践指导。

（冯广艺　李庆福）

# 黎语杞方言生态发展论

黎语是黎族人民的母语，杞方言是黎语的五大方言之一。杞方言生态系统是一个和谐的生态系统，研究黎语杞方言的生态问题，对我们认识我国少数民族语言使用的演变和发展、正确处理不同民族的语言关系、充分发挥不同民族的语言功能等，有着重要的参考价值。近年来，我们多次深入海南黎语杞方言黎族聚居区，通过入户调查、访问、发放问卷、现场观察等方法，对黎语杞方言的使用情况进行了从点到面的调查、分析，获得了一些很有价值的调查数据，对黎语及其生态发展问题也有了一些新认识。

本文从对黎语杞方言研究的基本认识、杞方言区语言和谐相处的成因、杞方言生态研究的理论启示以及杞方言的未来走向等方面探讨黎语杞方言的生态发展问题。

一

从黎语的五大方言看，杞方言在使用人数上仅次于哈方言，所以杞方言在黎语的内部生态系统中的"生态位"（ecological niche）是很高的。现阶段，黎语内部各方言的发展变化不平衡，有的地方黎语保存较好，仍是交际用语和日常生活用语，有的地方发生了语言转用（即黎族民众不使用自己的母语而转用汉语普通话或海南话），有的地方已经出现了双语甚至多语并存、并用的局面。我们认为，讨论黎语的生态发展问题，应该是在弄清黎语内部不同方言使用现状、发展演变的不同特征的前提下，有针对性地提出具体的语言生态对策。

语言是文化的物质载体，它记录并保存文化，为文化的流传提供了保障。语言的生态环境包括在文化的生态环境之中，研究语言的生态环境不仅有利于语言的发展，同时也有利于民族文化的传承和保护。语言的存在和发展与自然环境和社会环境有着密切的关系，语言生态环境直接关系到语言的活力。平衡和谐的语言生态环境有利于语言的发展，失衡恶劣的生态环境则可能会减弱语言的活力，导致语言的衰退、濒危甚至消亡。①

黎语的生态环境的发展变化与当今社会的发展变化息息相关。当今社会是一个信息化、全球化、现代化的社会，它直接推动我国少数民族地区的经济社会、文化教育、科学技术等方面全面发展。在这种时代大背景下，少数民族地区的语言文化生态环境也发生了巨大变化。一般说来，每一种语言与文化都有其独特的生态环境，生态环境一旦发生变化或者受到影响，语言和文化也会发生相应的变化。杞方言作为黎语五个方言中的一个分支，有其独特的语言文化生态系统，这一系统的平衡对于维护黎族语言和文化有着十分重要的意义。通过对杞方言区语言生态环境的研究，我们可以了解当前该地区的语言使用情况，了解黎语杞方言的生存状态，为黎语杞方言的保护和传承提供客观正确的认识依据。黎语杞方言的生态系统中有相对稳定的自然环境和社会环境。早期，因地理因素如山林、河流的阻隔，形成了一个相对独立的聚居区，聚居区内统一使用黎语杞方言。可以说，地理因素对杞方言的保存和传承起到了重要作用，地理上的天然屏障保证了杞方言的纯洁性，使得它能够自由发展，不受外来语言的影响。如今，黎族各地区经济文化的交流日趋频繁，天然的地理屏障已经无法

---

① 参见戴庆厦《社会语言学概论》，商务印书馆 2004 年版，第 126 页。

阻挡不同民族的互相交流，加之人口迁徙、族际通婚等逐渐增多，汉语普通话的现实实用性日渐凸显，并成为杞方言区人民的又一个重要交际工具。

语言的发展历史在某种程度上可以看作一个社会的历史文化的发展史，语言无时无刻不存在于我们生活的点点滴滴之中，它时刻伴随在我们左右，但又时常被我们忘却。在世界语言生态系统中，由于自然环境、社会环境和历史条件等不同，民族和地区的不同，语言也不同，因此世界上有许许多多语言，形成了一个具有语言多样性的生态系统。但是，语言和语言之间不存在优劣之分，只有功能上的差异。人类社会五彩斑斓的文明正是由多种不同个性、色彩鲜明的语言来体现的。语言的多样性保障了人类物质生活与精神生活的多样性，同时，也是人类文化多样性的体现。自然生态环境的破坏会造成某种物种的濒危和灭绝，从而影响生物的多样性，相应地，语言生态环境的失衡也会导致某种语言的消失或灭亡，毁坏语言生态的多样性。对于人类来说，保护语言的多样性就像保护生物的多样性同样重要。语言是文化的载体，语言的消失会导致人类文化的损失。和谐社会，理应包括和谐的语言生态环境，即多种文化与语言共生的社会环境。要营造这样的社会，必须对语言的多样性有正确的认识，必须尊重各民族、各地区的民族语言或方言。①

研究黎语杞方言的语言生态环境，可以帮助我们了解一种少数民族语言及其方言的生态布局和语言多样性特征，为研究和维护语言多样性提供证据。黎语杞方言属于汉藏语系壮侗语族黎语支下的一种方言，在历史的发展变化过程中，杞方言承载着黎族杞方言地区人民的独特文化，并区别于其他黎语方言。它反映了当地黎族人民的生活特点，蕴含杞方言区黎族人民的生活经验，并和其他黎族方言有着共同

---

① 参见冯广艺《语言生态学引论》，人民出版社 2013 年版，第 199 页。

的文化基础、浓郁的文化气息以及悠远的历史信息。这些是我们研究黎族及其文化的形成、发展、繁盛不可或缺的宝贵材料，同时也是中华绚烂文化中必不可少的重要组成部分。研究、保护语言多样性是人类社会的生存与发展需要，也是我国构建和谐社会、保护我国语言多样性的需要。

杞方言是黎族五大方言中的一支，在历史发展过程中，讲杞方言的黎族人民受自然地理条件的限制，与外界接触较少，文化生态环境相对独立和单纯，这就形成了自己原始、神秘、独具特色的文化，同时也能满足许多游客求新求异、求奇求美的心理。杞方言文化仅是黎族五大方言文化中的一支，黎族文化的内涵十分丰富，不同方言支系在语言、饮食、风俗、服饰等方面都有差异，各具特色。黎族文化的异质性和丰富性使得黎族文化具备极大的旅游价值，正像人们所说的那样，"只有民族的才是世界的"，黎族文化旅游如果能得到合理的挖掘和开发，一定能够成为海南旅游业中最抢眼、最能吸引游客的元素，从而丰富海南旅游业的内涵，促进海南国际岛的建设。从这一点看，有必要保护黎族语言文化生态环境，促进黎族的语言与文化不断传承与发展，为海南建成国际旅游岛做出积极的贡献。

二

杞方言区内现有的语言主要是杞方言、海南话及汉语普通话，它们处于一个和谐互补的生态系统中。所谓和谐互补就是指在一个民族或者一个群体内部，各种语言之间平等和谐，各司其职，互不干扰，在语言功能上互相补充，相得益彰，这种语言生态是一种良好的语言生态。杞方言区人民在日常交际中，可以根据不同的交际对象、不同的交际场合、不同的交际内容熟练转换语言，进而完成语言交际任务。[①]

---

① 参见冯广艺《语言和谐论》，人民出版社 2007 年版，第 11 页。

杞方言区各种语言处于一种和谐互补的状态，主要有以下几个原因：

第一，杞方言区各种语言之间是一种平等的关系，它们之间不存在语言歧视，也没有恶性竞争，这就为和谐的语言生态系统提供了基础。语言与语言之间的关系非常复杂，亦十分微妙，它和国家之间的关系以及民族之间的关系有着一致性。我国《宪法》规定，中华人民共和国各民族一律平等。国家保障各少数民族的合法权利和利益，维护和发展各民族的平等、团结、互助关系。禁止对任何民族的歧视和压迫，禁止破坏民族团结和制造民族分裂的行为。这在一定程度上保障各民族语言的平等地位，促进它们和谐发展。

第二，语言政策为语言的和谐发展提供了法律保障。《中华人民共和国国家语言文字法》明确规定，各民族人民都有使用和发展自己的语言文字的自由。国家通用语言文字的使用应当有利于维护国家主权和民族尊严，有利于国家统一和民族团结，有利于社会主义物质文明、精神文明和生态文明的建设。语言政策的制定对民族语言的使用和发展起到切实的保证作用，为少数民族同胞使用自己的母语提供了法律保障。

第三，经济社会的发展为杞方言区和谐互惠的语言生态结构提供了动力支持。语言来源于人民群众的创造活动，是为经济社会的发展和人们的交际活动服务的，它随着经济社会的发展和人们的交际需求增大而逐渐发展演变，在发展演变中不断吸收新的成分，进而完善自身系统。杞方言区社会经济的发展为现有的语言生态提供了良好的社会环境，也为其自身的不断发展提供了原动力。

第四，杞方言区人民开放宽容的语言态度为当地语言生态结构打下了良好的心理基础。语言态度决定人们的语言选择和语言应用，对国家和地区的语言的制定、和谐语言关系的形成以及有针对性的语言规范的实施等都起着决定性的作用。没有正确的语言态度，就不可能有正确的语言选择和语言运用，也不可能出现良好的语言生态环境，更不可能形成和谐的语言生态系统。杞方言区人民对外来语言的宽容开放态度，为多语和谐生态环境的构建打下了良好的社会基础。他们不仅对自己的母语有着深厚的感情，同时也深深感受到学习和掌握汉语的重要性。

总而言之，杞方言区的语言生态系统是一个良好的生态系统，不同语言之间的和谐生态链共同构成杞方言区当前的整个语言生态系统，它不仅有利于杞方言的传承发展，而且有利于当地人民语言能力的提高。杞方言区政治、经济、文化等方面的发展为杞方言的语言生态系统提供了稳定的保障，同时，和谐互惠的语言生态环境也必将促进当地政治、经济、文化各方面的发展。

## 三

从语言生态学的角度分析少数民族语言的生态环境、生态保护和文化传承问题，是研究黎语杞方言生态发展的题中应有之义。探讨杞方言使用的基本状况、生态环境和杞方言区内部各语言之间的关系，提出杞方言发展规划和保护对策，为黎族语言的传承和黎族文化的发展提出理论参考，同时也给语言学界以深刻的启示，等等，是研究黎语杞方言生态发展的基本任务。我们认为，以下几个问题值得注意。

（1）对我国少数民族语言的语言活力不能笼统地低估，也不能夸大语言濒危的范围。

著名语言学家戴庆厦先生在《论濒危语言》一文中指出："什么样的语言才算是濒危语言？这涉及对某一语言是不是濒危语言的定性问题。对某一语言是不是濒危语言，不能轻率判定，必须要有一个统一的标准。否则，把不是濒危语言当作濒危语言，或把真正是濒危的语言漏掉，就不能认清濒危语言的本质属性。这在理论上或实践上都是有害的。"[①] 语言竞争理论认为：在多民族、多语言的地区，语言之间存在竞争，使用者少的语言往往竞争不过使用者多的语言，容易出现语言功能的衰退或走向濒危。有语言学家估计，世界上现有的 6000多种语言中有 2/3 的语言将在 21 世纪消亡。近年来，濒危语言问题成为语言学界的一个热门话题，挽救濒危语言的呼声日益高涨。但如何科学地、切合实际地预测世界不同地区语言的活力及其发展趋势，则是一个在理论上和实践上都尚未解决的问题。到目前为止，语言学家对世界上各种语言目前的生存活力并不完全清楚，有调查过的，也有没调查过的，所以很难做出科学的估量。在经济一体化和信息全球化的今天，使用人数较少的语言在强势语言的包围、接触、影响下，容易出现语言功能衰退甚至濒危，这是必须引起重视的，但不同地区、不同国度的情况并不完全相同。有的小语言，也有可能健全地使用和发展，不一定都会走向衰退、濒危。黎语杞方言的使用人口是如此之少，而在它的周围又有全国的通用语言汉语普通话和当地的汉语方言海南话，其存在和发展面临语言功能被削弱、被取代的可能性，但黎语杞方言在语言功能的竞争中并没有被削弱、被取代，而是在与汉语的功能实行互补中，充分发挥自己的作用，较好地保存下来。我国还有一些少数民族语言也存在类似的情形。由此看来，对语言使用现状及其趋势还必须做深入的研究。

（2）制约语言使用的条件或因素很多，不同民族、不同语言的具体情形也有所不同。

制约语言使用的条件和因素很多，不同的民族和语言的具体情形不同，因此语言学家必须全面调查、分析具体语言的实际情况，从中认准制约语言使用的主要因素和次要因素，并有针对性地提出预测和对策。制约黎语杞方言在黎族聚居区稳定使用的主要因素是杞方言黎

---

① 戴庆厦：《中国濒危语言个案研究》，民族出版社 2004 年版，第 4 页。

族人民高度聚居。杞方言黎族人民多聚居在一个村寨中，并且是一个姓氏的黎族人民共同生活在一个地方，他们之间不仅仅有地域上的聚居关系，还有着血缘上的亲属关系。新中国成立之后，来杞方言区的外族人员包括干部、教师、务工者及投婚者，虽然人数增多了，但还不足以从根本上改变杞方言黎族聚居村寨的人口分布状态。况且，外来人员在黎族聚居的环境中，有一些人已经融入黎族人民中去，不同程度地学会了黎语杞方言。高度聚居为黎语杞方言的传承提供了天然条件，使得黎语杞方言有一个稳定使用空间。此外，新中国的民族平等、语言平等政策，是黎语杞方言能够稳定使用的政治保障。杞方言黎族人民强烈的认同感和共同的文化基础是黎语杞方言能够稳定发展的社会心理基础。如果不做具体、深入的调查，就难以对语言使用状况做出正确的估量。

（3）母语与汉语实现良性互补，是母语的重要生存条件。

杞方言黎族同胞是一个全民双语制的群体，杞方言和汉语是当地人民日常生活中时时刻刻都不可缺少的交际工具。这两种语言之间和谐共处，在不同的场合、不同的领域、不同的功能上有着各自的分工，而且在语言自身系统结构上也互相从对方吸收大量的词汇来丰富自己。长期以来，尤其是新中国成立之后，黎语杞方言从汉语里吸收大量的词汇来丰富自己，而且在语音、词汇上也受到汉语的影响。汉语因素在黎语杞方言中深深扎根，并与黎语杞方言的固有成分相互融合，极大地增强了黎语杞方言的语言活力。黎语杞方言不断接受汉语的影响，不仅没有削弱自身的作用，而且还使得黎语杞方言在与汉语的相互影响中得以独立发挥自己的作用。

（4）应该进一步重视语言使用问题。

语言使用问题必须引起语言学家的重视。过去语言学界在这方面做的工作实在是很少，很难适应语文工作的需要。如果我们没有多次深入杞方言黎族聚居区调查研究当地的语言使用情况，我们对杞方言区的语言现状也是"两眼一抹黑",搞不清状况。在中国语言学界,语言学家对语言本身结构系统的研究比较多,而对语言的使用情况的研究相对较少,二者之间非常不平衡。所以,今后我们必须加强对少数民族地区语言使用状况的研究,尤其注重对不同语言接触中的语言使用问题的研究,因为语言接触在语言演化中扮演的是"关键角色"①,然后根据对当地语言使用现状的客观事实做出科学的解释,并提出合理的解决办法。语言使用描写是第一性的,要有客观可靠的描写才能为科学解释语言情况提供现实基础;那些忽视微观地、花气力地描写而只凭一知半解的感觉大做文章去解释的,是不符合语言实际的,也是没有效果的。

## 四

语言生态系统是一个动态的、有规律的生态系统,它受社会环境和自然环境的影响,语言生态系统中的各个方面都发生着一系列变化,语言的使用状况也处于不断的变化之中,这些变化发展都有一定的规律。分析研究这些规律,有助于认识语言的使用现状及其演变趋势,也有助于制定正确的语言规划。

在杞方言区的调查中,针对杞方言的会不会消失(濒危直至消亡)问题,笔者设计了这样两道题目:

(1) 如果本地人民都成为只说汉语的单语人,您怎么看待这种现象?

A. 迫切希望　B. 顺其自然　C. 无所谓　D. 不希望

(2) 如果本地人民成为能够说汉语和黎语的双语人,您怎么看待这种现象?

---

① [美] 萨利科科·S. 穆夫温:《语言演化生态学·序》,郭嘉、胡蓉、阿错译,商务印书馆 2012 年版,第 5 页。

A. 迫切希望　B. 顺其自然　C. 无所谓　D. 不希望

根据调查问卷，笔者绘制了表格与示意图（见表 1 和图 1）。

**杞方言区语言态度调查统计表**　　　　单位：人，%

| 语言态度 | 汉语单语人 | | 汉语、黎语双语人 | |
|---|---|---|---|---|
| | 人　数 | 占　比 | 人　数 | 占　比 |
| 迫切希望 | 15 | 10.71 | 67 | 47.86 |
| 顺其自然 | 50 | 35.71 | 56 | 40.00 |
| 无所谓 | 10 | 7.65 | 11 | 7.86 |
| 不希望 | 65 | 46.43 | 6 | 4.29 |

单位：人，%

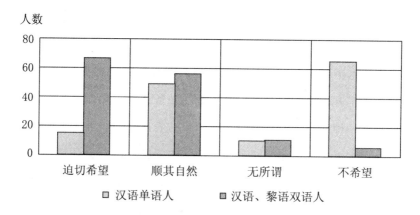

杞方言区语言态度调查示意图

从图表中，我们可以知道，目前，杞方言区人民对待黎语的态度是不希望其消失，但又很乐意成为能够说汉语和黎语的双语人。杞方言现在还没有处于濒危语言的行列，其语言活力是比较强的，但是在我们的访谈过程中，杞方言区人民表现出害怕其消亡的隐忧，也有一些无奈的感慨。如我们在采访五指山市冲山镇番空村村干部黄成文时，他说由于番空村离市区很近，特别是现在的城镇化进程，大片土地被征用，村内很多大人都外出务工，说汉语的人数普遍增多，年轻一代的黎语能力明显较弱，这些都影响着黎语的发展；当地民宗局的一位干部认为经济发展、时代进步、科技推广等因素都增加了汉语对黎族地区的影响力度，这是不可避免的，杞方言未来的发展趋势，各级政府都应该高度重视，密切关注。①

英国语言学家尼古拉斯·奥斯特勒说："每一种语言都是由年轻的一代向年长的一辈习得的，因此，语言成为传承古老传统的载体。传统就原则上来说应当是永恒不朽的，语言在代代口口相传的过程中虽然不断变化着，但这种变化过程却不曾走向衰败和灭亡。就好像生命本身，每一种语言传递到新的一代都会有全新的面貌，也正因为如此，语言不会像它的使用者一样走向衰亡。"② 这段话说明，只要语言能够一代一代地、不断地传承下去，尽管每一代的语言都会发生演变，语言也不会走向衰亡。我们在调查中意识到，杞方言区青少年的方言使用水平已不如上一代，但他们大部分能够用杞方言进行交流，这是黎语杞方言能够得以保存和传承的必备条件。然而，我们不得不承认另外一种现象，即杞方言区青少年的表达能力稍显不足，他们的黎语使用水平远远低于父辈，这种代际的差异是由社会环境和历史因素造成的，在一定程度上反映了黎语杞方言的演变趋势。这些现象提醒我们，应该加强对黎族青少年黎语的语言能力的培养，提高他们的母语交际能力。

还有个别的杞方言地区的黎族儿童，他们的母语已不是杞方言而是汉语，杞方言成为第二语言，甚至有的儿童不会说杞方言，这些问题是

---

① 参见张群、钟字《黎语哈方言区语言使用情况调查研究》，《湖北师范学院学报》（哲学社会科学版）2012 年第 6 期。

② ［英］尼古拉斯·奥斯特勒：《语言帝国：世界语言史》，章璐、梵非、蒋哲杰、王草倩译，上海人民出版社 2009 年版，第 3 页。

新形势下黎语杞方言使用中出现的新问题，虽然这只是个别现象，尚未成为主流，但它却是一个必须重视的新动向，有待于进一步观察研究，制定对策。

现阶段，黎语杞方言处于一个良好的语言生态环境之中。在杞方言人民的日常生活中，汉语、海南话、黎语杞方言等多种语言共同为他们的交往沟通服务，并且各尽其能，各得其所。同时，黎族人民对自己的母语有着深厚的感情，对使用自己的母语有着强烈的自豪感，这就为黎语杞方言的稳定发展提供了固定的使用主体。我国实行的民族平等、语言平等政策，从根本上保障了各民族都有使用和发展自己语言的自由，黎语杞方言也不例外。新中国成立之后，说黎语杞方言的人民能够自由地、无拘无束地使用自己的语言，这是与国家的制度和政策分不开的。杞方言目前具有稳定的使用空间，拥有广大的使用主体，在黎族聚居村寨中发挥着重要的作用，这既符合杞方言黎族人民的意愿，也有利于国家民族的发展。"人是自然生态的主宰者，同样也是语言生态的主宰者。"① 语言的变化发展有其自身的规律，人作为语言使用的主体，应该在尊重语言发展规律的基础上，发挥主观能动性，保护每一种语言，维护语言多样性，促进语言生态和谐、健康、有序的发展。

（冯广艺　宫笑炎）

---

① 冯广艺：《语言人和语言生态》，《江汉学术》（哲学社会科学版）2013年第1期。

# 论黎语杞方言生态环境的几个问题

　　语言是人类社会特有的一种重要资源。在社会活动和日常生活中，人们无时无刻不在使用这一资源，享受这一资源。黎语是海南省黎族人民的母语，是黎族人民世世代代使用和享受的珍贵资源。黎语杞方言在黎语五大方言中，使用人数仅次于哈方言，大约有 18 万人，主要分布在海南省通什市一带。近年来，我们多次深入杞方言黎族的聚居地区：五指山市冲山镇雅蓄村、番空村，琼中黎族苗族自治县和平镇，保亭黎族苗族自治县响水镇番道村等地，进行问卷调查、人物访谈和入户调查。本文运用语言生态学的理论和方法，从杞方言区黎族人民的语言态度、杞方言的使用现状、语用生态和语言文化传承等方面讨论黎语杞方言生态环境问题。

一

　　黎语杞方言区的语言生态环境是一个多语并存的环境。在杞方言黎族人民的日常交际活动中，使用主体选用哪种语言很大程度上受其语言态度的影响。一般来说，杞方言区人民的语言态度集中反映在他们对待自己母语的态度和对待普通话的态度两个方面。

（一）对待自己的母语——黎语杞方言的态度

　　一般情况下，人类对自己的母语都有着深厚的感情，很少有人认为自己的母语是一种低级的语言。但是随着社会经济的发展，各种语言文化不断融合，强势语言逐渐深入当地人民的生活中时，自己的母语便会成为一种少数人使用的语言，这时就会产生两种社会现象：一种是受到强势语言的同化，疏远自己的母语，然后逐渐放弃使用母语；另一种是虽然受到强势语言的影响，仍对自己的母语保持忠诚的态度。①

我们对冲山镇雅蓄村、番空村 140 个人的黎语杞方言水平进行了随机调查，通过调查，得到如下数据，见表 1。

表 1　　　　　　　　　　杞方言水平调查统计

| 杞方言水平 | 人　数 | 百分比(%) |
|---|---|---|
| 很　好 | 49 | 35.00 |
| 较　好 | 48 | 34.29 |
| 一　般 | 30 | 21.43 |
| 不怎么样 | 13 | 9.29 |

在民族地区，一个人语言使用水平的高低可能在一定程度上反映出他的语言态度，也可以看出他所使用语言的交际地位的高低。可以看出杞方言区人民的母语水平普遍较高，只有不到 10% 的人的杞方言水平不怎么样，在杞方言黎族聚居区的黎族同胞对自己的母语有着深厚的感情。我们在问卷中设计了这样一道题目：

您怎样看待本族语言（黎语杞方言）在日常生活中的作用？
A. 很有用（83 人）　　B. 有些用（52 人）　　C. 没有用（5 人）

调查结果：在所调查的 140 人中，有 83 人认为自己的母语（黎

---

① 参见冯广艺《语言生态学引论》，人民出版社 2013 年版，第 205 页。

语杞方言）很有用，有 52 人认为杞方言有些用，只有 5 人认为杞方言没有用。在和当地人的交流中，有些人认为自己是黎族人，自己的母语肯定是很有用的，如果不运用自己的母语，就无法和村民交流，生活也就无法维持；少数人认为杞方言没有用，是因为他们在外面工作或学习中，根本就不需要黎语杞方言。总的看来，杞方言区黎族人民对自己的母语保持着语言忠诚，他们中绝大部分人都认为黎语杞方言非常有用，而且他们使用杞方言的语言能力都很强。

**（二）对待普通话的态度**

杞方言区人民对普通话持肯定的态度，并且愿意积极学习进而运用到实践中去。之所以形成这种开放的语言态度，是因为以下两个方面的因素：一方面是历史原因和社会条件造成的，汉语普通话从新中国成立以来，一直处于优势语言地位，并发挥着重要的交际作用，由此带来汉语普通话的高声望；另一方面是现实生活的需要，随着社会的发展，各民族地区的语言文化迅速交流融合，人类在各种公共社会场合如学校、工作场所、与其他民族交流等都需要讲汉语普通话，自然带动杞方言区人民去学习汉语普通话。这种现象在我们的调查分析中也有明显的反映。

（1）您怎么看待本族人民学习和掌握汉语普通话的作用？

A. 很有用（100 人）　　B. 有些用（33 人）

C. 没有用（7 人）

（2）您认为学习汉语普通话的最主要目的是什么？

A. 找到好工作，得到更多的收入（10 人）

B. 升学的需要（10 人）

C. 便于与外族人民交流（107 人）

D. 了解汉族文化（13 人）

（3）如果当地村民在外地学习或者工作几年后回到家乡，不再说本族语言，您如何看待这种现象？

A. 可以理解（78 人）　B. 反感（17 人）

C. 听着别扭（11 人）　D. 不习惯（6 人）

E. 无所谓（19 人）

（4）如果本地区人民成为既会说当地黎话又会说汉语普通话的双语人，您怎样看待这种现象？

A. 迫切希望（67 人）　B. 顺其自然（56 人）

C. 无所谓（11 人）　D. 不希望（6 人）

从上面的统计分析看，杞方言区黎族人民中认为学习和掌握汉语普通话很有用的人数占比为 71.43％，有些用的占比为 23.57％，没有用的占比为 5％，觉得学习汉语普通话没有用的人几乎都是村里的老年人，他们很少与外界交流，感觉不到汉语普通话的作用；认为学习汉语普通话的最主要目的是便于与外族人民交流的人数占比为 76.43％；同时迫切希望本族人民成为黎语和汉语普通话双语人的人数占比为 47.86％，其中选择顺其自然和无所谓的人数占比分别为 40％和 7.86％，这部分人群立足于语言和社会发展的规律角度来回答问题，并不反对本地区人民成为黎语和汉语普通话的双语人；与此相应，在问及本地外出打工或者学习的人群回到家乡后不说本民族的语言时（收回有效答卷 131 份），他们对此种现象的态度分别是：可以理解的占比为 55.71％，听着别扭的占比为 7.86％，无所谓的占比为 13.58％，不习惯的占比为 4.29％，反感的占比为 12.14％，其中选择无所谓的人群都表示可以理解这种现象，因为选择使用哪种语言都是个人的意愿，是语言人的个人习惯，并且客观环境对语言人的语言行为也有一定影响，所以，他们并不反对或者反感这种现象。

为了进一步探讨杞方言区黎族人民对待汉语普通话的态度，我们在调查问卷中还设计了这样的问答题：

(1) 如果您有孩子（或者以后有孩子），您会用什么语言来教育小孩？

    A. 汉语普通话　　　　B. 黎语　　　　C. 海南话

(2) 如果您有孩子（或者以后有孩子），您愿意把子女送到什么学校学习？

    A. 用汉语授课的学校（46 人）

    B. 用汉语和黎语授课的学校（14 人）

    C. 用汉语和英语授课的学校（80 人）

在 140 个调查对象的回答中，我们可以发现汉语在杞方言黎族地区有着广泛的认可度，而且随着国家改革开放的程度不断提高，海南岛地区更是要打造成一个国际性的旅游岛，因此英语的重要性日益为当地人民所熟知，在为子女挑选学校的时候，汉语和英语授课的学校备受当地人民青睐。

通过问卷调查分析，我们可以肯定杞方言区黎族人民既对本民族母语保持深厚的感情，又积极学习汉语普通话，甚至是英语，他们这种积极开放的语言态度，为杞方言地区多语和谐共存的语言生态系统提供了良好的社会基础。

## 二

语言生态系统是一个复杂的系统且随着当地整体生态系统的变化而变化。杞方言区语言生态系统包括许多子系统，各个子系统之间又有着千丝万缕的联系，目前的语言生态系统处于较为和谐平衡的状态。杞方言仍然能够在黎族聚居的村子里面稳定使用，但是在更大的交际范围内，杞方言的使用功能明显衰退。在杞方言区，中老年的杞方言能力相对较高，而青少年群体的杞方言能力明显衰退。

表 2 　　　　　　　　　杞方言区语言使用情况

| 年龄段 | 人口数量 | 性别 | 单语 | | 双语 | | 多语 | |
|---|---|---|---|---|---|---|---|---|
| | | | 人口 | 百分比（%） | 人口 | 百分比（%） | 人口 | 百分比（%） |
| 9—19 岁 | 14 | 男 | 0 | 0 | 7 | 5.00 | 4 | 2.86 |
| | | 女 | 0 | 0 | 3 | 2.14 | 0 | 0 |
| 20—29 岁 | 29 | 男 | 0 | 0 | 3 | 2.14 | 13 | 9.29 |
| | | 女 | 0 | 0 | 4 | 2.86 | 9 | 6.43 |
| 30—39 岁 | 35 | 男 | 0 | 0 | 3 | 2.14 | 21 | 15.00 |
| | | 女 | 0 | 0 | 2 | 1.45 | 9 | 6.43 |
| 40—49 岁 | 35 | 男 | 0 | 0 | 0 | 0 | 16 | 11.43 |
| | | 女 | 0 | 0 | 5 | 3.57 | 14 | 10.00 |
| 50 岁以上 | 29 | 男 | 1 | 0.71 | 13 | 9.29 | 1 | 0.71 |
| | | 女 | 3 | 2.14 | 9 | 6.43 | 2 | 1.45 |

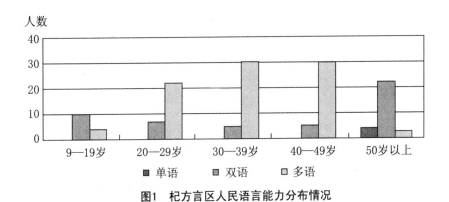

图1 杞方言区人民语言能力分布情况

　　由表 2 和图 1，我们可以明显看出，杞方言区人民掌握的语言种类数量和其年龄呈现出一种从中青年向少年和老年逐渐减少的趋势：中青年人群能够使用的语言种类相对较多，而少年和老年人群所掌握的语言种类数量普遍较少。与此相应，杞方言区人民的汉语普通话的能力与年龄呈一种反比例关系，即年龄越大，其汉语水平越低；年龄越小，其汉语能力水平越高，中青年的汉语能力水平普遍较高。

黎语杞方言区人们语言能力的一般特点：

（1）单语现象的个别性。杞方言区存在单语现象，这种单语现象主要出现在 50 岁以上的语言使用群体中，在 140 位调查对象中，只有 4 位只会黎语：王兰英（女，67 岁）、陈永锋（男，67 岁）、邢秀英（女，75 岁）、王春华（女，72 岁）。他们很少与外界接触，也很少接触其他语言。

（2）双语和多语现象的普遍性。杞方言区人民普遍能够具有掌握两种或者两种以上语言的能力，他们既会说本地的黎族语言，也会说汉语普通话或者海南话，或者汉语普通话和海南话都会说，有的人由于经常去广东打工，因此还会说一点粤语，此外当地的黎族大学生会说英语。

杞方言区人民对黎语之外的其他语言有一种开放包容的态度，他们既对自己的母语拥有深厚的感情，同时也希望多掌握其他民族的语言，尤其是汉语普通话，他们认为学习和掌握汉语普通话是与外族人民交流的前提条件，这也是他们学习和掌握汉语普通话的最主要目的。杞方言区人民的这种宽容的语言态度为该地区多种语言和谐共处的语言生态系统提供了社会心理基础。

（3）双语和多语现象的层次性。杞方言区人民的双语和多语能力具有明显的层次性。具体表现在三个方面：第一，年龄的分布上，中青年的双语、多语能力普遍较强，少年和老年人群的双语、多语能力相对较弱。中青年人群很多都有外出务工的经历，他们经常与外界社会交流，与非黎语使用者的交流机会很多，因此他们学习其他语言的机会也较多，相应地，其语言驾驭能力就强一些。第二，在文化程度上，文化程度高的人相对于文化程度低的人，其双语、多语能力较强。第三，在性别上，杞方言区人民的双语、多语现象的层次性有着男女性别的差异，这种现象在中老年人群中有着明显的体现，即男性的双语和多语能力要比女性的双语、多语能力强一些，在青少年人群中这种现象不明显。这是因为男性一般都会外出务工，而女性则多在家务农，没有机会外出，接触外来语言机会少。

三

现阶段，杞方言仍是当地黎族人民内部的主要交际工具，当地人民之间交流主要是用本地黎语，但是也出现了语言使用功能衰退的趋势，主要表现在青少年的黎语能力衰退，其传承和发展情况让人担忧。

（一）不同年龄段的黎语水平

我们发放了 140 份调查问卷，情况如表 3 所示。

表3　　　　　　　　不同年龄段的黎语水平调查统计

| 不同年龄段及人数 | 很好 | | 比较好 | | 一般 | | 不怎么样 | |
|---|---|---|---|---|---|---|---|---|
| | 人数 | 百分比（%） | 人数 | 百分比（%） | 人数 | 百分比（%） | 人数 | 百分比（%） |
| 6—19 岁(n=14) | 1 | 0.71 | 3 | 2.14 | 5 | 3.57 | 5 | 3.57 |
| 20—29 岁(n=29) | 6 | 4.29 | 10 | 7.14 | 10 | 7.14 | 3 | 2.14 |
| 30—39 岁(n=35) | 12 | 8.57 | 13 | 9.29 | 6 | 4.29 | 4 | 2.86 |
| 40—49 岁(n=33) | 12 | 8.57 | 13 | 9.29 | 7 | 5.00 | 1 | 0.71 |
| 50 岁以上(n=29) | 18 | 12.86 | 9 | 6.43 | 2 | 1.43 | 0 | 0 |
| 总计(n=140) | 49 | 35.00 | 48 | 34.29 | 30 | 21.43 | 13 | 9.28 |

可以看出杞方言区人民的黎语水平和年龄呈反向相关，年龄越大，其黎语水平越高；年龄越小，其黎语水平越低。在 6 岁到 19 岁的 14 位调查对象中，黎语水平很好的只有 1 位，占这一年龄段总人数的 7.14％；选择"不怎么样"的有 5 位，占这一年龄阶段总人数的 35.71％；在 50 岁以上的人群中，黎语水平很好的占这一年龄段总人数的 62.07％，黎语水平不怎么样的占这一年龄段总人数的比例为 0，由此可知，杞方言区青少年的黎语水平相对较差，而中老年的黎语水平普遍较好。[①]

通过与个别调查对象的访谈，我们还了解到，一般在当地附近打工的人群，其黎语水平一直很好，而远赴外地的务工人群以及外出上大学的青年人群，其黎语水平需要一个适应的时间，如：王秋瑜（女，20 岁，大学生）"在外面一般不说黎语，寒暑假回家后，刚开始会对自己的母语感到些许陌生，需要一个星期的时间来适应母语"。

### （二）不同场合的使用情况

不同场合，语言的选择和使用有不同的特点，不同的交际对象之间，语言的选择和使用也有不同的特点。黎语杞方言和汉语之间有竞争的一面，也有和谐的一面。在不同的场合中，黎语杞方言和汉语之间有时分工明确，有时又互补合作。日常生活中，交际双方选择和使用哪种语言，主要取决于交际双方的语言能力和交际需要。如果交际双方都是黎族人民且都会说黎语杞方言，那么交际双方一般会用黎语杞方言，但在中年人群体中，同时兼用汉语；而在青少年人群中，他们仍然会使用汉语进行交流；如果交际双方一方是黎族，另一方是非黎族，一般情况下是用汉语进行交流，偶尔兼用黎语。

---

① 参见戴庆厦《社会语言学概论》，商务印书馆 2004 年版，第 31 页。

1. 家庭内部

表 4 体现了家庭内部不同代际的交际用语情况。

表 4 家庭内部代际交际用语情况

| | 交际双方 | 黎语为主汉语为辅 | 汉语为主黎语为辅 | 两种语言互补使用 |
|---|---|---|---|---|
| 长辈对晚辈 | 父母对子女 | | + | |
| | 祖父母对孙子女 | + | | |
| | 公婆对儿媳 | + | | |
| 晚辈对长辈 | 子女对父母 | | + | |
| | 孙子女对祖父母 | + | | |
| | 儿媳对公婆 | + | | |
| 同辈之间 | 爷爷和奶奶 | + | | |
| | 父亲和母亲 | + | | |
| | 子女之间 | | + | |
| | 子女和配偶 | | + | |
| 主人对客人 | 对本族客人 | + | | |
| | 对汉族客人 | | + | |
| | 对本族干部 | | | + |
| | 对本族老师 | | | + |
| | 对汉族老师 | | + | |
| | 对陌生人 | 看具体情况,会说黎语的说黎语;不会说黎语的,用汉语交流 | | |

杞方言区家庭内部的语言使用情况存在一定的差异,具体表现在以下几个方面。

长辈对晚辈方面：祖父母辈对子女辈或者孙子女辈以黎语杞方言为主，汉语为辅，这是因为祖父母的黎语杞方言能力一般要比汉语能力强，而子女和孙子女都能够听、说黎语杞方言，所以他们之间的交流主要以黎语杞方言为主；父母辈对子女辈则以汉语为主，黎语杞方言为辅，随着现代社会的发展，黎族人民越来越感觉到汉语的重要作用，在子女的教育中，父母会有意识地培养子女的汉语能力，为子女的将来打算，并且子女也乐意用汉语进行交流。

晚辈对长辈方面：孙子女辈和子女辈对祖父母辈同样以黎语杞方言为主，汉语为辅；子女对父母辈以汉语为主，黎语杞方言为辅，有时会汉语和黎语杞方言兼用。

在同辈之间：祖父母辈之间和父母辈之间一般以黎语杞方言为主，孙子女之间一般以汉语为主。祖父母一般都很少外出，他们最熟悉的语言只有黎语杞方言，因此他们之间的交际语言往往是黎语杞方言；而在父母之间和子女之间，他们对外界有一定的了解，尤其是父母有时会外出务工，这就给他们提供了一个学习汉语的环境，而子女则在学校教育中逐渐习得汉语，此外有些孩子的第一语言就是汉语，因此他们之间多用汉语来进行交流。

在对待客人方面：对本族的客人一般多用黎语杞方言，对待外族客人则多用汉语。其中在对待本族的干部和老师等文化程度较高的人群则黎语和汉语交叉使用。

在族内婚姻和族际婚姻家庭语言的使用情况也存在差异。族内婚姻家庭的成员都是黎族，彼此之间的交流多以黎语杞方言为主。随着社会经济的发展，各民族之间的交流日益频繁，族际婚姻已随处可见。在杞方言区的族际婚姻家庭中，一般是使用"黎语杞方言—汉语"双语。嫁到杞方言区的外地媳妇或者到杞方言区的外地女婿，如果不是黎族，不会说黎语杞方言，他们与家庭成员的交流都是用汉语，而家庭中其他成员之间则用黎语杞方言。随着时间的推移，非黎族的家庭成员也慢慢能够听得懂黎语，能够说一些简单的黎语。

2. 学校

杞方言区学校教学都是采用汉语授课，课堂上师生之间的交流多用汉语，课外时间，当地老师和学生之间的交流有时用黎语杞方言，有时用汉语；而非黎族的老师和学生交流就用汉语；但是如果有汉族学生在场，他们之间的交流就会选用汉语。从这些情况看，学校的教学用语是汉语，日常交际用语则根据交际对象的不同而自由转换。

3. 生产劳动

杞方言区分布在五指山腹地周围，热带水果和蔬菜是当地重要的经济作物，每一年都有大量的水果和蔬菜运往外地。当地也种植水稻和其他农作物，一般都用于日常生活。在生产劳动中，杞方言黎族人民之间多是用黎语杞方言进行交流。

4. 节日、集会

杞方言区人民需要购买生活用品时，都会去当地的集市，俗称"赶集"，在不清楚对方是否为本族人民时，往往使用汉语普通话进行交流，一旦知道对方是本族人民时，则改用黎语进行交流。在日常的婚葬习俗、节庆日中，当地人民的交流也多为黎语。

总之，黎语杞方言是当地人民的主要交际工具，是黎族聚居区的基本交际用语。

## 四

黎语杞方言能够在黎族聚居的村寨中稳定使用，主要有如下原因。

（一）聚居的使用者群体

在开放的社会环境中，信息的传播和更新速度都很快，这就要求语言使用者对外来的语言成分和新生的文化现象有一定的适应能力和接受能力。而这种能力往往是与语言群体内部的自我调节能力成正比的。群体的自动调节能力越强，适应能力和接受能力也就越强，反之则越弱。从语言使用者群体的规模看，语言使用者群体的规模越大，就越有利于对外来语言成分和新生文化现象的适应、消化和接受。如果群体规模太小，而又处在一个开放的社会环境中，那么，在群体内部，对新旧文化信息的转换则缺乏一个自我调节的空间，又没有足够的群体力量来抗拒外来文化对本体文化的渗透，因此，在面临强势语言的冲击时，使用群体规模小的弱势语言往往会被取而代之。

杞方言地区的居住人口绝大部分为黎族，尤其是一些村寨中，黎族是主体。杞方言区四周多有山河阻隔，形成一个封闭的社会环境，本地人之间在经济、文化上保持着频繁的联系，而与外地人或者其他民族极少进行往来，这就给杞方言的使用提供了良好的条件，使得每一个使用杞方言的人都觉得使用这种语言进行交际非常方便，从而增加了使用杞方言进行交际的信心。此外，在杞方言区，汉语普通话、海南话及杞方言等多种语言都在当地社会中起着交际工具的作用。

（二）强烈的认同感

所谓认同感是指使用同一种语言的人们之间相互承认彼此是自己群体内的一分子，承认彼此属于同一个群落。相对于汉语来讲，我国的少数民族语言基本上都属于弱势语言，黎语杞方言也不例外。弱势语言若能够在一定语域内稳定使用，需要语言使用者之间有强烈的认同感，这种认同感不仅包括地域上的认同，同时也要有对语言变异的宽容态度。一个民族内部一旦建立起这种强有力的认同感，不仅有利于因地域阻隔而出现变异的弱势语言重新朝着统一的方向发展，而且还有利于弱势语言的使用者树立起维护母语、将母语发扬光大的信心。

杞方言区黎族人民聚居在五指山腹地，具有稳定的语言使用地区，他们世代生活在同一个地方，拥有共同的经济、文化生活，共同的风俗习惯，这些因素形成了当地人民共同的文化心理，具有强烈的认同感。在对待外来语言的态度上，杞方言区黎族人民用一种开放宽容的态度，积极学习外来语言，促进当地语言文化生活的发展，进而形成一种和谐互补的语言生态系统。

（三）稳定的语言社区

稳定的语言社区是指在一定的人文生态环境中，使用一种或几种语言的人群在一定的时期内相对稳定，人口的增加和减少处于自然状态，没有大规模的人口迁出或迁入。新中国成立以后，杞方言区经济社会发展和谐稳定，黎族聚居区的人口虽然有外族人口的加入，但基本上还是以黎族为主，这种稳定的社会环境和杞方言使用人口的成规模长期聚居，为黎语杞方言的发展提供了一个良好的空间。①

（四）语言群体之间的相互理解

杞方言区是一个多语言多文化共存的社会生态系统，不同语言、不同文化之间的接触和交流是不可避免的，矛盾和冲突也同样会经常发生。世界上每一种语言、每一种文化都是人类社会的珍贵遗产，都是人们在漫漫历史长河中通过智慧和辛勤的劳动创造出来的宝贵财富，每个人都应该像珍惜自己的生命一样去珍爱它们。语言覆盖面大

---

① 参见［美］萨利科科·S.穆夫温《语言演化生态学》，郭嘉、胡蓉、阿错译，商务印书馆 2012 年版，第 214 页。

小不同是客观存在的事实，但这并不说明不同语言在结构上存在优劣差异，任何一种语言在特定的社会文化环境中都能够成为充分表达人的思想、展现人的精神世界的工具。在多语共存的社会环境中，不同语言之间只有使用者群体规模大小的不同，交际职能分工的不同，而不存在结构优劣之分。任何人都应该像珍爱自己的语言一样去珍爱周边兄弟民族的语言，做到相互尊重、相互理解，只有这样，才能够营造一个良好、和谐的语言生态环境。① 黎语杞方言区人民对待外来语言持一种开放肯定的态度，同时又对自己的民族语言保有一种深厚的感情。杞方言区人民不仅尊重语言使用者的意愿，而且遵循语言自身的发展规律，他们知道只有用这样的态度才能够真正维护和发展自己的民族语言。

# 结　　语

一种语言的生态环境是由其内在生态和外在生态构成的，内在生态是由语言内部的语音、词汇、语法等构成的，从语言系统上看，语音、词汇、语法等是语言系统中的分系统，这些分系统能够正常运转，可以保证语言系统不出现大问题。外在生态是语言的外在社会环境，包括使用语言的人及其语言态度，包括社会的经济、文化、语言、教育、地域等环境。现阶段，黎语杞方言无论是内在生态，还是外在生态都处在急剧的变化中。黎语杞方言的内在生态受汉语普通话等语言的影响，在语音、词汇、语法等方面都有一定的变化，从外在生态上看，由于经济社会环境的变化和语言接触的影响，黎语杞方言区人们的语言态度、语言选择、语言教育和语言运用等都面临严峻的

---

① 参见冯广艺《语言和谐论》，人民出版社 2007 年版，第 8—10 页。

考验。本文所讨论的黎语杞方言区人们的语言态度，黎语杞方言区单语、双语和多语的不同特点，黎语杞方言区人们在不同年龄段的黎语水平，以及在族内族外、同辈不同辈、家庭学校、集市劳作等不同场合的不同使用情况，等等，是对黎语杞方言生态环境及其发展变化的一种关注。随着时间的推移和黎族经济社会的发展，这几个方面可能会有所改变，我们将继续关注这些问题。

（冯广艺　宫笑炎）

# 黎语哈方言区语言使用情况调查研究

　　黎语分为五个方言区，这五个方言区分别为哈方言区、杞方言区、润方言区、美孚方言区和加茂方言区。这五个方言区下面又可以划分出不同的土语区。笔者此次调查的方言区主要是哈方言区。哈方言是黎族使用人口最多、分布最广的一个方言，其使用人数是五个方言中的居高者，约占操黎语的总人口的58％，主要分布在乐东县、崖县、东方县、陵水县。哈方言各土语的分布情况是：（1）罗活土语主要分布在乐东县大部分地区，此外在白沙县和昌江县都有分布；（2）哈应土语主要分布在黎族地区西北部、西部、南部及东南部的边缘地带；（3）抱显土语分布在崖县至乐东县的宁远河一点。调研过程中除了对罗活土语区的抱由镇保定村和头塘镇两个地方进行调查，还对抱显土语区崖城郎典村进行了问卷调查。在此基础上形成罗活土语区中对抱由镇和头塘镇的语音比较分析，以及以保定为代表的罗活土语区和以郎典村为代表的抱显土语区的对比研究。最后结合调查问卷分析在语言接触过程中郎典村语音变化的原因。

## 一　各个调查点的记音情况分析

保定（哈方言罗活土语）语音系统简况。

（一）声母（见表1）

表1　　　　　　　　　　　保定语音系统——声母

| p | ph | pl | | b | m | ʔw | | f | v | |
|---|----|----|---|---|---|----|---|---|---|---|
| t | th | | | d | n | | l | ɬ | | r |
| ts | tsh | | | | | | | | | z |
| | | | | | ȵ | ʔj | | | | |
| k | kh | | | g | ŋ | | | | | |
| ʔ | | | | | | | | | h | |
| kw | khw | | | gw | ŋw | | | | hw | hj |

保定话有 32 个声母，其中有 31 个单辅音声母，1 个复辅音声母。
罗活土语区还存在一些唇化和腭化的声母，如：

油　gwei<sup>11</sup>　　　　　锄头 kwa：k<sup>55</sup>

柱子 ŋwou<sup>55</sup>　　　　将要 khwei<sup>11</sup>

扇子 pɯ<sup>53</sup> hwoŋ<sup>11</sup>　　起来 ʔwaɯ<sup>55</sup>

虫 hjan<sup>55</sup>　　　　　　吞 ʔjo：m<sup>55</sup>

（二）韵母（见表2）

表2　　　　　　　　　　　保定语音系统——韵母

| | a | e | i | o | u | ɯ |
|---|---|---|---|---|---|---|
| —o | a | e | i | o | u | ɯ |
| —a | | | ia | | ua | ɯa |
| —i | a：i　ai | ei | | o：i | u：i | ɯi |

43

续　表

| | a | e | i | o | u | ɯ |
|---|---|---|---|---|---|---|
| —u | a:u au | e:u | i:u iu | ou | | |
| —ɯ | aɯ | eɯ | | | | |
| —m | a:m<br>am | e:m<br>em | i:m<br>im | o:m<br>om | | ɯ:m<br>ɯm |
| —n | a:n an | e:n en | i:n in | o:n | u:n un | ɯ:n ɯm |
| —n̠ | a:n̠ an̠ | en̠ | | | | |
| —ŋ | a:ŋ aŋ | e:ŋ eŋ | i:ŋ iŋ | o:ŋ oŋ | u:ŋ | ɯ:ŋ ɯŋ |
| —p | a:p ap | e:p ep | i:p ip | o:p op | | ɯ:p ɯp |
| —t | a:t at | e:t et | i:t it | o:t | u:t ut | ɯ:t ɯt |
| —ȶ | a:ȶ aȶ | eȶ | | o:ȶ | u:ȶ uȶ | ɯ:ȶ ɯt |
| —k | a:k ak | e:k ek | i:k ik | o:k ok | u:k uk | ɯ:k ɯk |

　　由表 2 可以看出保定话共有 99 个韵母，其中 a、e、i、o、u、ɯ 这几个元音发音都区分长短。一共有 —a/—i/—u/—ɯ/—m/—n/—n̠/—ŋ/—p/—t/—ȶ/—k 12 个韵尾。在保定话中带有以 —ȶ 结尾韵尾的，虽然字数不多，但是含义与以 —t 结尾的韵尾同样丰富。—n̠/—ȶ 韵尾只保留在保定话中且多出现在 e/a/o/u 这 4 个元音之后。因为保定话中元音分长短，所以 —n̠/—ȶ 结尾的韵尾出现在长短元音之后的情况都有。比如：咬 ka：n̠$^{11}$/ka：n$^{11}$/than$^{11}$ ȶ，好 eȶ$^{53}$/ʔin$^{53}$/din$^{53}$，辣 geȶ$^{55}$/git$^{55}$/rit$^{55}$，直 mu：ȶ$^{55}$/mu：t$^{55}$/mu：t$^{55}$ 分别是哈方言区保定话在中沙和黑土两个土语区的读音，可见在哈方言区内保定音变成以 —n̠/—ȶ 结尾的韵尾在中沙和黑土两个土语区都变为以 —n 和 —t 结尾的韵尾。

　　在保定话中保留了比较完整的长短音后附的塞音韵尾 —k，这一特点是中沙和黑土土语区所不具备的特征。

贴 pha：k⁵⁵ 　　　　滴 dak⁵⁵

坏 re：k⁵⁵ 　　　　分 tek⁵⁵

扛 bi：k⁵⁵ 　　　　匹 phit⁵⁵

喉咙 kho：k⁵⁵ 　　落 zok⁵⁵

玉米 tsɯu：k⁵⁵ 　孩子 ɗɯ：k

踢 rɯk

### （三）声调

保定话准音有 6 个声调，3 个舒声调（舒 1、2、3 调）、3 个促声调（促 7、8、9 调）。6 个声调可归类为 3 个调值：舒 2 调和促 7 调为 55 高平调；舒 3 调和促 8 调为 11 低平调；舒 1 调和促 9 调为 53 高降调。舒 2 调以－s 后缀标示，两个低平调（舒 3 调和促 8 调）均以－x 后缀标示，促 9 调靠重叠音节的韵尾来标注，而促 7 调和舒 1 调则不添加调号。这里笔者为了与整个调研小组保持一致使用 55、11、53 三个调值进行标注。

## 二　哈方言罗活土语保定村和头塘村调查

笔者在乐东黎族自治县抱由镇保定村和头塘村开展语言调查活动。选取的发言人均为当地村民，年龄在 30 至 40 岁，长期居住在村中基本没有外出打工经历。这样更加有利于我们记录最原始状态下的黎语。调研小组选取了 200 个词汇，其中名词 118 个，在我们选取的这一百来个名词中，通过记音比对，笔者发现保定和头塘两个相邻的村子很多发音不同，而且就保定村来说，与早前《黎语调查研究》中记录的音也有很大的不同，所以笔者通过列表来比对其中的差异（见表 3）。

表 3　　　　　　　　头塘、保定、《黎语调查研究》记音对比

| 词　汇 | 头塘村 | 保定村 | 《黎语调查研究》 |
|---|---|---|---|
| 云 | $leɯ^{11}\ fa^{11}$ | $net^{11}\ fa^{11}$ | $de：k^{11}\ fa^{11}$ |
| 玉　米 | $ʔji^{55}\ lao^{11}$ | $tsɯ^{55}\ lu：k^{11}$ | $tsɯ^{55}\ lu：k^{11}$ |
| 雾 | $ɬau^{11}$ | $ɬoŋ^{11}$ | $hwo：n^{11}\ ka：u^{11}$ |
| 菜　刀 | $ka^{53}\ thau^{11}$ | $ge^{11}$ | $da：u^{55}$ |
| 玻　璃 | $lou^{11}\ li^{11}$ | $gia^{11}$ | $kia^{11}$ |
| 池　塘 | $ʔu：ŋ^{55}\ nom^{11}$ | $hjo^{55}$ | $hju：k^{55}$ |
| 将　要 | $hai^{11}\ nei^{11}$ | $pɯ^{11}\ khei^{11}$ | $kwei^{11}$ |
| 尺 | $tɕhi：u^{55}$ | $tɕhiau^{55}$ | $tʂh：u^{55}$ |
| 上　午 | $kau^{11}\ om^{53}$ | $kau^{11}\ om^{53}$ | $phe：k^{11}\ huan^{11}$ |
| 帽　子 | $be：u^{55}$ | $ɬei^{11}$ | $ma：u^{55}$ |
| 头 | $vo^{11}\ ɬu：ŋ^{55}$ | $ɬo^{55}$ | $gwou^{11}$ |
| 绑 | $khɔ：p^{53}$ | $tan^{53}$ | $fo：t^{53}$ |
| 拉 | $khwa：ŋ^{53}$ | $gak^{11}$ | $khwa：ŋ^{53}$ |

通过表 3 所列词汇记音的对比可以看出，声韵母和声调系统并没有太大的出入，不同的是同一事物的读法已经改变。头塘和保定语音与《黎语调查研究》中的记音有很大出入，而且保定与头塘的语音也有很大不同。同一种事物两个邻村的发音不同，如玻璃、池塘等。这一类的词多是从汉语借过去的借词或者是黎族本没有的词。当地村民除了年龄较大的老人不会说普通话，无法与黎族之外的人交流之外，年轻人都可以用普通话与黎族之外的人交流，有些人还能听懂海南话。所以对于那些本民族没有的词他们通过与外界接触会有所吸收并产生不同的发音。在调查中我们发现日常生活中常用的名称与 20 世纪 80 年代的叫法已完全不同，在笔者选取的这些词汇中，《黎语调查研究》中有很多是以—u 结尾的韵尾，现在在头塘和保定地区都已发生改变，如：头的发音在头塘、保定、《黎语调查研究》中分别为 $vo^{11}$

ɗu：ŋ⁵⁵/ɗo⁵⁵/gwou¹¹。再如：帽子的发音分别为 be：u⁵⁵/ɬei¹¹/ma：u⁵⁵，雾的发音分别为 ɬau¹¹/ɬoŋ¹¹/hwo：n¹¹ka：u¹¹。

另外一个值得注意的现象就是保定音中存在复辅音，这一点在另外两大土语区是不存在的，如 gw－/kw－，但是这种复辅音的现象也在不断消失和变化之中，因为从表3之中可以看出以这些复辅音开头的词汇很多在现在发音中已经逐渐发生变化：或是声母已经发生了改变，变为单辅音；或是由单音节的词变为双音节，完全改变了原来的发音。如将要一词在头塘、保定和《黎语调查研究》中的发音分别为 hai¹¹ nei¹¹/puɯ¹¹ khei¹¹/kwei¹¹。再如头的发音分别为 vo¹¹ ɗu：ŋ⁵⁵/ɬo⁵⁵/gwou¹¹。由此可见与 20 世纪 80 年代欧阳觉亚先生调查的语音相比，保定地区的复辅音存在消失或是分化的趋势。

（一）哈方言抱显土语语音系统

此次调研工作笔者还走访了三亚市崖城镇北面的一个黎族自然村庄——郎典村。这个村庄三面环山，全村只有一条公路通往崖城镇，所以郎典村的地理位置对于黎语的保护起到了重要作用。经过调查走访，我们发现郎典村属于哈方言区中抱显土语区，下面将分析郎典村的语音系统，并与保定村的语音系统进行比对分析。

1. 声母（见表4）

表 4　　　　　　　　　郎典村语音系统——声母

| p | ph | b | m | | v | |
|---|---|---|---|---|---|---|
| t | th | d | n | l | | r |
| t͡s | t͡sh | | | | | z |
| | | | n̠ | | | |
| k | kh | g | ŋ | | | |
| ʔ | | | | | h | |

郎典村的声母共有 21 个，与保定话相比：

（1）郎典村的声母无舌尖中的送气浊边音 pl 和舌尖中的清边擦音 ɬ。结合笔者的调查材料，可以发现在保定村发 pl－音的词汇，如瞎 pla：u⁵³ 泥土 ple：k⁵⁵ 溢 plɔŋ¹¹ 冒（水）plaŋ¹¹，郎典村的读音分别为 za：ʔ⁵³/ren⁵³/rɯn⁵³/phaŋ，但是对欧阳觉亚先生在《黎语调查研究》一书的第 281 页中提到 "保定的 pl 声母，在黑土全部并入 l"（黑土地区是抱显土语的典型代表）的说法提出质疑，以上几个词汇就是个例。在保定音中的确有不少 pl 声母在郎典村声母转化为 l，如 "听" 在保定村中读为 plɯɯ⁵³，在郎典村读为 lɯɯ⁵³；再如 "近"，在保定村和郎典村分别读 plɯɯ⁵³/lɯɯ⁵³。听与近两个词只有声调不同，但是不能就此断定保定村的 l 声母全部并入 pl。瞎、泥土、溢、冒这四个词的声母在保定都为 pl，但是在郎典村声母变化为 z、r、ph，这几个词的声母变化并无规律可循。所以对欧阳觉亚先生提到的保定村的声母 pl 在抱显土语中全部归入 l 提出质疑。

在郎典村调查过程中笔者发现，这个村子中很少有声母 ɬ 的发音，但是这个声母在保定村却是很常见的，如鱼读为 ɬa⁵³，舌读为 ɬi：n¹¹，醒读为 ɬɯ：m⁵³，死读为 ɬa：t⁵³。根据《黎语调查研究》中欧阳觉亚先生的观点，保定的 ɬ 声母的发音在黑土地区都并入 d 声母。在郎典的计音过程中笔者也发现了这一现象，如鱼、舌、醒读为 da⁴⁴/ɬi：n¹¹/dɯ：n⁴⁴，但是 "死" 在郎典村中并没有读为 da：t⁴²，而且郎典村 "女婿" 读为 lɯɯ¹¹ɬɯɯ⁴²。从表 4 来看，郎典村的音系同抱显土语的声母系统一致，只是有一些词汇的读音正在悄然发生变化，以前该村的黎话中没有的词也许是从其他黎话中借入，还有一些词汇郎典村当地的读音被邻村的语言所同化。因为在我们调查过程中发现，周围的村庄如大毛村、赛田村、周家村跟保定村同属一个罗活土语区，落基村则属于哈应土语区。郎典村与邻村在沟通和交流过程中，也会出现语音上的变异情况。

（2）带 w 或者 j 的声母在郎典村中唇化或者腭化的现象消失。与保定村相比，郎典村没有 hj/ʔj/ʔw/hw/khw/ŋw。如：

| | 保定村 | 郎典村 |
|---|---|---|
| 茅草 | hja$^{53}$ | ha$^{44}$ |
| 吞 | ʔjoːm$^{55}$ | ʔoːm$^{24}$ |
| 起身 | ʔwaɯ$^{55}$ | ʔeɯ$^{24}$ |
| 日 | hwan$^{53}$ | ven$^{44}$ |
| 将要 | khwei$^{11}$ | kui$^{11}$ |
| 戴（帽子） | ŋwou$^{11}$ | ŋau$^{11}$ |

（3）复辅音 kw/gw 现在为保定村特有的现象，在郎典村中不存在复辅音的现象。

（4）ts/tsh 发音时舌位比较靠后，有点接近舌叶音 ʧ/ʧh。

（5）在调查过程中笔者发现郎典村"狗"的读音与其相邻的几个村子不同，读为 ma$^{42}$，在保定中读为 pa$^{53}$。再如，"醉"在保定村读为 pui$^{53}$，在郎典村就读为 mui$^{42}$。可见郎典村的 m 声母在保定村中已有一部分并入 p。

2. 韵母（见表 5）

表 5　　　　　　　　郎典村语音系统——韵母

| | a | e | i | o | u | ɯ | —i— | —u— |
|---|---|---|---|---|---|---|---|---|
| —o | a | e | i | o | u | ɯ | | uo |
| —a | | ei | ia | | ua | ɯa | | |
| —i | aːi ai | | | oːi | uːi ui | ɯi | | uai |
| —u | aːu au | eːu | iːu iu | ou | | | iau | |
| —ɯ | aɯ | eɯ | | | | | | |

续 表

| | a | e | i | o | u | ɯ | —i— | —u— |
|---|---|---|---|---|---|---|---|---|
| —m | aːm am | eːm em | iːm im | oːm om | | ɯːm ɯm | iam | |
| —n | aːn an | eːn en | iːn in | oːɲ | uːn un | ɯːn ɯn | | uan |
| —ŋ | aːŋ aŋ | eːŋ eŋ | iːŋ iŋ | oːŋ oŋ | uːŋ uŋ | ŋːŋ ɯŋ | iaŋ ioŋ | uaŋ |
| —p | aːp ap | eːp | iːp ip | oːp op | | ɯːp ɯp | | |
| —t | aːt at | eːt et | iːt it | oːt | uːt ut | ɯːt ɯt | | uat |
| —k | ak | ek | ik | ok | uk | ɯk | iak | |
| —ʔ | aːʔ | eːʔ | iːʔ | oːʔ | uːʔ | ɯːʔ | ioʔ | |

（1）与保定村的韵母相比，郎典村的韵母共有 11 个，与保定村相比多喉塞音—ʔ韵尾，郎典村无—ɲ/—ȶ韵尾（见表 6）。

表 6　　　　　　　　郎典村喉塞音在保定村的变化对比

| 词　汇 | 郎典村 | 保定村 |
|---|---|---|
| 坏 | zaːʔ$^{42}$ | reːk$^{55}$ |
| 不，没用 | eːʔm$^{24}$ | ta$^{53}$ |
| 翅　膀 | phiːʔ$^{42}$ | phiːk$^{55}$ |
| 喉　咙 | khoːʔ$^{42}$ | khoːk$^{55}$ |
| 窝 | ruːʔ$^{42}$ | ruːk$^{55}$ |
| 骨　头 | rɯːʔ$^{42}$ | vɯːk$^{55}$ |

从表 6 可以看到，原本在郎典村中的喉塞音—ʔ，在保定村都变成了以舌根音—k 结尾的韵尾，而且之前的元音多为长元音，如 iː /oː /uː /ɯː。笔者在计音过程中发现，在郎典村中—k 如果出现在 a 音之后，其读音就不是很明显，却接近韵尾—ʔ。与保定村相比，保定村没有舌尖前—ɲ/—ȶ韵尾，舌尖前韵尾是哈应方言区保定话中特有的

韵尾现象，上文已经提到在抱显土语区中以－ŋ/－ȶ结尾的韵尾都已转变为－n/－t。笔者在对郎典村的计音过程中也证实了这一观点。

（2）i 和 e：的开口度都比保定村的开口要开。

（3）在对这两个村的语音调查过程中可以看出：黎语基本上保留了比较完整的塞音和鼻音的韵尾，造成这种情况的原因可能是在海南的汉语方言中保留了完整的塞音和鼻音韵尾体系。

（4）根据《黎语调查研究》第 287 页："黑土 au、eɯ 韵无分别，凡是保定的 au、eɯ 两韵，在黑土一律合并为 eɯ 韵。"黑土地区是抱显土语的典型代表，郎典村的语音系统又是属于抱显土语，所以郎典村的 au 和 eɯ 也会适用此结论，而且笔者在调查的词汇中也发现了这一现象，如"祖母"在保定村读 tʃau¹¹，在郎典则读 tseɯ¹¹，但是笔者在调查中还是发现了个例现象。如"轻"在保定村的发音为 khau¹¹，按照书中的结论推断，在郎典地区应读 kheɯ¹¹，但是根据笔者的调查，在郎典村中还是读为 khau¹¹。这种现象可能是郎典村在与外界接触的过程中语音方面发生了一些细微的变化。

（5）在保定村出现的舌尖辅音韵尾 a，在郎典村有一部分保持原有的 a 音之外，还有一部分读作 e（见表 7）。

表 7　　　　　保定村的舌尖辅音韵尾 a 在郎典村的变化对比

| 词　汇 | 保定村 | 郎典村 |
| --- | --- | --- |
| 牙 | fan$^{53}$ | phen$^{42}$ |
| 地 | van$^{53}$ | ren$^{42}$ |
| 银 | kan$^{53}$ | ŋen$^{42}$ |
| 虫 | hjan$^{55}$ | hen$^{24}$ |
| 鼻　子 | khat$^{55}$ | khet$^{24}$ |
| 切 | gat$^{55}$ | gat$^{24}$ |

3. 声调系统

　　郎典村的声调系统比保定村的声调稍微复杂，前文中笔者在保定村只划分了三个声调调值 53、55 和 11。在郎典村中根据《黎语调查》中对抱显土语的声调归纳：舒声调划分了三个调类调值，分别为 454、24、11；促声调划分了三个调类调值，分别为 45、11、13。笔者及其小组成员对郎典村的声调进行辨别分析后发现第 1 调高降 454 调值，下降部分能确定，所以笔者结合郎典村当地的发音就 454 调值分为 42 和 44 两个调值。因为在郎典村的计音过程中笔者遇到了很多高降调的情况，所以决定将第 1 调重新划分，其他的调值保持不变。

（二）保定村和郎典村的汉语借词

　　任何一种语言都有从其他语言吸收养分来丰富自身的功能，这就是语言的开放性。其中最突出的现象就是词语的借代。黎语与汉语的相互接触与影响，同样突出地表现在词语的借用上。在黎语的词汇中，也有一部分早期的汉语借词，这些汉语借词是古代各个时期先后被吸收到黎语中来的，从数量上看，黎语的早期借词要比同语族其他语言少得多。像壮语或其他同语族语言已借用了汉语词来表达，而黎语有自己的记音方法，如地、海、沙子、东、西、南、北，还有一些亲属称谓如叔叔、哥哥、姐姐等，黎语全部保留本民族词。近年来，随着海南省旅游业快速发展，对外沟通交流的需要大大增强，黎语从汉语中吸收了大量有关政治、经济、文化等方面的新词术语。这些借词的声调一般与当地汉语的声调相近并且融合了当地黎话的语音特点，每个土语区都有专门用于借词的韵母。笔者对保定村和郎典村的借词进行了列表归纳（见表8）。

| 表 8 | 保定村和郎典村的汉语借词 | |
|---|---|---|
| 词 汇 | 保定村 | 郎典村 |
| 雕 刻 | khek⁵⁵ | khet⁴⁵ |
| 政 策 | tsen⁵⁵ | tsek⁴⁵ |
| 县 | kwai¹¹ | kuai²⁴ |
| 发 展 | hwat⁵⁵ | huat⁴⁵ tsen¹¹ |
| 减 | kiːm¹¹ | kiam¹¹ |
| 节 约 | tat⁵⁵ iːk⁵⁵ | ta²⁴ ʔio²⁴⁵ |

通过表 5 和表 2 可以看出郎典村的韵母系统比保定村多了带 i/u 的介音韵母。在黎语方言中大多没有介音，由于吸收汉语的借词，郎典村出现了 i/u 的介音韵母，如韵母表中出现的 iau/iam/iaŋ/iak/iaʔ/ie/ioŋ/iok/uai/uan/uaŋ/uat/uak 等。这些借词一方面在文化交流中起到了传递文化信息的作用，另一方面也生动地记录下了不同时代、不同社会之间文化交流的各式各样的媒介和方式，以及形形色色、各种各样的内容。并且从对外来词的接受程度和方式上也可以看出语言的特性和使用该语言的黎族人民积极的语言文化心理。

### 三 从语言接触角度看郎典村的语言变化

笔者在这次对保定村、头塘村和郎典村的计音过程中发现很多词汇的读法已经与 20 世纪四五十年代的读法很不相同，发生了很大的改变。很多词汇已经换了另外一种叫法，变成完全不同的词汇。而且上文中也提到黎语中出现了大量的汉语借词。笔者所调查的三个村子同属于哈方言区，黎语的五个方言区分别从三个不同系统的汉语方言吸收借词，哈方言区主要是通过"海南话"吸收。哈方言区周围还居住着黎族之外的很多民族，而且三亚地区是很出名的旅游城市，所以一年四季有大量来自不同地区的游客。哈方言区人们的语音一定会随着与外界的接触而发生改变。语言接触现象十分复杂，语言接触过程中的诸多因素都会对语言的变化产生影响。影响语言接触的决定性因素有两个方面：其一是语言内部因素，是由语言自身内部规律的作用而引起的演变。自身的演变是语言内部结构的变化，速度慢，它的变化主要反映在语言的结构上，主要体现在语音、语法和词汇上。语言结构因素决定了语言接触的层次。其二就是社会因素，它决定了语言接触的深度，决定了语言转移的方向。这两大因素是互为补充的，相互不能替代。黎语方言区的变化有其内部结构原因，但真正推动其变化的是社会文化力量，它的发展变化总是直接或间接地与社会文化因素密切相关。影响黎语方言接触深度和广度的社会文化因素很多，笔者此次调研还对崖城镇郎典村的黎语使用情况进行了近百份的问卷调查，所以下面以郎典村作为语言接触的视点，归纳出制约或影响语言变化的社会因素。

（一）郎典村村民的聚居情况

在语言接触的方式上，根据接触的密切程度，划分为"浅层接触"和"深层接触"。郎典村傍山而建，是黎族聚居的自然村，属海南省三亚市崖城镇管辖。郎典村共有三个组，邻村有大毛村、赛田村、周家村、坝后村、打帮村等。整个村子都为黎族，属于哈支系的哈应。在调查过程中发现，大毛村、赛田村、周家村使用的方言与郎典村存在差异，可以判定它们属于不同的方言区。郎典村的村民除了使用黎话，基本也都会说普通话。语言本来彼此不会接触，接触的是语言的使用者。使用语言的态度影响着使用语言的方式。郎典村的村民与外族的沟通交流除了用黎话，还有普通话或者海南话。在语言接触过程中，一个民族借用其他民族的词汇需要低强度接触，郎典村村民基本上是在村中务农，只有少数人有外出打工的经历，而且黎族人很少与外族人通婚，所以黎族人与外族人接触仅限于低强度的接触，反映在语言上，也就是汉语借词或者借用当地海南话中的词汇。另一个是结构借用需要接触强度加大，形成对结构体系的认识，这样才能借用。所以黎语的语法保持其自有的特征，变化并不明显。

（二）郎典村人口的文化水平

人口的多少和人口的构成也会对语言的接触和变化产生影响。黄宣范指出，语族人口多少、分布情形、都市化程度、教育程度以及职业取向等也是影响语言转移或流失的因素。一般情况下，城市化程度和受教育的程度越高，就越容易发生语言接触的现象，也越不容易保持自己本民族的语言。因为这些人与外界接触较多，受到强势语言的影响大，发生语言结构变化的概率就大。相反，如果是当地务农的农民，与外界接触较少，受到强势语言的影响小，发生语言结构变化的概率就小，能够较完整地保留原来语言的特征。

郎典村整个村子都是黎族人，而且务农是村民主要的谋生方式。除了在外上学的大学生，居住在村子里的村民文化水平大多在初高中水平。笔者走访过程中也发现，在外求学的大学生或者在镇上读书的中学生，他们的汉语使用水平比村子里务农的村民要高得多。他们都能比较快地独立完成笔者的调查问卷。这部分人在学校里基本上使用普通话，只有放假回到村子里才会和家乡人讲黎语，甚至刚刚回到村子里还存在语言转换困难的问题。这些人已经自愿融合到汉语这种强势语言之中，这种情况很容易对本民族的语言面貌造成影响。

（三）郎典村人口的年龄、性别和婚姻状况

一般情况下，老年人的思想比较保守，对本民族的语言持积极认同的态度，对本民族的语言忠诚度高，一般都会说母语，所以倾向于维护它。青少年思想比较开放，对母语没有那么深的感情，语言忠诚度比较低。笔者在调查过程中发现郎典村的很多村民已经不能唱黎族的传统歌曲，甚至不记得关于黎族的神话传说。有些青少年甚至觉得用汉语唱的流行歌曲要比黎语传统歌曲好听。这就会使黎语的使用活力逐渐衰退，间接助长了语言的转移或流失。

在郎典村，大部分妇女婚后在家做家务、务农，和外界接触的机会不多，生活交际空间狭小，所以语言的使用情况也相对比较保守，不容易发生迁移。但是成年男子的工作除了务农，为增加收入，农闲时会外出打工，因此在与外界接触方面，男子有更多的机会与不同的语言集团接触，这样语言就比较容易发生转移。

语言影响还和婚姻状况有关，郎典村整个村子的人都是黎族，就算是从外地嫁入的妇女或者娶了当地黎族女子的男子在村子里都说郎典村的语言。这些人都慢慢放弃自己原来的语言，开始说当地的方言。

# 结　语

语言是文化负载者，不同文化间的交流和相互影响必然要体现在语言上。黎语是黎族人民的共同语，千百年来一直是黎族人民交流思想感情的工具。在汉语这种强势的语言下，黎族人民并没有放弃本民族语言，反而有意识地进行自我保护，更加注重对黎语的传承和研究。笔者在调查过程中遇到了几个年轻的黎语专家，他们已经掌握了记录本民族语言的方法。这对进一步的研究工作非常有帮助，而且对黎语的深入研究可揭示南岛语系和汉藏语系的某些联系，特别是汉藏语对壮侗语的影响。这些研究不但有利于发展和保护中国的少数民族语言，而且对丰富中华民族的文化起着至关重要的作用。

（张群　钟宇）

**参考文献**

[1] 王远新：《论我国民族语言的转换及语言变异问题》，《贵州民族研究》1988 年第 10 期。

[2] 黄宣范：《语言、社会与族群意识——台湾语言社会学研究》，台北文鹤出版公司 1993 年版。

[3] 陈保亚：《论语言接触与语言联盟》，语文出版社 1996 年版。

[4] GAL. Susan，*Language Shift：Social Determinant of Linguistic chge an Bilingual Austria*，New York：Academic Press. 1979.

[5] 叶蜚声、徐通锵：《语言学纲要》，北京大学出版社 1997 年版。

[6] 刘援朝：《黎语方言声调的对应问题》，《语言科学》2004 年第 4 期。

[7] 欧阳觉亚、郑贻青：《黎语方言调查报告》，中国社会科学出版社 1983 年版。

# 黎语生态现状调查研究

## ——以三亚市郎典村为例

为保证黎语原始资料的系统收集，深入了解黎语语言生态现状，中南民族大学文学与新闻传播学院语言学及濒危语言研究团队，先后于 2010 年、2011 年暑期、2012 年寒假赴海南省进行黎族语言调查。2010 年，团队选择了五指山市冲山镇、保亭县加茂镇、三亚市凤凰镇水蛟村这三个点，通过发放问卷、现场记音等调查方法，大致了解这些地区黎族人对黎族语言、黎族文化的掌握情况，以及这三个地区的黎语系属问题。2011 年，主要以三亚市北岭行政村郎典自然村为考察点，对黎语生态现状进行微观研究。

### 一 郎典村概况

郎典村隶属于三亚市崖城镇北岭行政村，位于海南省三亚市西北部，地处三亚市与乐东黎族自治县交界处。北岭村为黎族聚居村，辖 8 个自然村（郎典村、落基村、大毛村、赛田村、周家村、大哺叭村、坝后村、打帮村），共 11 个村民小组。北岭村有 550 户，约 3860 人。郎典村有 100 户，约 1000 人，99％为黎族，有少数几个外族媳妇和入赘女婿。

黎语有五大方言区：哈方言区、杞方言区、润方言区、美孚方言区、加茂方言区。每个方言区内部又可划分不同的土语区。北岭村人使用的黎语属于五大方言中的哈方言区，又可细分为哈方言中的三种土语区。

（1）哈应方言土语区：郎典村、落基村。这一区"吃饭"为 lou$^{55}$ tha$^{55}$，"狗"为 ma$^{53}$。

（2）罗活土语区：大毛村、赛田村、周家村、大哺叽村。这一区"吃饭"为 la$^{55}$ tha$^{55}$，"狗"为 pha$^{53}$。

（3）哈南啰方言土语区：坝后村、打帮村。这一区"吃饭"为 lo$^{55}$ tha$^{55}$，"狗"为 pa$^{53}$。

随着社会的发展变化，语言环境也随之改变。在郎典村整个生态系统中，其语言生态系统也是随着当地综合生态系统的变化而变化的，综合生态系统包括自然环境、社会环境等各方面自然的、人文的因素，值得重视的是人在语言生态系统中起到的决定性作用。

郎典村语言生态系统内部又由许多子系统构成，子系统之间的各种关系就是我们要弄清楚的现状，在这个系统里，任何一个部件都是环环相扣、互相影响、互相竞争、互相制约、共同发展的，在研究时应该用联系的视角来剖析整个语言生态系统。

本文通过问卷调查、入户调查等方法，从郎典村双语、多语情况和母语的生态情况两方面论述郎典村语言生态系统中语言关系、语言态度、语言传承等情况。

## 二 语言生态系统中的双语、多语

本次问卷抽样、分年龄段地调查了全村人的黎语和其他语言掌握情况。郎典村所有人都会黎语，大部分人在与其他民族的接触交往过程中，又习得汉语、海南话等语言，具体情况见表1。

表1　　　　　　　　　郎典村人双语、多语使用情况

| 年龄段 | 人口 | 性别及人口 | 只使用黎语 | | 使用双语 | | 使用三语 | | 使用三种以上言语 | |
|---|---|---|---|---|---|---|---|---|---|---|
| | | | 人口 | 百分比（%） | 人口 | 百分比（%） | 人口 | 百分比（%） | 人口 | 百分比（%） |
| 9—19岁 | 23 | 男 | 0 | 0 | 3 | 3.75 | 3 | 3.75 | 0 | 0 |
| | | 女 | 0 | 0 | 7 | 8.75 | 10 | 12.50 | 0 | 0 |
| 20—29岁 | 16 | 男 | 0 | 0 | 4 | 5.00 | 6 | 7.50 | 0 | 0 |
| | | 女 | 0 | 0 | 3 | 3.75 | 2 | 2.50 | 1 | 1.25 |
| 30—39岁 | 20 | 男 | 0 | 0 | 4 | 5.00 | 10 | 12.50 | 3 | 3.75 |
| | | 女 | 0 | 0 | 1 | 1.25 | 1 | 1.25 | 1 | 1.25 |
| 40—49岁 | 12 | 男 | 0 | 0 | 0 | 0 | 6 | 7.50 | 1 | 1.25 |
| | | 女 | 0 | 0 | 1 | 1.25 | 2 | 2.50 | 2 | 2.50 |
| 50岁以上 | 9 | 男 | 0 | 0 | 0 | 0 | 5 | 6.25 | 0 | 0 |
| | | 女 | 2 | 2.50 | 2 | 2.50 | 0 | 0 | 0 | 0 |

由表1总结出郎典村人语言能力、语言关系等特征。

（一）语言能力

郎典村人的汉语能力与年龄存在一种反比例关系：年龄越大的黎族人，汉语能力越差；年龄越小的黎族人，汉语能力越高，青少年的汉语能力普遍很高。

郎典村人的黎语能力都很好，相比较而言，青少年的黎语能力不及其他年龄段人的。

（二）语言关系

1. 双语、多语能力的全民性

郎典村人对黎语、汉语持有一种开放包容的语言态度，他们既热爱自己的母语，也认同别的语言，坚信只有掌握汉语才能更好地与其

他民族交流，这是郎典村多语和谐的心理基础。

在所有调查对象中只有两位只会黎语，高二华（66 岁，女）、容其花（54 岁，女），这两位从出生至今一直在郎典村务农，未受过教育。五六十年前，村里只送男孩上学，女孩在家做家务、务农，无机会上学学习汉语，不外出也没有多少机会接触汉语。

80 位调查对象，78 位是双语、多语人，这种普遍分布于各年龄段的双语、多语能力说明了郎典村人双语、多语能力的全民性，这是其语言生态系统维持和谐状态不可缺少的条件。

2. 双语、多语能力的层次性

郎典村人双语、多语能力有明显的层次性（如图 1 所示）。

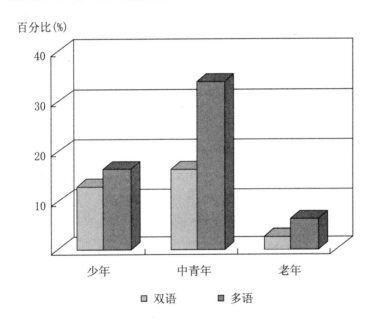

**图 1　郎典村人双语、多语能力的层次性**

首先体现在年龄差异上，不同年龄段的人双语、多语能力不同。中青年的双语多语能力较少年、老年的强，中青年大多都有外出打工经历，与非黎族人交流接触的机会很多，习得其他语言的机会也多。

使用三种以上语言的人则集中在中年人群中，这部分人较青年人有更广的社会阅历，语言驾驭能力各方面也强些。

层次性的形成还与受教育程度有关，受教育程度高的人文化水平高，双语、多语能力强。在8位掌握4种语言的人中，2位不是海南人，他们多掌握自己的家乡方言，剩下6位为崖城镇老师黄家全（大学文凭，72岁）、郎典村村长、郎典村村主任、郎典村3组组长等。少年人群的双语、多语能力并不差，他们仍处于上学阶段，因此习得英语这门外语。

双语、多语能力的层次性还体现在性别方面，男性的双语、多语能力普遍比女性强，尤其是中年人群中，中年女性大多在家务农，没有机会与非黎语使用者交流。青年人群中女性的双语、多语能力不比男性差，她们有外出求学、打工的经验，习得其他语言的机会多。

3. 双语、多语之间的和谐互补性

语言的和谐是指一个民族或群体内部，各种语言各司其职，互不干扰，其语言生态系统达到和谐状态。郎典村人根据交际对象、交际内容、交际目的、交际场合来选择使用的语言，各语言之间不存在恶性竞争，这就营造了语言生态系统的和谐。

在一个民族或群体内部，不同的语言之间存在功能差异和强弱之分。汉语是我国最通用的语言，使用人口多，属强势语言；黎语只在黎族人之间使用，黎语是典型的弱势语言。对于郎典村黎族人来讲，在村内，黎语比汉语交际功能强，在村外的社会中，汉语比黎语强，但从语言的情感表达功能来看，不论何时何地，黎语都比汉语强。

在郎典村的日常生活中，黎语使用功能最广泛，汉语普通话只在有限的范围或面对特定对象时使用（见表2）。

表 2                          郎典村人非黎语使用情况

| 姓 名 | 性 别 | 年 龄 | 使 用 非 黎 语 情 况 |
|---|---|---|---|
| 董伟敬 | 女 | 10 岁 | 和老师、陌生人说普通话 |
| 黄海连 | 女 | 17 岁 | 除家、村子之外都说普通话 |
| 董海英 | 女 | 18 岁 | 在学校说普通话 |
| 黄文林 | 男 | 24 岁 | 与非黎族人说普通话 |
| 黄世平 | 男 | 32 岁 | 教小孩说普通话,与外来人说普通话 |
| 董爱花 | 女 | 59 岁 | 与说普通话的人说普通话 |
| 黄家泉 | 男 | 72 岁 | 与外来人员交流说普通话 |

郎典村黎族人族内婚姻比较普遍,有从其他黎族村嫁来的女性,之前使用的黎语和郎典村黎语有差别,她们嫁过来后都改用当地黎语;也有汉族女性嫁进来、汉族男性入赘的情况,羊明花(女,30岁,海南省儋州市人,汉族)、吴世春(男,30,湖北大冶人,汉族),两位的黎语掌握情况均为一般,但在家里、村里和人交流时都是100%使用黎语,只有在与不会说黎语的人交流时才选择说普通话,刚开始可能有些困难,住久了就习惯了,他们的小孩既会黎语又会汉语,当问到黎语歌曲和汉语歌曲更喜欢哪个时,都选择黎歌,可见非郎典村本地黎族人在郎典村生活的语言生态环境也是和谐的。

在做入户调查时发现,现在很多父母在小孩出生后刻意教汉语,这些小孩最初都只会汉语,长到5—6岁时,在郎典村这种纯黎语的语言环境中,在与周围人交流沟通时也就会说黎语了。从这些小孩身上也能看出汉语、黎语在郎典村和谐共处、共同发展的语言生态环境。

在郎典村,黎语主要使用于家庭内、村子内、各种劳动场所,村民会根据不同的需要选择使用的语言,他们坚信会一直使用黎语,同时认为汉语是为获得更好生活而必须掌握的语言工具,两种语言在郎典村和谐共存、共同发展进步。

## 三 母语的生态环境

调查结果显示，郎典村人目前稳定地使用着自己的母语——黎语，其基本特征为：黎语是郎典村人主要交际工具，在不同年龄段语言使用情况基本相同，但也存在一些差异，主要表现在部分青少年的母语能力衰退苗头上。

我们主要从郎典村人对黎语的态度、黎语使用情况、黎语传承情况等方面来探讨郎典村人的母语生态环境。

### （一）语言态度

郎典村人都非常热爱自己的母语，他们知道只有把本民族的语言传承下去，才能真正保护、传承其文化，他们对母语深厚的感情是黎语稳定传承使用的情感基础。

我们在村里调查时，他们用汉语和我们交流，和村里人则自动转为黎语，如上页表2反映的，郎典村黎族人只在黎语不能行使交际职能时才转用汉语，可见他们对母语的态度之忠贞。

我们问及是否需要抢救黎语，所有人都觉得有必要，虽然他们都长时间使用黎语，且坚信会一直使用下去，但还是担心黎语有一天会消亡，董尚（女，16岁）认为，黎语是一种文化，需要保护；董算拾（女，18岁）认为，如果不保护黎语，未来某一天黎语就会成为传说。

### （二）使用情况

#### 1. 不同年龄段人黎语使用情况

在80位调查对象中，12人黎语水平一般，其中7人属9～19岁年龄段，多为父母在其出生后就教汉语，如上页表2反映的事实；20～29

岁3人，黄文刚（男，26岁）、黄仁华（男，26岁）、龙命（女，26岁，乐东人，黄仁华夫人），黄文刚毕业于海南省技工学校，常年在五指山打工，黄仁华一直在深圳打工，龙命是从乐东嫁来的，之前还在海口工作了2年，这3位长时间在外面生活，黎语水平一般也属正常；30～39岁2人，这两人是上文提到的羊明花（女，30岁，海南省儋州市人）、吴世春（男，30岁，湖北大冶人），他们不是三亚本地人。

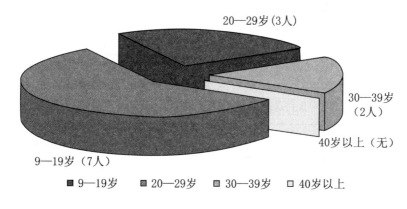

**图2　不同年龄段黎语水平一般的人数**

在三亚市崖城镇周边打工、学习的人，仍能保留黎语的熟练水平，如董福亮（男，27岁）在三亚、海口打工3年，回家后说黎语仍熟练；黄刚（男，30岁）在南山待了13年，在那里都用普通话交流，现在黎语较为熟练；董尚（女，16岁）在崖城中学读初二"刚从学校回来时不适应，待几天就好了"。还有部分人长期在外回村后仍能保持其母语水平，如黄晓芬（女，18岁）在西南民族大学读书，每年寒暑假才回来，在外面没有机会说黎语，回村后需一周左右时间恢复到原来的黎语水平；黄文林（男，24岁）在江西科技学院读大二，"每次刚从学校回来就不太适应，不过几天就好了"。

2. 不同场合黎语使用情况

黎语广泛应用于生活、学习之中，无论是家庭成员交流还是村内人员交流都是用黎语。镇上集市贸易有的使用黎语，有的使用当地的崖城土话。村里开会都是用黎语。

（1）家庭内部。郎典村家庭内部黎语使用情况可分为两种。

其一，黎语为唯一交际工具。

调查显示，郎典村绝大部分家庭以黎语为唯一交际工具，不论起居饮食还是思想交流，不论交流对象是长辈还是晚辈一律用黎语交流，即使有些家庭有汉族成员，他们也都是入乡随俗说黎语。下面列举几户这样的家庭（见表3）。

表3　　　　　　　　郎典村仅使用黎语的家庭举例

| 亲属关系 | 姓　名 | 年　龄 | 文化水平 | 黎语水平 |
|---|---|---|---|---|
| （家庭一）父亲 | 黄仁良 | 52岁 | 高中 | 很好 |
| 女儿 | 黄晓芬 | 18岁 | 大学 | 很好 |
| 母亲 | 唐世花 | 45岁 | 初中 | 很好 |
| （家庭二）父亲 | 董伟忠 | 40岁 | 初中 | 很好 |
| 女儿 | 董月梅 | 14岁 | 小学 | 很好 |
| 母亲 | 黄金花 | 47岁 | 小学 | 很好 |
| （家庭三）父亲 | 黄文华 | 42岁 | 小学 | 很好 |
| 儿子 | 黄炳坤 | 19岁 | 初中 | 很好 |

黄炳坤的母亲是乐东黎族人，父亲是本村人，其黎语与父亲一样，与母亲有些小区别；唐世花为乐东人，在郎典村生活了20年，说地道的当地黎语；董海英（女，18岁，黎语很好）父亲是会说黎语的汉族人，在她成长过程中都是用黎语和家人交流，其黎语与母亲一样。

其二，黎语、汉语双语交际工具。

在郎典村也有一部分家庭使用黎、汉双语交际工具，这类家庭又可分为两种情况：

族际婚姻。村内有几户族际婚姻，这些家庭的外族媳妇或入赘女婿多为汉族，他们会当地的黎语，只是个人水平不一，这些家庭的小孩一般是既教黎语又教汉语的。

族内婚姻。20世纪90年代以来，一些父母为子女前途着想，孩子出生后只教汉语，即使孩子自己通过与他人交流掌握了黎语，仍然只用汉语和小孩交流，家长之间仍用黎语。

下面列举一部分此类家庭（见表4）。

表4　　　　　郎典村使用黎、汉双语的家庭举例

| 亲属关系 | 姓　名 | 年　龄 | 文化水平 | 黎语水平 |
|---|---|---|---|---|
| （家庭一）父亲 | 黄文仁 | 49岁 | 高中 | 很好 |
| 儿子 | 黄宝庄 | 17岁 | 高中 | 很好 |
| 女儿 | 黄宝丽 | 16岁 | 初中 | 很好 |
| （家庭二）父亲 | 黄关仁 | 39岁 | 初中 | 很好 |
| 女儿 | 黄新婷 | 12岁 | 小学 | 很好 |
| （家庭三）父亲 | 黄永华 | 39岁 | 初中 | 很好 |
| 女儿 | 黄秋玉 | 10岁 | 小学 | 很好 |
| （家庭四）父亲 | 黄仁祥 | 41岁 | 初中 | 很好 |
| 儿子 | 黄富乐 | 13岁 | 小学 | 一般 |
| 母亲 | 苏世芳 | 35岁 | 初中 | 很好 |
| （家庭五）父亲 | 董家明 | 31岁 | 小学 | 很好 |
| 儿子 | 董　朋 | 11岁 | 小学 | 一般 |
| （家庭六）父亲 | 黄维雄 | 29岁 | 初中 | 很好 |
| 女儿 | 黄银飞 | 10岁 | 小学 | 一般 |

从表3、表4可看出，以黎语为唯一交际工具的家庭小孩的黎语水平普遍情况下比双语交流的家庭好，当然不能说双语家庭小孩的黎语一定差。

（2）学校。北岭小学一直是用黎语授课，现在慢慢开始有用双语教学的老师，课间都是用黎语交流。崖城镇中学老师完全用汉语授课，师生交流也多用汉语。学生私下交流则多用黎语，如有汉族同学在场则使用汉语（见表5）。

表5　　　　　　　　　　　学校用语情况

| 姓名 | 性别 | 年龄 | 学　校 | 学　校　用　语　情　况 | 黎语水平 |
|---|---|---|---|---|---|
| 黄银飞 | 女 | 10岁 | 北岭小学 | 老师上课讲普通话，同学交流用黎语 | 一般 |
| 董伟敬 | 女 | 10岁 | 北岭小学 | 跟老师说普通话，同学交流用黎语 | 一般 |
| 黄秋玉 | 女 | 10岁 | 北岭小学 | 都用普通话 | 很好 |
| 董海聪 | 男 | 11岁 | 北岭小学 | 学校黎语、汉语都用 | 很好 |
| 黄新婷 | 女 | 12岁 | 北岭小学 | 黎族老师多，双语教学 | 很好 |
| 黄富乐 | 男 | 13岁 | 崖城江南学校 | 上课用普通话 | 一般 |
| 董月梅 | 女 | 14岁 | 北岭小学 | 上学用普通话 | 很好 |
| 黄仁庆 | 女 | 14岁 | 北岭小学 | 在学校都说普通话 | 很好 |
| 董海珍 | 女 | 15岁 | 崖城中学 | 课间和黎族同学用黎语交流，其他用汉语 | 很好 |
| 黄慧流 | 女 | 15岁 | 崖城中学 | 偶尔使用黎语 | 很好 |
| 黄宝丽 | 女 | 16岁 | 崖城中学 | 汉语、黎语双语教学，与同学说黎语 | 很好 |
| 董尚 | 女 | 16岁 | 崖城中学 | 班上汉族比黎族多，说普通话多些 | 很好 |
| 黄海连 | 女 | 17岁 | 崖城中学 | 除了在家、村子外都说普通话 | 很好 |
| 黄海芳 | 女 | 18岁 | 三亚第四中学 | 普通话 | 很好 |

（3）田间劳动。郎典村背靠三面山，山上都是芒果树，芒果是郎典村重要的经济作物之一，每年有大量的芒果输往外省。当然也种植水稻和其他水果，但是一般都是自产自销。在田间的劳动生产过程中，村民们都是用黎语交流。

（4）集市。集市在崖城镇上，郎典村人需要购置物品时会去崖城镇赶集，在不明对方是否为本族人的情况下，多使用普通话，一旦明确对方为黎族，则使用黎语。

总之，各种场合下，黎语都是全民稳定性使用的，是郎典村人最重要的交际工具。

（三）传承情况

调查中9—19岁的少年21人，7人黎语水平一般，占该年龄段人数的33%，具体情况见表6。

表6　　　　　　　9—19岁黎语水平一般的人员情况

| 姓　名 | 性　别 | 年　龄 | 父母是否都为黎族 | 第一语言 | 学历 | 黎语水平 |
|---|---|---|---|---|---|---|
| 董小丽 | 女 | 9岁 | 是 | 汉语 | 小学 | 一般 |
| 黄银飞 | 女 | 10岁 | 是 | 汉语 | 小学 | 一般 |
| 董伟敬 | 女 | 10岁 | 是 | 黎语 | 小学 | 一般 |
| 黄　壮 | 男 | 11岁 | 是 | 汉语、黎语 | 小学 | 一般 |
| 董　朋 | 男 | 11岁 | 是 | 汉语、黎语 | 小学 | 一般 |
| 黄富乐 | 男 | 13岁 | 是 | 汉语、黎语 | 小学 | 一般 |
| 董算拾 | 女 | 18岁 | 是 | 黎语 | 初中 | 一般 |

表 7            青少年黎语水平很好的人员情况

| 姓 名 | 性 别 | 年 龄 | 父母是否都为黎族 | 第一语言 | 学历 | 黎语水平 |
|---|---|---|---|---|---|---|
| 董海英 | 女 | 18 岁 | 否,父亲入赘,汉族 | 黎语 | 大专 | 很好 |
| 董海珍 | 女 | 15 岁 | 是 | 黎语 | 初中 | 很好 |
| 董海燕 | 女 | 23 岁 | 是 | 黎语 | 初中 | 很好 |
| 董海聪 | 男 | 11 岁 | 是 | 黎语 | 小学 | 很好 |
| 黄慧流 | 女 | 15 岁 | 是 | 黎语 | 初中 | 很好 |
| 董月梅 | 女 | 14 岁 | 是 | 黎语 | 初中 | 很好 |
| 黄晓芬 | 女 | 18 岁 | 是 | 黎语 | 大学 | 很好 |
| 黄宝庄 | 男 | 17 岁 | 是 | 黎语 | 高中 | 很好 |
| 黄宝丽 | 女 | 16 岁 | 是 | 黎语 | 初中 | 很好 |
| 黄炳坤 | 男 | 19 岁 | 是,母亲为乐东黎族 | 黎语 | 初中 | 很好 |
| 黄新婷 | 女 | 12 岁 | 是 | 黎语 | 小学 | 很好 |
| 黄秋玉 | 女 | 10 岁 | 是 | 汉语 | 小学 | 很好 |
| 董 尚 | 女 | 16 岁 | 是 | 黎语、汉语 | 初中 | 很好 |
| 黄仁庆 | 女 | 14 岁 | 是 | 黎语 | 初中 | 很好 |
| 黄海连 | 女 | 17 岁 | 是 | 黎语 | 高中 | 很好 |
| 黄海芳 | 女 | 18 岁 | 是 | 黎语 | 高中 | 很好 |
| 黄仔娟 | 女 | 15 岁 | 是 | 黎语 | 初中 | 很好 |

从表 6、表 7 可看出，在郎典村的青少年层有母语能力衰退的苗头，多因从小接受双语或汉语教育。调查显示 19 岁以内的村民都不会唱黎歌，年龄再小的甚至都没听过，他们只知道国内外的流行歌

曲，这种文化先行的影响，没能为黎语的传承提供好的文化土壤。

总而言之，青少年对黎语的掌握情况有衰退的苗头，但较其他年龄段人而言差距并不大，即目前黎语在郎典村不同代际还是得到较好传承的，其传承链还是稳固的。

郎典村黎语传承情况稳定的原因是什么呢？这是由多方面条件共同决定的，其中有社会、地理、历史、人文等条件，还有民族关系、语言观念等因素，使其不至于在语言接触和语言影响的冲击下改变。

北岭村下属的郎典村地方偏僻，三面环山，交通不便，主要交通工具为摩托车，无公交车之类的公共交通工具，这为黎语在郎典村的传承保护提供了天然的地理屏障。

郎典村临近的村庄都是黎族村庄，使用的黎语土话同出一支哈方言，这为黎语在村际之间交流提供了广泛的空间。郎典村人是这块土地的世代居民，有本民族独特的文化，如民间故事、民歌、历史传说等，这些非物质文化为当地黎族人传承母语提供了有利的文化土壤。

族内婚姻是黎语得以保存的一个重要条件。婚姻关系会对语言使用情况产生重大影响，特别是在人口少、经济文化相对弱势的民族中，族际婚姻比例大会对本民族语言使用造成强烈冲击，郎典村共100户，族际婚姻四五户，且外族媳妇和入赘女婿在郎典村转用黎语。

家庭是母语保存最重要的堡垒。在郎典村，家庭一直以来都是黎语使用最频繁的场所。以前郎典村所有家庭都用黎语进行家庭教育、日常交际，20世纪90年代以来，家长开始重视家庭内部的汉语教育，出现一批以汉语为第一语言的儿童，但是家庭内部日常交际仍以黎语为主。

郎典村的点点滴滴，使笔者实实在在地感受到郎典村黎语旺盛的语言活力，其稳定的使用状况，完全没有濒危的迹象，只有一股和谐的气氛融于郎典村的母语生态系统之中。

## 四 郎典村现有语言生态环境处于一种和谐状态

（一）社会的进步是促进郎典村语言生态环境和谐状态的原动力

语言源于生活，是为人类社会生活服务的，它会随人类社会的不断发展而发展，在发展的过程中不断地吸收新的成分完善自身系统。郎典村的政治、经济等各方面的发展为其语言生态系统的稳定和谐状态提供了牢固的保障，是其不断发展、完善自身的原动力。

（二）语言政策

《中华人民共和国国家语言文字法》规定：各民族都有使用和发展自己的语言文字的自由。还规定：国家通用语言文字的使用应当有利于维护国家主权和民族尊严，有利于国家统一和民族团结，有利于社会主义物质文明和精神文明建设。

以上政策对民族语言的使用和发展起到了切实的保证作用，为所有的少数民族同胞使用自己的母语提供了法律保障。

（三）郎典村的自然、社会环境

郎典村三面环山，其地形如图 3 所示。在 2007 年之前与外界连接的路都没通，现在的水泥路经过 3 次工程到 2011 年 4 月才修成。郎典村至今没通自来水，每家每户自己打水井走管道，电是 2001 年才通，此前都是点煤油灯来照明。

以前，郎典村经济生活单一，种芒果和瓜菜，基本内销，他们只需掌握黎语就可以满足日常交际需要。

现在郎典村经济发展了，当地产的芒果远销广东、福建等地，村里也培养出几个大学生，在这种环境下，大家都积极地学习普通话，紧跟发展步伐，努力提升经济、文化等各方面实力。

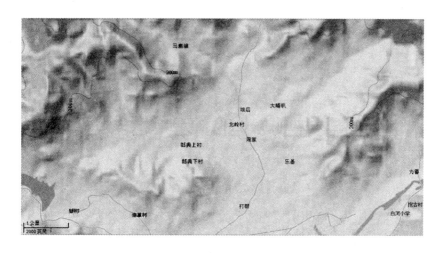

**图3 郎典村地形**

（四）郎典村人的语言态度

郎典村人对多语、双语之间的语言关系，抱以开放包容的语言态度，这是多语和谐的心理基础。他们对母语怀有深厚的感情，也深知学好汉语对自身的益处。

综上所述，以三亚市北岭行政村郎典村为例的黎语生态现状呈和谐状。双语、多语的和谐生态链和母语的和谐构成了郎典村整个语言生态系统的和谐，而郎典村和谐的语言生态系统又有助于母语的传承发展和双语、多语能力的提高。

政治、经济、人文等各方面因素使得郎典村的语言生态环境呈现和谐的氛围，与此同时，和谐的语言生态环境又为郎典村的经济、政治各方面的发展提供了不可或缺的工具。

（王薇　李庆福）

# 语言生态学视域下的海南黎语发展探究

从语言生态学角度研究少数民族语言的生存环境、生态保护及发展传承等问题是少数民族语言研究的新途径。考察黎语五大方言区生态现状，分析黎族人的语言态度，弄清黎语内外生态特征及语言接触的内在规律，科学地预测黎语未来发展趋势，指导黎族语言生态环境建设是摆在我们面前的一项重要任务。

## 一　海南黎语的生态环境现状

改革开放以来，海南岛的政治、经济、文化、教育飞速发展，黎族与汉族人民之间的联系日益加强，与此同时黎族同胞接触汉语的机会也明显增多。社会发展是民族交流的动因，民族交往促进语言接触，语言接触势必引发语言的互补和竞争①。这种"互补"主要表现为黎语对汉语及其他语言的借鉴；"竞争"则是指在开放的语言环境中，黎族人面临多种语言选择，黎语的地位正遭受威胁。事实上，伴随着汉语普通话的推广及各种方言的引入，交际范围更广、语言功能更为全面的汉语已成为深受黎族人青睐的语言，黎语则陷入弱势语言的窘境。究其根本原因在于黎语的功能性与流通性的减弱及黎族人语言态度的转变。那么，现阶段黎语的生态环境究竟存在何种问题，具体情况如下。

---

① 参见冯广艺《语言生态学引论》，人民出版社 2013 年版，第 157—223 页。

（一）黎语的使用人数减少

使用人数是反映一种语言生态环境状况最直观、最可靠的证据。我们以 2009—2014 年的调查数据为样本，通过使用率的对比分析得出：2009—2014 年黎语的使用人数持续下降，2010 年和 2011 年降幅最大，近两年降幅减小，但总体趋势依然走低。

表 1　　　　　　　　　2009—2014 年黎语使用率统计

| 年　份 | 2009 | 2010 | 2011 | 2012 | 2013 | 2014 |
|---|---|---|---|---|---|---|
| 使用比率（％） | 87.6 | 75.3 | 66.5 | 58.1 | 51.2 | 45.5 |

从文化程度来看，黎语使用者的分布依次为小学（49.6％）、初中（23.5％）、高中（12.2％）、专科（9.5％）、本科及以上文化程度（5.2％）。这说明随着文化层次的升高，黎语使用率明显降低。从年龄层次上来看，18 岁以下（15.7％），19 至 35 岁（25.8％），36 至 50 岁（55.3％），50 岁以上（76.2％），可见，黎族青少年和青壮年是黎语使用人群中的弱势群体，老一辈的黎族人才是最为稳固的母语使用人群。黎语使用人数及使用人群的减少直接说明黎族人对母语的依赖性逐渐减弱，黎语作为黎族人第一语言的稳固地位正面临威胁。

（二）黎语的使用场合与使用范围缩小

黎语使用场合与使用范围缩小的直接后果就是黎语的功能性与流通性减弱。为了解黎族人使用黎语的具体情境及使用范围分布，我们制作了"黎族人母语使用场合与使用范围调查问卷"，统计结果见表 2。

表 2　　　　　　　　黎语使用场合与使用范围调查　　　　单位：人，％

| 使用场合 | 本族聚会 | 亲朋聚会 | 打招呼 | 家庭内部 | 聊　天 | 公众活动 | 其　他 |
|---|---|---|---|---|---|---|---|
| | 252 | 169 | 76 | 46 | 33 | 21 | 40 |
| | 39.6 | 26.5 | 11.9 | 7.2 | 5.2 | 3.3 | 6.3 |
| 使用范围 | 家里 | 村子里 | 民族乡 | 镇上 | 市区 | 省内 | 省外 |
| | 104 | 156 | 121 | 86 | 51 | 30 | 11 |
| | 18.6 | 27.9 | 21.6 | 15.4 | 9.1 | 5.4 | 1.9 |

通过数据我们可以看出，大多数黎族人只在亲朋、家人聚会的场合中使用黎语，家庭内部和生活圈周围是黎族人使用母语的主要情境；家里、村子里和乡镇上是黎族人使用黎语频率较高的地域范围，由此可见黎语的交际范围大多限于镇级以下地区。访谈中我们还了解到，黎族人使用黎语的对象也不是固定的。譬如在村里，如果双方都是黎族人，且都会说黎语，那么一定优先选择使用黎语；在镇上的集市等公众场所，一名黎族人试图与陌生人交谈时首先会使用黎语进行一次语言试探，倘若对方以黎语应答，他便继续用黎语交谈，若对方使用的是普通话或其他方言，他便用普通话应答。这样看来，黎语在黎族人的语言生活中确实存在交际功能弱与交际范围小等缺陷。在熟悉的场合中，交谈对象之间既可以使用黎语，也可以使用普通话，更不忌讳黎语和普通话交叉使用，原则是方便表情达意，利于听懂接受。另外，据调查，82.6％的黎族人认为使用普通话与陌生人交流意味着尊重他人、适应社会、文明礼貌。由于黎语交际范围、使用场合及适用人群有限，通行范围更广的汉语普通话及海南话在黎族社群中的地位明显提高，日渐成为黎族人民在正式场合中普遍使用的语言。

（三）黎族人母语能力的退化

为了解黎族人的黎语水平及母语能力的退化情况，我们从母语习得、使用母语的自觉性和情境话题等方面对受访者进行了语言表达能力测试，具体情况见表 3。

| 表3 | | | 黎族人母语水平与能力调查表 | | 单位:人,% |
|---|---|---|---|---|---|
| **母语程度** | 非常流利 | 比较流利 | 会说简单的 | 能听不会说 | 根本听不懂 |
| | 29 | 137 | 152 | 66 | 13 |
| | 7.3 | 34.5 | 38.3 | 16.6 | 3.3 |
| **学习时间** | 从小开始 | 上学以后 | 工作以后 | 其 他 | |
| | 277 | 56 | 26 | 38 | |
| | 69.8 | 14.1 | 6.5 | 9.6 | |
| **学习途径** | 长辈传授 | 族内习得 | 黎语教师 | 专业书籍 | 广播媒体 |
| | 254 | 83 | 24 | 10 | 26 |
| | 64 | 20.9 | 6.1 | 2.5 | 6.5 |
| **精通母语的人数** | 很多 | 较多 | 较少 | 很少 | 几乎没有 |
| | 9 | 44 | 167 | 86 | 91 |
| | 2.3 | 11.1 | 42 | 21.7 | 22.9 |
| **精通者年龄范围** | 18至26岁 | 27至40岁 | 41至59岁 | 60岁以上 | |
| | 25 | 121 | 156 | 95 | |
| | 6.3 | 30.5 | 39.3 | 23.9 | |

　　受访者通过自测,黎语能达到非常流利水平的仅占7.3%,大多数黎族人只停留在比较流利和应对日常交际的层次上。从黎族人母语学习的途径和学习时间上看,绝大多数的黎族人都是从小开始就生长在母语环境中,且主要依靠长辈传授、同族孩子互教等耳濡目染、潜移默化的语言习得方式来学习母语的①,通过专业书籍和黎语教师等方式学习的总人数比例竟不足10%。由此可见,黎族人延续着传统的语言习得方式,母语水平仅维持在日常交流的水平,母语能力呈弱化趋

---

① 参见欧阳觉亚、郑贻青《黎语调查研究》,中国社会科学出版社1983年版,第278—366页。

势。此外,接受调查的黎族人普遍认为,他们周围精通母语的人数太少,真正对本民族母语的内部结构有深入认识的人几乎没有。经过测试,黎族人精通母语的年龄层次中,中青年占多数,共277人,占总数的69.8%,60岁以上占23.9%,26岁以下的青年及青少年人群仅占6.3%,可见黎族人的母语水平与年龄呈正态分布。通过数据我们可得知,黎族人的母语水平随着年龄层次的降低而逐渐减弱,黎族年青一代的母语教育处于停滞的状态,代际间的语言传承出现了严重的断层。母语教育力度不足的直接后果就是黎族新生代母语技能的退化,老一辈黎族人由于记忆退化存在母语水平下降的自然趋势,黎族年青一代未能及时地完成语言传承接力,便会从整体上削减黎语的影响力。

### (四)双语、多语发展趋势下的语码混用

语码混用是双语社会中最常见的现象,体现的是说话人借用第二语言弥补第一语言能力所不及的缺憾的语言现象。

表4　　　　　　　　黎族人语码混用情况调查　　　　　单位:人,%

| 出现频次 | 很　多 | 较　多 | 一　般 | 较　少 | 极　少 |
|---|---|---|---|---|---|
| | 75(21.7) | 132(38.3) | 86(24.9) | 36(10.5) | 16(4.6) |
| 出现情境 | 黎语没有的词汇 | 黎语有但忘了怎么说 | 黎语有但不好发音 | 新词新语 | 网络词语 |
| | 112(32.5) | 87(25.2) | 24(7) | 56(16.2) | 66(19.1) |
| 如何看待 | 支　持 | 可以理解 | 不支持 | 极力反对 | 无所谓 |
| | 62(18) | 125(36.2) | 51(14.8) | 39(11.3) | 68(19.7) |
| 原因 | 受环境影响 | 受黎语水平的影响 | 黎语词汇有限 | 易于表达和理解 | |
| | 119(34.5) | 104(30.2) | 65(18.8) | 57(16.5) | |

由上表可知,超过80%的黎族人会在讲黎语时混用其他语言表达,其中有60%的人混用频率较高。由此可见,语码混用在黎族人的语言

生活中已较为普遍。至于语码混用的情境，他们认为"黎语中没有该词汇"是语码混用的主要原因，"忘记怎么表达"和网络词语、新词汇是他们语码混用的次要原因。通过黎族人语码混用的原因及态度可以看出，在经济文化交流加强、多种语言竞争的大环境中，他们认识到母语自身语言系统的不完善和语言思维更新的必要性，因此并不排斥吸收新词汇、新表达来弥补母语系统功能的不足，以便更加有效地表情达意。

语码混用只是海南黎族双语及多语化发展趋势的初级阶段，伴随着语言接触程度的加深，为了摆脱经济文化交流中的语言障碍，越来越多的黎族人将会加入学习汉语普通话、海南话乃至粤语、英语的队伍中，黎语的双语或多语化趋势便可能进入语言兼用或转用的阶段。

（五）黎族人语言态度的转变

语言态度与语言使用有着十分紧密的联系。从某种程度上来说，个体语言态度直接决定语言的使用与发展。语言态度包括情感态度和实用性态度。可以想象，一个民族的社群对本民族母语持否定的态度，而这种语言本身的实用价值又不高，那么这一语言的使用率和影响力必定会减弱，长此以往该语言便会走向濒危。

表5 　　　　　　　黎族个体的语言情感态度调查 　　　单位：人，%

| | 黎　语 | 汉语普通话 | 海南话 | 英　语 | 其　他 |
|---|---|---|---|---|---|
| 最希望家人使用的语言 | 128 | 79 | 102 | 6 | 20 |
| | 38.2 | 23.6 | 30.4 | 1.8 | 6 |
| | 黎　语 | 汉语普通话 | 海南话 | 英　语 | 其　他 |
| 最好听的语言 | 63 | 196 | 29 | 32 | 17 |
| | 18.7 | 58.2 | 8.6 | 9.5 | 5 |
| | 黎　语 | 汉语普通话 | 海南话 | 英　语 | 其　他 |
| 最希望学好的语言 | 46 | 183 | 72 | 97 | 13 |
| | 11.2 | 44.5 | 17.5 | 23.6 | 3.2 |

从表5数据可以看出，54％的人已经不再愿意选用母语作为家庭内部的交际用语，更倾向于使用普通话和海南话；44.5％的人最希望学好的语言是汉语普通话，海南话和英语次之，母语再次。当被问到哪种语言最动听时，58.2％的人选择了普通话，认为普通话音调优美、节奏明快、好懂易记，而母语粗俗土气、复杂难懂；在公众场所使用普通话显得文明和时髦，而使用母语则显得格格不入。此外，我们还提到黎族人外出回乡后变为只讲普通话或海南话的单语人的问题，表示可以理解的人数占55.3％，不愿意看到此情况发生的占26.7％，持无所谓态度的占18％。从情感角度来看，黎族人的语言态度变得更加开放宽容，愿意接受族外的语言进入黎族社群。

表6　　　　　　　　黎族个体的语言实用性态度调查　　　　单位：%

| | 第一语言 | 第二语言 | 实用性 | 态　　度 |
|---|---|---|---|---|
| 普通话 | 35.3 | 50.5 | 89.6 | 很重要,必须学习(65.2) |
| | | | | 比较重要,应该学习(32.1) |
| | | | | 不重要,不用学习(2.7) |
| 黎　语 | 57.6 | 34.2 | 57.2 | 很重要,必须学习(42.9) |
| | | | | 比较重要,应该学习(47.3) |
| | | | | 不重要,不用学习(9.8) |
| 海南话 | 7.1 | 15.3 | 46 | 很重要,必须学习(28) |
| | | | | 比较重要,应该学习(47.7) |
| | | | | 不重要,不用学习(24.3) |

从表6数据可以看出，黎族人认为黎语是他们的母语应该学习，但对母语实用性的评价并不是太高；相比而言，他们认为交际范围更广的普通话和海南话能帮助他们适应更广阔的社会环境，寻找到更好的工作机会，而母语仅限于黎族生活圈内使用，因此普通话和海南话的实用价值更高。在经济文化快速发展的时代，越来越多的黎族人开始意识到转变语言观念的必要性，因此很多人更倾向于选择那些能给

他们带来利益的语言。

黎族人一方面保持着对母语深厚的情感，另一方面也不排斥其他语言在黎族社群中传播，他们愿意接受和包容汉语及其他语言，并且希望通过学习一门实用价值更高的语言来帮助他们更好地工作和学习。正是在这种趋利心理的影响下，黎族人兼用或转用汉语等其他语言的比率正在逐年上升，强势民族的语言正在以惊人的速度改变着黎族的语言生态结构①。语言竞争是民族进步的表现，强势语言吞并弱势语言是语言竞争中的自然法则。从现阶段黎语生态环境具体情况来看，黎语并不属于一种濒危语言。然而，根据调研数据分析：现阶段，黎语的生态平衡已经遭受到了破坏，黎语赖以生存的生态环境存在各种复杂的问题亟待解决。

## 二　海南黎语的生态特征

从生态语言学角度考察海南黎语的特征有两大方面，即内生态环境和外生态环境。外生态环境特征，就是从海南黎族的社会经济、自然环境、历史地理、文化教育、风俗习惯等外在层面考察黎语的生态特点；而内生态特征则是从黎语的内部谱系上探讨不同方言的生态特点②。

（一）外生态特征

1. 自然环境决定黎语方言区域的划分和词汇结构的形成

生活在特定环境中的群体需要不断地适应、利用和改造自然条件以求得生存和发展。环境内部的地域差异使得思想情感也具有了地域上的差异，思想情感上的地域差异直接映射到人类语言内部。

---

① 参见符宝玉《论黎语的传承与保护》，《前沿》2010 年第 5 期。
② 参见冯广艺、李庆福《黎语生态研究的基本构想》，《湖北师范学院学报》（哲学社会科学版）2014 年第 4 期。

自然环境要素中，地理因素是决定海南黎语早期方言区域划分的重要依据，气候因素则对海南黎语词汇结构的形成产生了巨大影响。自然地理环境对语言的影响分为以下几种情况：地域空间对语言的隔离作用；天然屏障对语言的分隔作用；自然地理环境对语言的保护作用及自然地理结构对语言词汇结构的影响等[①]。现代社会生活为人类提供了便捷的交通与通信工具，自然地理因素对人类生活及语言的制约日渐减弱，但在社会生产力落后的人类早期，自然地理因素对一种语言的生存发展起着决定性的作用。早期的黎族人受山林阻隔，一个为群山或丘陵环抱的盆地便会成为一个氏族部落的聚居地，因此很容易形成次方言区。随着黎族文明不断进步，经济文化往来也日益频繁，临近的村落由于河流或山路相连提供了交往的便利，使用的黎语就会变得十分相近。地理因素在早期黎语方言区的形成方面有着绝对的影响力。即便在经济与科技飞速发展的现代社会，自然地理环境对黎语的影响力依然存在。黎语五大方言区至今仍以山地、河流、盆地、丘陵等地势特征为天然分界线。例如加茂地区，大敢岭为支系的山脉，藤桥河、什玲河上游的山脉将其环绕，形成了一个四面环山的封闭区域，使得加茂地区的黎族居民很少与外界交流接触，这才导致加茂黎语与其他四大黎语方言存在巨大差异。

人类需要用语言来表述自然环境，由于自然环境中存在地域差异，因此各种语言所表述的自然环境的内容也就不同，主要表现在语言中有关自然环境的词汇结构差异上。海南黎语也是深受特殊气候环境影响的一种少数民族语言。海南岛地处热带北缘，湿热的热带季风性气候是多种动植物理想的栖息环境。在黎语生态系统中，词汇受气

---

① 参见徐佳《生态语言学视域下的中国濒危语言研究》，硕士学位论文，上海外国语大学，2010年。

候因子的影响非常明显，例如，黎语词汇系统中没有"冰""雪"这类词语，但对热带植物、水果、海鱼的种类却有非常详尽的描述。独特的自然环境为黎语创造了与众不同的生态环境，这也是海南黎语生态特征之一。

2. 社会经济的发展促进海南黎语走上双语、多语道路

经济发展水平在一定程度上直接决定语言的选择、使用。从发展的角度来看，社会经济对黎语生态环境的影响主要体现为经济形态的改变直接影响民族语言的使用特点。黎族社会在新中国成立以前一直处于分而聚居的状态，与外界少有交流；民族内部也因自然环境的阻隔交往不多，此时黎语的生态环境相对稳定。改革开放以后，民族经济迅速发展，黎族与外界的经济往来也日益增多，从前自给自足的传统生产方式开始转变为现代化的生产方式。由于生产力水平的提高，农作物产量大大增加出现了剩余，产品交换的需求不断增大。在剩余产品流通交换的过程中，黎族人民的交际范围、活动领域也随之扩大，不同民族、不同地区的语言接触越来越多。为减少交流障碍，协调语言差异，不同民族间的交往便会选择第二语言，语言的兼用和转用随之发生。经济形态的改变对民族语言的影响是绝对的，但其影响力的大小还要依据不同地区的开放程度以及生产力发展水平来定。比如，哈方言区人民的汉化程度最高，与外界的经济文化交流也最频繁，他们主要从事蔬菜、水果等农副产品的种植和销售，面对的大多是讲海南话的海口人及讲普通话的北方人，因此哈方言区中黎—汉、黎—海双语人和黎—汉—海多语人很普遍。杞方言区由于自然环境和交通条件相对落后，外出经商、打工、求学人员的流动量大，导致杞方言区的语言生态环境较为复杂，呈现出黎语或汉语普通话、海南话及粤语、英语、泰语等多种语言的转用、兼用现象。

### 3. 语言教育是维系黎语生态平衡的重要力量

在双语教育问题上，黎族有不同于其他少数民族的特殊困难。海南黎语方言的谱系纷繁复杂，五大方言内部又细分为若干次方言，方言区内经济文化发展程度各不相同，语言教育水平也不一致，导致各方言区的双语教育发展极不平衡。经济文化相对落后的黎语方言区只注重母语在语言教育中的不可替代性，过分地排斥或削弱汉语言教育；而汉化程度较高的黎语方言区则过分看重学习汉语的功利价值，轻视或排斥民族语言的学习和使用。这些片面的做法都不利于海南黎族双语教学工作的开展。改革开放以来，受市场经济大潮的冲击，一大批黎族新生代放弃母语转用汉语，制造出"母语危机"的假象；也有一些人因不堪忍受双语学习的压力，进而提出"母语退出学校"。这些极端的观念对黎语生态平衡的维护是极为有害的。[①] 实践证明，双语教学要以母语为基础，既要尊重民族母语在发展民族教育中的核心地位，又要重视学习汉语的必要性与紧迫性，促使民—汉双语在教学中有机结合、相辅相成。

科学有效地开展双语教学是发展民族教育、提高民族素质的重要措施。社会主义市场经济对劳动者素质的要求越来越高，在我国少数民族地区实施双语教育能够为现实社会培养出更多具有双语能力的人，从而增强少数民族人民的语言自信心。这些少数民族双语人由于语言能力强、交际水平高，定能在社会各领域发挥出优势。从语言生态学角度看，我国少数民族地区的双语教育是维系民族语言生态平衡的关键力量，更是促进民族团结、发展民族经济的重要途径。少数民族双语人增多，民族间交流的障碍就会减弱，地区间的差距便逐步缩小，没有了经济文化的差异，语言间的竞争便会得以协调，语言生态环境也将保持平衡。

---

① 参见王会银、翁燕珩、阿依《双语化——民族语言发展的总趋势》，《中央民族大学学报》（社会科学版）1998 年第 3 期。

（二）内生态特征

1. 语音方面

（1）声母上，发音部位及发音方法差异不大，复辅音是主要区别特征。

黎语五大方言的声母数量不同，但内部差异并不是很大。声母的数量从 20 到 32 个不等，其中数量最多的是哈方言区的罗活次方言，最少的是黑土次方言。同其他几种方言相比，哈方言中的〔ts〕、〔tsh〕、〔z〕的舌位更加靠后，接近舌叶音〔ʧ〕、〔ʧh〕、〔ʒ〕。受汉语的影响，哈方言区内声母原有的腭化和唇化现象现在已经基本消失。① 与其他次方言相比，堑对及加茂次方言中都没有复辅音 pl，黑土和中沙次方言区的声母系统里没有 kw、khw、gw、ŋw、hw、hj 等复辅音声母。

（2）韵母上，数量差异较大，主要元音区分长短是重要区别特征。

黎语五大方言韵母的数量差异较大，加茂方言区最多，有 145 个韵母；润方言区的元门次方言最少，有 82 个。哈方言区内各次方言区基本元音的数目均为 6 个，美孚方言区为 8 个，润方言也是 8 个，加茂方言区的元音数量最多为 9 个。杞方言中各次方言区的元音数量不一致，通什次方言区为 6 个，堑对为 7 个，保城为 8 个。导致黎语韵母系统较为复杂的重要原因就是有些次方言中主要元音区分长短，如 i、u、ɯ 在哈方言和美孚方言内都区分长短，在润方言中只有元门次方言区分其长短，这也是辨别黎语各方言内部差异的重要区别特征。

（3）声调上，结构分布各不相同，系统简化是必然的发展趋势。

哈方言的三个次方言区（保定、中沙、黑土）均有 6 个声调，其中舒声调 3 个、促声调 3 个；杞方言的三个次方言区（通什、堑对、

① 参见刘援朝《黎语方言的语音交替现象》，《语言科学》2006 年第 5 期。

保城）有 9 或 10 个声调，其中堑对和保城都是 6 个舒声调，4 个促声调；通什为 6 个舒声调，3 个促声调。美孚方言共 6 个声调，其中 3 个舒声调，3 个促声调。润方言中，白沙次方言有 5 个舒声调，2 个促声调；元门次方言为 6 个舒声调，2 个促声调。加茂方言有 5 个舒声调，3 个促声调。对比五大方言声调的内部结构，哈方言区和美孚方言区的声调系统比较接近，舒声调和促声调均为 6 个。杞方言与哈方言声调结构的差异最大。与汉语方言的调类体系相比，黎语的声调系统更加复杂，内部差异也较大。黎语的声调结构与声韵系统的联系十分紧密，如杞方言区内的保城次方言由于元音长短的分化，导致促声调也随之变化。[①] 就目前情况来看，哈方言区的声调系统简化程度最高，润方言的声调系统也处于日趋简化的阶段。

2. 词汇方面，借词多

随着社会的不断发展和经济水平的逐步提高，大量新事物、新概念也不断涌入，黎族人民学习和使用新词汇的愿望愈加强烈。新中国成立和改革开放是黎语借词比重上升的两大高潮。从历史的角度看，黎语借词可追溯到人类远古时代；从来源上看，黎语借词分为普通话借词、汉语方言（如海南话、粤语等）借词和其他少数民族（如壮、侗、傣、水、布依族）借词三种。据初步统计，黎语中普通话借词约占 12.5%，汉语方言词汇比重达 8.9%，其他少数民族借词约占 3.7%。由此可见，黎语借词的主要来源是汉语。普通话借词涉及政治、经济、文化、教育等社会生活的各个方面，如 $kon^1 tsha^2$ :$n^3 ŋi^1$（共产主义）、$te^1 hui^1 tu^3 ŋi^1$（社会主义）、$a$:$n^2 la$:$u^3 bun^3 phui^3$（按劳分配）、$hi$:$n^1 da$:$i^2 hu$:$i^3$（现代化）、$tsi^2 tek^1 phun^1 tsi^3$（知识分子）等。此类借词的读音与普通话发音十分接近，借用率和功能价值都较高。黎语中的汉语方言借词也较多，如 $iu^{35}$（油）、$be^{31} toŋ^{44}$（葱）、$ti$:$ŋ^{35}$（城）、

---

① 参见张群《黎语哈方言发展问题研究》，硕士学位论文，中南民族大学，2013 年。

tʃhai³³ tshoŋ²⁴（秤杆）、khːŋ²⁴ tat²⁴ lou²⁴（石榴）、daːŋŋ³⁵（单据）、tho³⁵ keŋ²¹⁴（汤匙）等。这类借词主要来源于海南或广东、广西等邻近地区的方言，现在已成为黎语借词中极为稳固的一部分。① 少数民族借词的历史较为久远，多为生活常用词汇，如 theŋ⁴⁴（黄蜂）、ziŋ⁵⁵（水蛭）、liːm⁵³（镰刀）、kwaːk⁵¹（锄头）、tʃhia⁵³（车）、pou⁴⁴（猪）、khai³³（鸡）、tʃhiːu⁵⁵（尺）、tshun³³（寸）等。从黎语借词的结构上来看，名词所占比重较大，动词和形容词次之，副词、介词和数量词再次。随着社会生活的发展，一些借词已经上升为黎语基本词汇，如 o⁵³（学）、te⁵³（借）、laːn⁵⁵（懒）、luːŋ⁵³（两）、kin¹¹（斤）、kak¹³（角）、ka³³（辆）、tui²¹³（最）、dua²³ khaːi³³（大概）、eŋ²¹³ kaːi²³（应该）、ui³⁵ dua³¹（伟大）、hen²¹ phok³³（幸福）、kwaːŋ¹³ men²¹³（光明）。黎族人民在此基础上挑选出一些构词能力较强的借词，按照黎语的构词方式派生出许多词汇，极大地丰富了黎语的词汇系统。

3. 语法方面，五大方言的语法体系基本一致，语序的变化相对明显

在历史的长河中语言是不断发展变化的，而语法却是语言系统中最稳固的那一部分。同语音和词汇相比，黎语语法在其语言生态环境中的变化要缓慢得多。黎语五大方言在词类、短语的结构类型、句法成分、句型及句式等方面的差异十分细微，总体来说与现代汉语语法体系基本一致。值得一提的是，伴随着民族经济文化交流的加深，黎语五大方言在汉语及其他民族语言的影响下产生了词序或语序的变化，例如，按照标准的杞方言，"鸡蛋"应读作"蛋鸡"，"听不懂"的语序为"不懂听"。但随着汉语普通话的推广和杞方言区语言生态环境的改变，这些明显的语法特征正逐渐弱化，原生态的黎语语序开始向汉语语序靠近。另外，大量借词的引入也影响了黎语语序。例如，用标准的加茂方言表

---

① 参见袁舒婕《黎语中的汉语借词研究》，硕士学位论文，中国社会科学院研究生院，2010 年。

达"我比你高"应为"我高过你",海南方言词汇"比"(ʔbi⁵³)引入后,逐渐变成"我比你高"(ʔde¹¹ʔbi⁵³ meɯ⁵³ phe：k⁵³)。

### 三 海南黎语发展的语言生态学思考

根据有关部门的调查数据,2000—2012短短的十余年时间里,黎族人的母语使用率竟下降了29个百分点,目前仍存在下降的趋势。综观我国少数民族语言发展演变情况,一个不容忽视的大趋势是稳固的民族语言继承者不再像从前那样依赖母语,直接导致一些民族语言的使用人数骤减,流传范围也极度缩小,甚至出现了代际传承的断层。年轻一代主动或被动地接受交际范围更广的通用语,这样一来母语便会陷入衰退乃至濒临消亡的境地。语言的消失是由该民族语言的转用引起的,语言转用程度越高,民族语言习得的环境就越恶劣。[①] 缺乏良好的语言习得环境,使用该民族语言的人数就会减少,相应地,其实用价值与社会功能便会弱化,如此环环相扣、恶性循环直至最终衰亡。

语言的发展规律告诉我们,使用人数少的语言,其社会功能弱化后会促使更多的人转用通用语。从调查中可以看出,在汉民族经济文化的吸引下,海南黎语的转用人数逐年增加,黎语的功能也日趋弱化,黎族的年轻一代由于工作与学习等原因逐渐放弃使用母语,转用实用价值更高的普通话或海南话,致使黎语的使用人数骤减。伴随着社会经济文化的发展,海南黎族人民的语言生态环境不断改变,黎语的使用频率下降、使用场合与情境减少、黎族人语言能力退化和语言态度转变等现实问题日益凸显。在语言使用方面,明显存在黎语和普通话的易位现象,黎语的价值逐渐衰退,普通话的地位正在日趋提高。从生态语言学角度来看,黎语有三种发展趋势:(1)黎族人民放弃母语,转用交际范围更广的普通话或海南话等作为第一语言;

---

① 参见高泽强《黎语的历史与未来走势》,《广西民族研究》2008年第3期。

（2）黎族人民仍以黎语为第一语言，仅借用汉语普通话或海南话中的部分词汇及表达以弥补母语交际功能的不足；（3）黎语与汉语普通话、海南话等和谐共存，走双语或多语化道路。第一种发展趋势即语言的"转用"，它意味着稳固的黎族个体将放弃本民族的母语，而转用汉语或其他民族语言；第二种发展趋势即语言的"借用"，这种借用是局部的且有条件、有限度的，其特征是只借用新词新语和黎语词汇、语法系统中没有的表达；第三种发展趋势即语言的"兼用"，具体表现为黎语与汉语普通话或海南话等和谐共存、互为弥补的双语或多语化发展状态。从海南黎语的现实生存状态来看，其现阶段正处于语言的局部借用阶段，下一阶段可能会朝着语言转用或兼用的方向发展；然而，从语言生态学角度来说，语言和谐即走双语或多语化道路才是语言发展最理想的状态。

表7　　　　　黎族人对母语未来发展趋势的预测　　　　单位:人,%

| 发展状态 | 维持原状 | 弱化态势 | 走向消亡 | 顺其自然 | 共计 |
|---|---|---|---|---|---|
| | 188 | 57 | 24 | 69 | 338 |
| | 55.6 | 16.9 | 7.1 | 20.4 | 100 |
| 维持期限 | 很长时间 | 约一代人 | 约两代人 | 无法预测 | 共计 |
| | 59 | 46 | 35 | 171 | 311 |
| | 19 | 14.8 | 11.3 | 54.9 | 100 |
| 发展趋势 | 担心—完全消失 | 乐观—不会消失 | 积极—越来越好 | 冷漠—无所谓 | 共计 |
| | 74 | 160 | 58 | 44 | 336 |
| | 22.1 | 47.6 | 17.3 | 13 | 100 |

与此同时，我们也考察了黎族个体对本民族母语发展趋势的认识。由表7可知，有47.6%的人对黎语未来的发展持乐观态度，认为黎语不会消失；22.1%的人则表示担心，认为黎语可能会走向濒危；

也有 17.3％的人认为黎语未来的发展可能会越来越好；更有 13％的人持无所谓态度。黎语的维持期限问题，超过半数的人表示对此没有明确的认识，无法预测或持顺其自然态度的比重很大。由此可见，黎族人民缺乏对民族母语现实生存状况的理性认识，对母语的保护意识十分淡薄，他们强烈的民族情结与文化传承的热情也并未转化为切实有效的语言保护措施。尽管近些年，在地方政府的鼓励与支持下，举办了一批宣传黎语的公益活动，创建了黎语研究及保护组织；社会媒体给予了高度的关注；民间也出现了文化传承人自发创办的黎语培训学校，但最终效果都不明显。民族语言的保护与传承仅仅做到这些显然是不够的。首先，少数民族地区应认真贯彻落实国家语言政策及方针。其次，民族地区应充分尊重少数民族人民对语言使用和发展的实际需求，巩固民族母语的地位。再次，民族地区应建立起和谐的语言氛围，满足少数民族人民语言文化多样性的需要。① 最后，应加强少数民族语言的学术研究，为少数民族语言的健康发展提供科学的理论依据。

黎语是黎族人民日常交流的重要工具，因此黎语的保护与传承具有重大而深远的意义。语言是民族文化的载体，只有传承黎语才能确保黎族灿烂悠久的文化世代相传。现阶段，黎语并没有走到濒危语言的绝境，只要采取科学有效的保护措施，及时改善黎语的生态环境，黎语就能在和谐的语言生态体系中平衡发展。

（潘梦丽　钟宇）

---

① 参见李枚珍、王琳《海南黎语使用现状与对策》，《海南大学学报》（人文社会科学版）2010 年第 2 期。

# 黎语杞方言与汉语生态接触的类型与趋向研究

## ——以保亭黎族苗族自治县为例

社会生态环境造成的语言接触即语言生态学视野中的语言接触。黎族是我国少数民族之一，新中国成立以来，尤其是改革开放以来，黎族语言与汉语的接触非常频繁，我们很有必要关注黎语与汉语的生态接触。为保证黎语原始资料的系统收集，深入了解黎语与汉语的生态接触，中南民族大学文学与新闻传播学院语言学及濒危语言研究团队，先后六次赴海南省进行黎族语言调查。调查期间，我们以海南保亭黎族苗族自治县的黎语杞方言为对象，通过发放问卷、现场记音、入户访谈等田野调查方法，对黎语杞方言与汉语的生态接触等问题进行了考察。①

### 一　保亭黎族苗族自治县语言简况

保亭黎族苗族自治县位于海南岛中部五指山南麓，地处海南省南部内陆，东接陵水县，南邻三亚市，西连三亚市、乐东县，北依五指山市、琼中县。黎语有五大方言区：哈方言区、杞方言区、润方言区、美孚方言区、加茂方言区。每个方言区内部又可划分不同的土语区。保亭

---

① 参见冯广艺《语言生态学引论》，人民出版社 2013 年版，第 97 页。

黎族苗族自治县人使用的黎语属于五大方言中的杞方言。现阶段，社会发展迅速，语言生态环境也随之改变。保亭黎族苗族自治县语言生态系统中的语言接触和语言趋向也是随着该县综合生态系统的变化而变化的。

## 二 语言生态接触的类型

语言生态接触的情况比较复杂，根据不同的标准，有不同的分类。黎语与汉语生态接触主要有以下类型。

### （一）长期接触

语言的长期接触是一个相对的概念，两种或者两种以上的语言在一个相对较长的时间内的接触都可以算是语言的长期接触。[①] 汉语和黎语的接触属于长期接触。相传在三千年前的殷周时期，黎族的祖先乘木船漂洋过海，克服了种种险阻，来到了海南岛，并在此定居。据史料记载，秦始皇在公元前 214 年，统一岭南广大地区，在南方设置桂林郡、南海郡和象郡，并将中原几十万人迁徙其地。那时汉语与黎语便有了接触。在长期接触的过程中，黎族人民学到了汉语，并从汉语中吸收了汉语借词，数量很多。根据时间的先后，可分为新旧借词。在新中国成立之前，黎语杞方言地区的人民就和汉族人民有过接触，自然也从汉语里吸收过词语来丰富黎语杞方言，但是那时借词的数量有限。由于这些汉语借词在时代上要稍早一些，故称为旧借词。如：兵、玻璃、茶、车、秤、尺、错、担保、灯、斗、肥皂、缸、钢、几、假、木板、钱、枪、桥、时候、税、铜、同、闲、乡、姓、学、银、纸、竹排、斧等。

新中国成立之后，黎族人民和全国各族人民一起进入了新社会，

---

① 参见冯广艺《语言生态学引论》，人民出版社 2013 年版，第 103 页。

社会、经济、文化各方面都得到了迅速的发展，不断接受新事物和新概念，新词术语也源源不断地进入黎语杞方言。这些借词被称为新借词。其中，很多是黎语杞方言原本没有的词语。如：医院、银行、医生、县、团员、社会主义、书记、区、农民、农业、人民、会计、领导、经验、干部、党员、政府、中央和主席等。

由于九年义务教育的普及，黎族人民系统地接受了汉语教育，黎语杞方言中吸收了大量与教育文化相关的词语。如：语文、算术、音乐、美术、体育、橡皮、钢笔、墨水、篮球、小学、中学、校长、课堂、圆珠笔、铅笔、普通话、考试和毕业等。

随着改革开放的深入，人民的生活水平得到了提高，现代化的生活方式进入了黎族地区，一些反映现代生活的词语逐步进入黎语杞方言中。如：电影、电话、电视、冰箱、手表、打火机、摩托、拉链、手机、香皂、电筒、液化灶、煤气罐、电池、充电器、节能灶、楼房、宾馆、歌舞厅、卡拉 OK、出租车、电饭煲、馒头、包子、苹果、石榴、果冻、奶糖、水果糖、饼干、啤酒和电脑等。

新借词中也有少量复合词是由黎语或者汉语普通话固有词合成的。如"豆浆"一词借助于普通话中的"豆"和"浆"两个词合成，"纸烟"一词是黎语杞方言"纸"和"烟"两个词合成，"皮鞋"一词是黎语杞方言"皮"和"鞋"两个词合成。

新借词中有一小部分打上了特殊时期烙印的汉语借词。如：土改、跃进、民兵、公社和合作社等。

（二）深层接触

在双语或多语的社会环境中的语言接触可以称为深层接触。由于汉语和黎语的长期接触，黎族人民普遍学习汉语普通话。两者的深层接触，造成了黎语系统中词汇、语音、语法等方面的变化。这种变化在词汇方面尤为明显，黎语中的汉语借词很多。语音和语法方面也有较小的变化。

在语音方面，从新中国成立至今，汉语和黎语杞方言接触，其影响主要集中在韵母方面，声母和声调方面变化不大。韵母方面的变化主要表现在以下两个方面：第一，韵母 eːu 的消失，目前黎语杞方言语音系统中已经没有该韵母，转念其他韵母；第二，原本只在汉语借词中出现的韵母 ian、iam、iap、uai、uan、uaŋ、uat 和 uaʔ，现已经完全进入黎语杞方言的韵母系统。

黎语杞方言语法和汉语接触受到的影响较小，其影响主要表现在词类和词组构成上。

从 20 世纪五六十年代至今，在序数词方面，黎语杞方言都直接借用汉语的序数词"第"doːi$^{11}$，如：第五队 doːi$^{11}$ pai$^{53}$ dui$^{55}$。在介词方面，dɯ$^{11}$（在）、khu$^{11}$（对）、thɯːn$^{53}$（从）、thoːp$^{55}$（连）、khom$^{11}$（连），由这类介词组成的介词结构通常用在动词之后做状语，现在受汉语影响，也有些地区用在动词之前。在词组构成上，以名词为中心的修饰词组增加了修饰语在前、中心词在后的格式。

欧阳觉亚、郑贻青的《黎语调查研究》一书论述了 20 世纪五六十年代黎语语法的概况，时至今日黎语杞方言的语法受到汉语影响也产生了一些变化，总体来讲变化较小。第一，20 世纪五六十年代某些名词可以用作量词，现在已经完全转化为量词。例如，kok$^{55}$（杯）、ʔwaːu$^{53}$（碗）等。第二，20 世纪五六十年代，肯定判断动词 man$^{53}$（是）在一般的判断句中可以不用，但在主语或者谓语比较长或者谓语包含数量词的句子里，判断动词不能省略，现在判断动词一般不可以省略。第三，对于形容词表示比较关系的时候，增加了一种形式，即用汉语的借词"比"（ʔbi$^{53}$）。例如，"ʔde$^{11}$ ʔbi$^{53}$ meɯ$^{53}$ pheːk$^{53}$"意为"我比你高"。

（三）群体接触

语言的群体接触跟语言的个体接触相对，是指操不同语言的群体与群体之间进行语言交流而形成的语言接触。① 汉语和黎语的接触表现为中华民族内部一个民族与另一个民族之间的语言接触，具有统一的性质。虽然表现为两个民族的语言接触，但是根据黎族人民分布地区内部开放程度的不同，其语言使用情况也不尽相同，呈现出很大的不平衡性。开放程度较高的地区，使用黎语的人很少，例如，五指山市属于杞方言区开放程度较高的地区，使用黎语的人特别少，而相对五指山市来说，保亭黎族苗族自治县番道村属于开放程度较低的地区，在该村有一部分老人经常使用黎语杞方言。

### 三 语言生态接触的趋向

黎语杞方言和汉语的接触对黎语的变化产生了很大的影响。一般来说分为以下几种趋向。

#### （一）语言兼用现象增多

现代社会的开放程度越来越高，在这样的社会环境中，语言兼用现象普遍存在。在黎族人民生活的地区，由于汉语和黎语的接触，产生了大批的语言兼用者。他们会根据场合、环境和交际对象的不同，而交替使用不同的语言。2013 年暑假，本团队到海南省保亭黎族苗族自治县进行了黎语杞方言使用现状的调查，发现该地区黎族人民中普遍存在语言兼用的现象。目前，这种语言兼用的现象在中老年的黎族人身上体现得尤其明显，他们兼用黎语和汉语，但是在兼用的熟练程度上有所不同，有些人不太熟练，另一些则比较熟练，他们可以根据交际对象和场合的不同，灵活地进行两种语言的转换。例如，在海南省保亭黎族苗族自治县很多中年人兼用汉语和黎语，他们会根据交际对象的不同而使用不同的语言，在与年迈

---

① 参见戴庆厦《社会语言学概论》，商务印书馆 2004 年版，第 107—108 页。

的父母进行交谈时，他们通常使用黎语，而在与子女进行交谈或者外出打工与人交谈时，他们一般使用汉语普通话。有学者称这种现象为"双语使用场合的互补和谐"。这种互补和谐在黎族的青少年身上也有比较明显的体现。我们在对保亭黎族苗族自治县番道村进行入户调查时发现，黎族青少年在与长辈交谈时，有时候使用汉语，有时候使用黎语杞方言，一般情况下是在与父辈交谈时使用汉语，在与祖辈交谈时使用黎语。该地区大部分的父母认为，孩子学习汉语普通话非常重要，直接关系到孩子的教育问题，孩子在接受学校教育的过程中使用的是汉语普通话，而在他们的家庭生活环境中，孩子也很容易学会黎语，在这样的情况之下，很自然地孩子就成了语言兼用者。以上这些现象可以称之为"语言兼用者的语码转换"。此行我们还了解到该地区另一种语言兼用的现象，即该地区语言兼用者在使用汉语的时候常常夹杂黎语词汇或者受到黎语语音、语法的影响；在使用黎语的时候往往夹杂汉语词汇或者受到汉语语音、语法或语用习惯的影响，这种现象我们称之为"语码混用"。在海南省保亭黎族苗族自治县的黎族人民中，使用黎语的时候夹杂汉语词汇或者受到汉语语音、语法或语用习惯影响的情况居多。由此可见，在黎族杞方言区存在很多语言兼用者。这批人语用水平较高，在社会生活中起到了很大的作用，尤其是在黎族和汉族、地区和地区之间的交流中产生了很大的影响。在语言与语言的生态接触中，语言兼用和语言转用有着密切的关系，在社会环境或者人们的语言态度发生变化时，语言兼用很有可能转化成为语言转用。

（二）语言转用情况越来越普遍

语言转用是民族语言学、社会语言学等学科十分关注的问题，语言生态学同样十分重视这个问题，因为只要发生语言转用，就意味着语言生态发生了变化，语言转用的规模、速度等都跟语言生态紧密相连。语言转用的规模大，速度快，表明语言生态变化大，来势猛。反之，语言转用的规模小，速度慢，则表明语言生态变化弱，速度缓。无论如何，语言的生态格局都有所改变。

戴庆厦先生认为，语言转用按范围可分为"整体转用型"和"局部转用型"，制约语言转用的社会条件大致有三种情况，即"分布杂居或散居""部分人群脱离了民族的主体""族际婚姻"。[1] 整体型语言转用会造成语言生态的重大变化，因为一个民族的人如果整体上放弃自己的母语，而转用其他民族的语言，势必造成这个民族语言的消亡。从这一点看，语言转用是造成语言消亡的原因之一。如果一个民族的语言转用是局部型的，其走向可能会有以下几种情形：一是继续维持这种局部转用状态，一部分人发生了语言转用，另一部分人则继续使用自己的母语；二是语言转用的人数越来越多，使用自己母语的人数越来越少，逐步向整体型语言转用发展；三是语言转用的人数越来越少，使用自己母语的人又多了起来，这当然会使民族语言能够继续发展，保持活力。值得注意的是，前两种情况在语言转用中占主导，这是语言生态学应该认真对待的一个问题，因为它涉及如何保持语言的多样性等问题[2]。

在汉语和黎语的接触中，语言局部型转用的现象很明显，有逐步向整体型转用的趋势。我们对海南保亭黎族苗族自治县加茂镇黎语使用情况做过调查，发现该镇不同年龄段的黎族人语言使用情况是不同的，其中语言转用也是不同的，因此形成了不同年龄段黎语和汉语等的不同使用情况。本团队对海南省保亭黎族苗族自治县加茂镇黎语使用情况的调查数据见表1。

---

① 参见戴庆厦《中国濒危语言个案研究》，民族出版社 2004 版，第 8 页。

② 参见冯广艺《语言生态学引论》，人民出版社 2013 年版，第 102 页。

表 1 　　　　　　　　　　加茂镇黎语使用情况

| 年龄段 | 人数 | 很　好 | | 一　般 | | 不　好 | |
|---|---|---|---|---|---|---|---|
| | | 人数 | 百分比(%) | 人数 | 百分比(%) | 人数 | 百分比(%) |
| 70 岁以上 | 7 | 7 | 100 | — | — | — | — |
| 60 至 70 岁 | 11 | 8 | 72.7 | 3 | 27.3 | 0 | 0 |
| 40 至 60 岁 | 15 | 9 | 60 | 6 | 40 | 0 | 0 |
| 20 至 40 岁 | 19 | 10 | 52.6 | 6 | 31.5 | 3 | 15.9 |
| 7 至 20 岁 | 18 | 6 | 33.3 | 5 | 27.8 | 7 | 38.9 |

通过以上调查数据，我们分析出的结果是：

第一，该镇 70 岁以上的老人基本上能讲本民族语，并且都讲得很流利。他们所说的黎语和自己父母所讲的黎语没有多大的差别。他们中间有很大一部分人还能用本民族语言唱歌、讲故事。除了黎语，有的老人还能讲海南话、普通话或广东话，当然这种现象是少而又少的。

第二，60 岁至 70 岁的黎族老人，平时基本上都是用本民族语言进行交流，但能用本民族语言唱歌或讲故事的人并不是很多，他们中间有少数人能讲海南话、广东话或普通话，还有人能讲其他黎语方言。

第三，40 岁至 60 岁的中青年人当中绝大多数会说本民族的语言，但是在词汇方面和长辈有差别，主要表现为一些表示新事物、新观念以及新理论的引入，这些词汇大部分都刻有很深的本地方言或普通话的印迹，有的则直接用本地的汉语方言或普通话。他们中间的大部分人能说几种语言（包括方言），在家时大都说黎语，有小部分家庭说普通话，在外面大都说普通话极少说黎语。能用本民族语言讲故事或唱歌的人没有几个。

第四，在 20 岁至 40 岁的黎族年轻人当中，极少有不会用本民族语言的，平时在家里和村里大都是用黎语进行交流。他们绝大部分能够说一口流利的普通话，也有部分人能够说海南话，有少量的人能够说广东话，在镇上或其他地方他们大都用普通话进行交流。除了与新事物、新观念以及新概念相关的词汇之外，他们认为他们所说的黎语和父母的黎话也没有多大的差别，当然，有小部分父母所说的词汇他们现在已经是很陌生了，甚至不知道那些词汇代表什么。他们中间已经很少有人能用黎语唱歌了，但有一部分人能用黎语零零碎碎地说一些和黎族相关的故事及传说。

第五，在 7 岁至 20 岁的青少年当中，大部分人能够听得懂本地黎语，可是能说上一口流利黎语的人不是很多。平时在学校和镇上大都说普通话，在家里偶然会用黎语进行交流，到高中时能说些海南话。他们基本上不会用黎语唱歌，但是有极少数的小孩尤其是 10 岁左右的中小学生能够用黎语讲与本民族相关的故事和传说。在这里很多家长最先教小孩的不是黎语而是普通话，他们认为对于黎族小孩来说普通话比黎语更难学也更有用，至于黎语他们认为等孩子长大了以后自然就能够学会。因此在黎族很多地区普通话取代了黎语成为黎族青少年的第一语言。也就是说，他们已经发生了语言转用。这些小孩说黎语的机会很少，有的甚至不乐意去说黎语。而在不同民族或同一民族不同方言通婚的家庭中成长起来的青少年则基本上不懂黎语，也就是说他们已经发生了语言转用。①

（三）使用者有减少趋势，局部濒危

改革开放以来，黎语发生了较大变化，现阶段黎语虽然不是濒危语言，但黎语使用者有减少的趋势，这一点不可忽视。

2013 年暑期本团队对海南黎族杞方言进行了调研，本文以海南黎

---

① 参见冯广艺《语言生态学引论》，人民出版社 2013 年版，第 110 页。

族苗族自治县 6 至 50 岁的黎族人民为调研对象，采用抽样调查的方法进行了问卷调查。根据实地调查的数据，我们将其归纳如下（见表 2）。

表 2　　　　　　　　海南黎族、苗族自治县黎语使用情况

| 年 龄 段 | 抽样人数 | 黎语使用情况 | | 汉语使用情况 | |
|---|---|---|---|---|---|
| | | 熟练 | 百分比（%） | 熟练 | 百分比（%） |
| 6 至 20 岁 | 50 | 0 | 0 | 50 | 100 |
| 20 至 35 岁 | 50 | 5 | 10 | 34 | 68 |
| 35 至 50 岁 | 40 | 28 | 70 | 18 | 36 |

根据以上调查数据，我们可以看出：

第一，6 至 20 岁的黎族青少年基本都能熟练地使用汉语，但基本没有人能熟练地使用黎语。他们这部分人的语言已经发生了转用。

第二，从整体上看存在一种趋势，即年龄越小，对汉语的使用越熟练，对黎语的使用越生疏。

在黎语和汉语接触的过程中，使用黎语的人数锐减，很多人发生了语言转用，原本使用黎语的群体随着年长者的去世和人们对本民族语言态度的转变而逐渐变小，从而造成了黎语活力的下降，甚至衰竭。随着我国社会开放程度的提高，汉语普通话作为大范围使用的语言，在与黎语接触的过程中，使黎语的使用范围逐渐缩小，活力也逐渐减弱。

造成以上现象的原因：第一，随着教育事业的蓬勃发展，学校和家长都认为，认真学习汉语有利于提高孩子的学习成绩。对此，学校和家长更重视加强孩子的汉语教育。第二，随着我国对外开放程度的不断提高，很多黎族人民外出打工或者经商，因为这些途径比留在家乡工作收益更高。在外出打工或者经商的过程中，他们要与人更好地

交流、沟通，必须学会说流利的汉语。以上这些都会导致说黎语的人越来越少，而说汉语的人越来越多，进而造成黎语局部濒危。

## 四 余论

前文所提及的是语言生态接触的类型和趋向，其中有的是正面的，有的是负面的；有的是短期的，有的是长期的；有的是显性的，有的是隐性的。语言接触是语言生态中的常见现象，由语言接触带来的语言生态变化是复杂多样的，加之语言接触是在一定的社会环境中发生的，社会环境中的各种因素都不同程度地对它有所影响，因此，分析语言接触的类型和趋向，需要综合考虑社会环境中的各种因素，通过具体深入的研究，才能恰当地分析语言生态接触的类型和趋向。

（李津）

# 黎汉名量词的语义异同对比研究

本文从语义类别和语义特征两个大的方面比较黎语和汉语名量词，以帮助人们更好地认识这两种语言名量词语义上的异同。

## 一　国内外学者的相关论述

国内外学者对量词有不同的理解和分类，Allan Keith 1997 年在 *Language* 上发表了"Classifier"一文，认为量词是一种"单位词"，出现在基础结构中的量词都有意义且有固定条件。量词的作用是分类，尤其是为名词分类，可以使与其搭配的名词特征更加明显。根据不同的语义特征将量词分为七大类：（1）有关物质（①有生命，②无生命，③抽象事物和从动词转化的）；（2）有关形状（①有维数，②无维数）；（3）有关硬度；（4）有关大小；（5）有关处所；（6）有关配置；（7）有关度量。

Adams & Conclin 1973 年在 *Chicago Language Society* 上发表了"Toward a Theory of Natural Classification"一文，对亚洲 37 种语言的量词进行了研究，将量词分为有关生命的量词、有关形状的量词、有关功能的量词。

Friedrich Paul 于 1970 年在 *Language* 上发表了"Shape in Grammar"一文，其中也涉及量词的分类问题，他将量词分为三大类：

（1）用于一维扩展的长形状事物的量词；（2）用于二维平面扁形状事物的量词；（3）用于三维立体圆形状的量词。同时，他还认为，由于观察视角不同，每个人可能会使用不同的量词，并将原因归结为认知基础、个人性格、语言环境及社会文化等因素。

邵敬敏（《量词的语义分析及其与名词的双向选择》，《中国语文》1993 年第 3 期）认为：从理论上讲，一个名词可以有若干个量词供其选择，从而形成"量词选择群"；反之，一个量词也可以有若干个名词与之搭配，从而形成"名词组合群"。两者相互交叉，又形成"双向选择组合网络"。

邢福义先生认为：从跟客观事物的语义联系来看，大部分量词具有理据性，只有少数量词是习俗性量词。[①]

语言是符号系统，是由一定的形式构成的表示一定意义的记号或标记，包括形式和意义两方面，因此语义的研究十分有必要。以上学者也提到了有无生命性的类型和维度的概念，以及名量词和名词的搭配，本文从黎汉名量词在与不同类型的名词搭配上有何特色和异同窥见其本身的理据性出发，将黎汉名量词分为人物类、动物类、植物类、外部特征类和抽象事物五类，分别加以描写和对比分析；另外，还从名量词所表示形状的维度入手，对比分析黎汉两种语言在事物维度上认知的异同，多角度深入研究它们的语义异同。

## 二 黎汉名量词的语义类别

### （一）黎汉人物类名量词语义对比

1. 黎语人物类名量词

tsɯːn⁵³ "个"（用于人，不分性别）：tsɯ⁵⁵～u⁵⁵aːu⁵⁶一个人。

pha¹¹ "个、位"（用于男人）：ɬau²²～两个（男人）。

① 参见邢福义《汉语语法学》，东北师范大学出版社 2002 年版，第 195 页。

lau$^{11}$ "个"（用于青年男孩）：ɬau$^{11}$～bi：ŋ$^{11}$ 两个青年男士兵。

haɯ$^{11}$ "个"（用于青年女孩）：thou$^{53}$～ɬɯ：k$^5$ 七个女儿。

dun$^{53}$ "户"：bou$^{11}$ fa$^{53}$ tsau$^{553}$ ɬau$^3$ fu：t$^5$～plon$^{11}$ 我们村子有一户人家/tsɯ$^{55}$～tho：i$^{53}$ tho：ŋ$^{11}$ tsau$^{55}$ pa$^{53}$ tsu$^{55}$：n$^{53}$ u$^{55}$ a：u$^{53}$ 一户平均有五人。

2. 汉语人物类名量词

个：表示独立的个体，常用于人，可以普遍使用，可定指也可泛指，一般不带任何感情色彩，只表示客观情况，也可指称含贬义的人物，带有消极和贬低的色彩。

位：尊称，本义是"位次"，是通过尊敬对方的高的身份地位或主观上认为对方地位高以表达对对方的尊敬，有感情色彩。

名：尊称，本义是"人名"，后来演变为表示某种职业的人或表示名额的计量，强调名词的"身份"。有感情色彩，如"一名老师"，"一名少先队员"等。

口：仅用于计量家庭人口的数量。

员：计量参赛人员或武将，如"一员老将"。

条：仅用于表示汉子，如"一条好汉"。

对：用于两个成对的人或动物，一般都是正反配或者左右配的。

群：用于众多人，可以和学生、孩子等人搭配。

伙：用于计量人群，有感情色彩，通常指人品不好的人，常与敌人、强盗等搭配。

帮：用于计量大量人群，贬义色彩，常与贼徒、强盗等搭配。

3. 黎汉语人物类名量词对比

（1）总的来说，汉语人物类量词比黎语丰富。

（2）尊敬义用法不同：汉语的"位"与"个"之间的区别在于"位"和"名"是尊称，是强调"地位"或"身份"的指人量词，如：

"一个老师""一位老师""一名老师"的用法和效果不同,尊敬感"一位老师"最大,"一名老师"比"一个老师"更显尊敬且多为书面语。而在黎语中,用"$tsu:n^{53}$"同时表示"个、位、名",无感情色彩。

(3)汉语人物类集体名量词虽然意义都比较模糊,"一群人""一批人""一帮人"在意义上差别不大,但使用时受到名词色彩好坏的影响,"群"是常用集体人物类名量词,可以和各类人搭配;"伙"有感情色彩,常指人品不好的人,常与敌人、强盗等搭配;"帮"含有贬义色彩,常与贼徒、强盗等搭配。

(4)汉语人物类的量词还有专用型,如"员",针对运动员或武将使用;修辞型,如"条",仅用于"一条好汉"的搭配,黎语并无如此细致的划分。

(5)黎语人物类量词中有"性别"区分,如:$lau^{11}$"个"用于青年男孩;$hau^{11}$"个"用于青年女孩;$pha^{11}$"个、位"用于男人;$tsu:n^{53}$"个"普遍用于人。

$au^{53} kom^{11} thau^{11} lun^{53} pok^{55} na^{53} fu^{11} pha^{11} hau^{11}$. [1]

人们 就 讨论 捉 他 三 个 杀

(人们就商量抓他们三个人来杀掉)

$dan^{11} tshun^{11} au^{53} pat^{55} aŋ^{53}$, $na^{53} thou^{53} lau^{11} fan^{11} hei^{53} tsha^{53} fok^{55}$. [2]

到 季节 人 砍 山栏 他 七 个 便 去 找 地方

(到了砍山栏的季节,他们七兄弟便去找地方)

---

① 文明英、文京编:《黎语长篇话语材料集》,中央民族大学出版社 2009 年版,第 292 页。

② 同上书,第 362 页。

从这里的"pha$^{11}$"和"lau$^{11}$"可以推断出所指都是男性，而汉语中的"我们三个"这样的句子是推测不出参与者的性别的，这是黎汉人物类名量词最显著的差别。

(二)黎汉动物类名量词语义对比

1. 黎语动物类名量词

pan$^{53}$"只"（只用于牲畜）：ɗau$^{11}$～ka$^{11}$两匹马/tsɯ$^{55}$～tui$^{11}$一头牛。

laŋ$^{11}$"只"（用于动物）：tsɯ$^{55}$～tui$^{11}$一头水牛/ɗau$^{11}$～ɗa$^{53}$两条鱼/pa$^{53}$～khai$^{53}$五只鸡。

ru：k$^5$"窝、笼、盒"：tsɯ$^{55}$～pou$^{53}$一窝猪/tsɯ$^{55}$～khai$^{53}$一笼鸡/tsɯ$^{55}$～a：n$^{53}$一盒点心。

tha：u$^{53}$"批、群"：tsha$^5$tsɯ$^{55}$li：m$^{53}$～买一批镰刀/tsɯ$^{55}$～ze：ŋ$^{53}$一群羊。

khun$^{53}$"群，一大堆"：tsɯ$^{55}$～ze：ŋ$^{53}$一群羊/ze：ŋ$^{53}$～一成群羊/tsɯ$^{55}$～mu：n$^{11}$一大堆稻谷。

2. 汉语动物类名量词

只：适用范围广，大部分的动物都可以和只搭配，上至飞禽走兽，下至昆虫。《说文解字》："隻（只）：'鸟一枚也。'"[1] 在最开始计量动物时是用于"鸟"的，后来由这个义素逐渐扩大，用来计量兽类和禽类，而后泛化用于各类动物，是动物类个体量词中使用范围最广的。

条：用于外形长条状的动物，如鱼、蛇、狗等。

头：用于头部显著的动物。最早是形容头部较大的家禽，后来逐

---

[1] （汉）许慎：《说文解字》，岳麓书社 2006 年版，第 76 页。

步泛化为形状较大的动物，是部分转喻整体认知的影响。如羊、牛、猪、大象，具有形象色彩。

匹：指能作为运输工具的动物，如专用于马，较少用于骆驼。

对：集合量词，用于成对的动物。

群：集合量词，用于较多的动物。

3. 黎汉语动物类名量词对比

（1）黎语动物类名量词注重区分该动物本身的性质，一般动物用"laŋ¹¹"，还有针对牲畜的专用名量词"pan⁵³"，汉语中不区分动物和牲畜，动物大多可以用"只"，还有一些单独搭配，如"尾"和"鱼"、"马"和"匹"等。

（2）汉语动物类名量词注重区分不同动物的形体、特点、与人类生活的关系，适用不同的量词，如用"头"突出个头体积大，用"条"突出其长条状；鱼用"尾"，因为尾巴是其突出标志；猪用"口"，因为它可以吃；鸟用"羽"，因为它有羽毛。

（3）黎语动物类集合量词"群"有两个，一个兼用量词"批"，另一个兼用量词"堆"，同样可以修饰无生命的表示集合类的物体，如：tshat⁵tsɯ⁵⁵li：m⁵³tha：u⁵³买一批镰刀/tsɯ⁵⁵tha：u⁵³ze：ŋ⁵³一群羊/tsɯ⁵⁵khun⁵³ze：ŋ⁵³一群羊/tsɯ⁵⁵khun⁵³mu：n¹¹一大堆稻谷。汉语中的"群"只能修饰有生命的可数名词，一般是不能修饰类似于"稻谷"这类名词的。

（4）黎汉动物类名量词的关系不是一对一的。如黎语"ru：k⁵"对应汉语的"窝、笼、盒"，如tsɯ⁵⁵～pou⁵³一窝猪/tsɯ⁵⁵～khai⁵³一笼鸡/tsɯ⁵⁵～a：n⁵³一盒点心。

（5）动物名量搭配关系中，汉语可以是一对多，如一只鸟、一只狗、一只猫；可以是多对一，如一条鱼、一尾鱼；还可以是一对一，如一匹马。黎语动物类量词本就不多，这种一对多的情况较少。

（三）黎汉植物类名量词语义对比

1. 黎语植物类名量词

hom$^{53}$："朵"（一朵花）：tsɯ$^{55}$～tsheːŋ$^1$一朵花。

rei$^{53}$"枝"（用于树芽）：tsɯ$^{55}$～tshai$^1$一枝树枝。

neŋ$^{53}$"枝"（用于树枝）：tsɯ$^{55}$～tsheːŋ$^1$一枝花。

kha$^{53}$"枝"：tsɯ$^{55}$～tshai$^1$一枝树枝。

phuːn$^{11}$"杆；根；支"（用于树茎及较粗的条形物）：tsɯ$^{55}$～tshai$^{53}$一根树干/tsɯ$^{55}$～bit$^5$一支笔。

ra$^{11}$"棵、株"（用于草和稻子）：tsɯ$^{55}$～kan$^{11}$一棵草。

khok$^5$"棵"（用于菌类）：tsɯ$^{55}$～deţ$^5$一棵菌子。

khɯːŋ$^{55}$"棵"：tsɯ$^{55}$～tshai$^{53}$一棵树。

zuːn$^{53}$"用于大挂的芭蕉或椰子等"：tsɯ$^{55}$～hweːk$^5$一大挂芭蕉。

voŋ$^{53}$"嘟噜"（用于连成一簇的东西）：tsɯ$^{55}$～tshoːm$^5$3tshai$^{53}$一嘟噜果子。

phaːŋ$^{53}$"串"（用于果子）：tsɯ$^{55}$～tsɯ$^{55}$loːŋ$^{11}$一串槟榔。

baːn$^{55}$"捆"（四把小稻草合起来为一捆）。

biːk$^5$"捆"（用于扛在肩上成捆之物）tsɯ$^{55}$～kun$^{11}$一捆柴。

khoːn$^{11}$"捆"：tsɯ$^{55}$～hja$^{11}$一捆茅草。

buːk$^5$"把"（用于稻草等）：tsɯ$^{55}$～ŋwiŋ$^{11}$一把稻草。

ha$^{55}$"把"（用于稻子）：tsɯ$^{55}$～muːn$^{11}$一把稻子。

fiːk$^5$"担、挑"：tsɯ$^{55}$～kun$^{11}$一担柴。

khun$^{53}$"群，一大堆"：tsɯ$^{55}$～zeːŋ$^{53}$一群羊/zeːŋ$^{53}$～一成群羊/tsɯ$^{55}$～muːn$^{11}$一大堆稻谷。

goŋ$^{11}$"丛"：tsɯ$^{55}$～hweːk$^5$一丛芭蕉树。

mou$^{55}$ 种、类：lo：m$^{55}$ ～ kan$^{11}$ na$^{53}$ ruɯ$^{11}$ la$^{55}$ 各种草它都吃/tsau$^{55}$ ɬeŋ$^{53}$ɬo：i$^{53}$～mu：n$^{11}$ 有好多种稻子。

2. 汉语植物类名量词

朵：《说文解字》："朵（朵），树木垂朵朵也。"[1] 可见，朵作为量词，源于摹状。专门用于计量花朵，后来用法扩展，也可以形容云彩，因为云彩形状同花一样。

颗、粒：用于颗粒状或较小圆珠状或碎块状的植物。

棵：指还在生长着的植物，可以是树，也可以是草。

个：指植物的果实，能用于苹果、橘子、萝卜等，使用范围广。

粒：可以用于较小的果实。

片：用于计量植物的叶子，因为叶子平而薄。

束：集合量词，用于成簇花草。

串：集合量词，多用于成串葡萄。

3. 黎汉语植物类名量词对比

（1）汉语植物类名量词和名词搭配的选择跟植物的结构有关，如"棵、株"能与整个植物组合，"朵"只能和植物的花组合，有的就来自植物的一部分，如"根""枝"；黎语植物类名量词和名词搭配的选择跟植物的部位有关，rei$^{53}$ "枝"用于树芽，neŋ$^{53}$ "枝"用于树枝，phu：n$^{11}$ "枝"用于树茎和树干。

（2）汉语量词"枝"专门用来和植物类词搭配，而黎语有三个量词表示：rei$^{53}$ "枝"（用于树芽）、neŋ$^{53}$ "枝"（用于树枝）、kha$^{53}$ "枝"（通用），这是根据植物的具体位置划分。同样，汉语的"棵"在黎语中也有三个量 ra$^{11}$ "棵、株"（用于草和稻子）、khok$^{5}$ "棵"（用于菌类）、khɯ：ŋ$^{55}$ "棵"（用于树类），这是根据植物的种类划分的。

---

[1]（汉）许慎：《说文解字》，岳麓书社 2006 年版，第 119 页。

（3）黎语和汉语植物类名量词不是一一对应的，汉语的量词"杆；根；支"在黎语中用一个量词 $phu:n^{11}$ 表示，它是根据植物的外在形状分类的，用于树茎及较粗的条形物：$tsw^{55}\sim tshai^{53}$ 一根树干/ $tsw^{55}\sim bit^5$ 一支笔。

（4）不同民族有其特色的植物，因此也会产生与该植物相搭配的量词，如黎语中就产生了和"芭蕉或椰子"搭配的集体量词 $zu:n^{53}$ "一大挂"，"槟榔或树上果子"搭配的集体量词 $pha:\eta^{53}$ "串"。

（5）黎语植物类集体名量词的区分也很细致，汉语的"把"在黎语中有 $bu:k^5$ "把"（用于稻草等）和 $ha^{55}$ "把"（用于稻子）之分，是按植物的种类区分的；汉语的"捆"在黎语中有 $ba:n^{55}$ "捆"（四把小稻草合起来为一捆）、$bi:k^5$ "捆"（用于扛在肩上成捆之物）、$kho:n^{11}$ "捆"（通用）之分，是按植物成捆以后的状态区分的。

**（四）黎汉反映外部特征名量词语义对比**

**1. 黎语反映外部特征名量词**

$phi:n^{55}$ "把"（用于刀）：$tsw^{55}\sim ka^{11}$ 一把刀。

$thw:\eta^{53}$ "把"（用于农具）：$tsw^{55}\sim rik^5$ 一把耙。

$lw:\eta^{11}$ "把"（用于锯）：$tsw^{55}\sim kew^{11}$ 一把锯子。

$va:n^{53}$ "用于成梳形的东西"：$tsw^{55}\sim hwe:k^5$ 一梳芭蕉。

$phu:n^{11}$ "杆；根；支"（用于树茎及较粗的条形物）：$tsw^{55}\sim$ $tshai^{53}$ 一根树干/$tsw^{55}\sim bit^5$ 一支笔。

$dan^{55}$ "条；根，道"（只用于成条的事物）：$tsw^{55}\sim do:i^{53}$ 一根绳子/$tsw^{55}\sim nom^{11}$ 一条河。

$khou^{53}$ "张，顶"（用于网状物）：$tsw^{55}\sim go:i^{11}$ 一张网/$tsw^{55}\sim$ $go:i^{11}ɲu:\eta^{53}$ 一顶蚊帐。

$ru:t^5$ "条"（用于裙子）；$hja^{55}$ "条"（用于裤子）。

ka$^{11}$"驾、辆": tsɯ$^{55}$～tʃhia$^{53}$一辆车/tsɯ$^{55}$～va$^{53}$beṇ$^{53}$一架飞机。

ko$^{11}$"层"; hwa：p$^5$"层"（用于山）; ɬɯt$^5$"层"（用于楼层）。

**2. 汉语反映外部特征名量词**

把：用于计量有把手的器具，如刀、扇子、椅子、枪、牙刷等。

顶：用于计量有顶盖的东西，如帽子、帐子等。

盏：一般与灯等搭配。

件：一般与衣服等搭配。

层：计量楼的高度和可以重叠分层的建筑，如楼、楼梯等。

栋：指房屋，与房子、楼、别墅等搭配。

座：指较大或固定的物体，如学校、医院、高楼等。

辆：所有车的计量。

本：书籍的计量，如书、杂志、词典等。

副：成对物品的计量，如耳环、眼镜等。

套：成组事物的计量，如家具、试卷、衣服等。

堆：成堆的事物，如垃圾、书等。

**3. 黎汉外部特征名量词对比**

（1）总的来看，汉语反映外部特征的名量词比黎语多，黎语反映外部特征的名量词比汉语分得细。

（2）汉语的"把"对应黎语中的三个量词 phi：n$^{55}$"把"（用于刀）、thɯ：ŋ$^{53}$"把"（用于农具）、lɯ：ŋ$^{11}$"把"（用于锯），汉语是依据带有"把手"这个外部特征，黎语中除了有"把手"这一特征的语义外，还按照工具的类型进行了区分。

（3）汉语的"根"也可以对应黎语中的两个词 phu：n$^{11}$"杆；根；支"（用于树茎及较粗的条形物）、dan$^{55}$"条；根，道"（只用于成条的事物），除了区分"粗细"，二者还兼有汉语"根"以外的其他语义，可见黎语和汉语外部特征名量词的外延和内涵都是不同的。

（4）汉语"件"一般可以和所有的衣服进行搭配，黎语中也将其按类别进行了分类：ruːt⁵"条"（用于裙子）、hja⁵⁵"条"（用于裤子）。

（5）在黎语中"层"既可以指 hwaːp⁵"层"（用于山），也可以指 ɬɯt⁵"层"（用于楼层），但汉语中层一般不指楼层，这反映了黎汉两族思维认知中对事物归类的不同。

（五）黎汉抽象事物类名量词语义对比

1. 黎语反映抽象事物类名量词

ruːk⁵³"声音阵阵"（如掌声、鞭炮声等）。

keːn⁵⁵"件"（同 mou⁵⁵）：tsɯ⁵⁵～teɯ⁵⁵一件事。

feːk⁵"句"：na？ tsɯ⁵⁵～thun⁵³rɯ¹¹taːri ⁵³riːn⁵³他一句话也没说。

dan⁵⁵"首、支"：vuːk⁵tsɯ⁵⁵～thun⁵³唱一首山歌。

2. 汉语反映抽象事物类名量词

项：一项政令等。

条：一条新闻、一条短信等。

件：一件事等。

片：一片景色、一片心意等。

股：一股气味、一股力气等。

种：一种结果等。

丝：一丝希望等。

3. 黎汉抽象事物类名量词对比

（1）汉语的种类量词"种"不仅可以修饰具体的事物，还可以修饰抽象的事物，黎语的"种"只能修饰具体事物的种类。

（2）总体上来看，汉语抽象事物类的名量词比黎语要多，可见黎语名量词注重实用，多是修饰具体事物的名词，汉语重修辞，抽象事物类名量词繁多。汉语抽象事物类名量词比黎语发达。

## 三 黎汉名量词的语义特征

语义特征是汉语语法研究中广泛使用于词的一种分析方式，起初主要用于名词、动词、形容词，后来也逐渐用于量词研究。由于人们对客观事物的认识是多角度的，故语义特征也可以用不同角度来分析。同一个名词和不同量词组合，可以形成一个"量词场"，同理，一个量词和不同名词组合，也可以形成一个"名词场"，这些"场"得以存在形成搭配的重要原因就是它们具有共同的语义特征，又具有相互区别的语义特征。下面试从名量词的语义特征入手分析名量词与名词之间的组合条件，以便更好地理解它们之间的搭配关系。黎汉名量词都具有呈现事物形状特征的特性，事物的外形虽然各不相同，但可以用维度特征加以归类。

### （一）黎汉零维度名量词对比

零维度名量词的共同语义特征是：［＋体积小］。

1. 选取现代汉语中的零维度名量词：粒、颗、滴、丸四个

颗：《说文解字》："颗（顆），小头也。"① 本义是小的头。现代汉语中多用于颗粒状的物体或液体，如珠子、眼泪、心、种子等。

粒：《说文解字》："粒，米也。"② 本义为米粒。现代汉语中用于粒状的东西，如一粒、一粒沙、一粒种子等。

滴：《说文解字》："滴，水注也。"③ 用于滴下液体的数量，如汗、墨水、血、眼泪、雨等。

---

① （汉）许慎：《说文解字》，岳麓书社 2006 年版，第 182 页。
② 同上书，第 147 页。
③ 同上书，第 133 页。

丸：《说文解字》："丸，圆头侧而转者。"[①] 用于药丸，如一丸药等。

语义特征见表1。

**表1** 颗、粒、滴、丸的语义特征

| | | |
|---|---|---|
| 颗 | （性状） | ［＋体积小，＋体积大，＋外形饱满］ |
| | （事物类型） | ［－用于人，－用于动物，－用于植物，＋用于物，－用于器官，＋用于抽象物］ |
| 粒 | （性状） | ［＋体积小，－体积大，－外形饱满］ |
| | （事物类型） | ［－用于人，－用于动物，＋用于植物，＋用于物，－用于器官，－用于抽象物］ |
| 滴 | （性状） | ［＋圆形，＋体积小，＋向下］ |
| | （事物类型） | ［－用于人，－用于动物，－用于植物，＋用于液体，－用于器官，－用于抽象物］ |
| 丸 | （性状） | ［＋圆形，＋体积小，＋药丸］ |
| | （事物类型） | ［－用于人，－用于动物，－用于植物，＋用于药丸，－用于器官，－用于抽象物］ |

2.《黎汉词典》中相对应的黎语零维度名量词

khok$^5$ "点，滴"：tsɯ$^{55}$～fun$^{53}$一滴雨水（兼用量词"杯"：tsɯ$^{55}$～de$^{53}$一杯茶）。

dak$^5$ "滴"：tsɯ$^{55}$～nom$^{11}$一滴水（兼用动词"滴"）。

tse：ŋ$^{53}$ "粒"（较大颗粒）：tsɯ$^{55}$～ɲa：u$^{11}$一粒粗盐（兼用量词"穗"：tsɯ$^{55}$～mu：n$^{11}$"一穗稻子"和名词"稻穗"）。

hom$^{53}$ "粒"（一粒米）。

---

① （汉）许慎：《说文解字》，岳麓书社 2006 年版，，第 194 页。

3. 黎汉零维名量词语义特征对比——以"滴"为例

汉语的名量词"滴"在黎语中对应两个名量词："khok⁵"和"dak⁵"。其中"dak⁵"是汉语借词，兼用动词 dak⁵"滴"，和汉语用法一致，而"khok⁵"是本民族词，既是量词"杯"，又是量词"滴"。总结语义特征见表 2。

表 2 　　　　　　　　　　　　滴的语义特征

| | | |
|---|---|---|
| 滴 | （性状） | ［＋圆形，＋体积小，＋向下］ |
| | （事物类型） | ［－用于人，－用于动物，－用于植物，＋用于液体，－用于器官，－用于抽象物］ |
| | （词类） | ［＋名量词，＋动词，－本族词］ |
| dak⁵"滴" | （性状） | ［＋圆形，＋体积小，＋向下］ |
| | （事物类型） | ［－用于人，－用于动物，－用于植物，＋用于液体，－用于器官，－用于抽象物］ |
| | （词类） | ［＋名量词，＋动词，－本族词］ |
| khok⁵"滴" | （性状） | ［＋圆形，＋体积小，＋向下］ |
| | （事物类型） | ［－用于人，－用于动物，－用于植物，＋用于液体，－用于器官，－用于抽象物］ |
| | （词类） | ［＋名量词，－动词，＋本族词］ |

可见，黎汉两族名量词"滴"最大的语义区别在于词汇来源不同，兼用作用不同。

（二）黎汉一维名量词对比

一维名量词的共同语义特征是：［＋长，＋物体］。

1. 现代汉语中的一维名量词

"条、根、支""道""枝""线、丝""节、截、段""缕、股子"

"行、列、排""株、棵"等，种类十分丰富，以"条、根、支"为例。

从来源上讲，都来源于植物"树"，且为树的不同部分。"条"的范围大于"根、支"，"根"突出有根的事物，"支"由于来自竹枝，故不能弯曲。

条：来源于"树条、枝条"，《说文解字》："條（条），小枝也。"[1] 指细长的东西：（1）包括衣服和可以弯曲的东西，如绳子、领带、裤子、皮带、黄瓜、树枝、彩虹、舌头、肠子等；（2）指江河和街道，与路和街搭配；（3）可分项的抽象事物，如新闻、办法等；（4）专用于好汉、人命等。

根：来源于"树根"，《说文解字》："根，木株也。"[2] 指毛发或长条的东西，通常很细，如头发、眉毛、牙签、针、筷子、黄瓜、树枝等。

支：来源于"竹枝"，《说文解字》："支，去竹之枝也。"[3] 用于（1）计量杆状物体，不能弯曲，如笔、枪等；（2）专用于队伍或歌曲。

戴浩一（1990/1994）认为，"条、根、枝"三个量词反映了中国人对细长物体的分类认知，"条"是长而软的物体，"根"是长而硬的物体，"枝"用于长而浑圆的物体，这几个量词之间有"相似性"，可以通过延伸扩展到类似事物，之后就有了相互取代的可能。

2.《黎汉词典》中相对应的黎语一维名量词

dan$^{55}$ "条，根，道"（只用于成条的事物）：tsɯ$^{55}$～do：i$^{53}$ 一根绳子/tsɯ$^{55}$～nom$^{11}$ 一条河。

---

① （汉）许慎：《说文解字》，岳麓书社 2006 年版，第 118 页。
② 同上。
③ 同上书，第 65 页。

kei$^{53}$ "支；根"：tsɯ$^{55}$～za$^{53}$一支香烟/tsɯ$^{55}$～tshua$^{55}$一根火柴。

phu：n$^{11}$ "根"（一根头发）。

da：n$^{55}$ "条"（一条河）。

rei$^{53}$ "枝"（用于树芽）：tsɯ$^{55}$～tshai$^{53}$一枝树枝。

neɳ$^{53}$ "枝"（用于树枝）：tsɯ$^{55}$～tshe：ŋ$^{53}$一枝花。

kha$^{53}$ "枝"：tsɯ$^{55}$～tshai$^{53}$一枝树枝。

tsheɯ$^{11}$ "支、杆"（用于笔、棍子等）：tsɯ$^{55}$～bit$^{5}$一支笔。

phu：n$^{11}$ "杆；根；支"（用于树茎及较粗的条形物）：tsɯ$^{55}$～tshai$^{53}$一根树干/tsɯ$^{55}$～bit$^{5}$一支笔。

thun$^{55}$ "节，段"：tsɯ$^{55}$～la：u$^{53}$一节竹子/tsɯ$^{55}$～ku：n$^{53}$一段路（名词：世代）。

tho：n$^{53}$ "段"：tsɯ$^{55}$～tshai$^{53}$一段木头/一段路。

3. 黎汉一维名量词的对比——以"条、根、支"为例

（1）黎语的对"条、根、支"的量词是相互包容的，如"dan$^{55}$"既可以是汉语的"根"，也以可是"条"，"kei$^{53}$"既可以是汉语的"根"，又可以是汉语的"支"，他们统一于［＋长，＋物体］这个语义特征之下，又相互区别，具体见表3。

表3　　　　　　　　黎语 dan$^{55}$、kei$^{53}$、phu：n$^{11}$ 的语义特征

| dan$^{55}$ | ［＋长，＋可弯曲，－细，－硬，－杆状，＋具体物体，－植物］ |
|---|---|
| kei$^{53}$ | ［＋长，－可弯曲，－细，＋硬，＋杆状，＋具体物体，－植物］ |
| phu：n$^{11}$ | ［＋长，＋可弯曲，＋细，－硬，－杆状，＋具体物体，－植物］ |

（2）汉语"条、根、支"语义特征见表4。

表 4                      条、根、支的语义特征

| 条 | （性状） | ［＋细长，＋可弯曲，－硬，＋柔软，＋有根，－杆状］ |
|---|---|---|
| | （事物类型） | ［＋用于人，＋用于动物，＋用于植物，＋用于物，＋用于器官，＋用于抽象物］ |
| 根 | （性状） | ［＋细长，＋可弯曲，＋硬，＋柔软，＋有根，－杆状］ |
| | （事物类型） | ［－用于人，－用于动物，＋用于植物，＋用于物，＋用于器官，－用于抽象物］ |
| 支 | （性状） | ［＋细长，－可弯曲，＋硬，－柔软，－有根，＋杆状］ |
| | （事物类型） | ［＋用于人（复数），－用于动物，－用于植物，＋用于物，－用于器官，＋用于抽象物］ |

可见，黎汉两族名量词"条、根、支"语义都在性状上有所区别，但汉语能适用于抽象物，而黎语不能。

（三）黎汉二维名量词对比

二维名量词的共同语义特征是：［＋平面］。

1. 汉语的二维名量词

主要有："片、张、面""幅""轮""汪、滩"等。以"片、张、面"为例。

片：《说文解字》："片，判木也。"[1] 本义为把木头劈成两半。现代汉语中：（1）计量薄而平的片状之物，如树叶、瓦等；（2）用于地面和水面，如草坪、土地、雪花、水等；（3）用于景色、心意等抽象事物。

---

[1]　（汉）许慎：《说文解字》，岳麓书社 2006 年版，第 143 页。

张：《说文解字》："張（张），施弓弦也。"[①] 本义为弓弦，后引申为拉弓。现代汉语中：（1）计量薄平之物，如纸、照片、皮、脸、嘴、地图；（2）平面家具，如床、桌子、黑板等；（3）用于弓。

面：《说文解字》："面，颜前也。"[②] 本义为脸。现代汉语中指扁平的物件，如镜子、墙等。

2.《黎汉词典》中相对应的黎语二维名量词

ra：i$^{11}$ "块、片"（用于田地）tsɯ$^{55}$～ta$^{55}$一片田。

vi：n$^{11}$ "块、张"：tsɯ$^{55}$～no：ŋ$^{53}$tui$^{11}$一张牛皮。

van$^{11}$ "张、页、幅、片"：tsɯ$^{55}$～tshia$^{11}$一张纸/tsɯ$^{55}$～ti：u$^{11}$一幅照片/一片树叶。

khou$^{53}$ "张，顶"（用于网状物）：tsɯ$^{55}$～go：i$^{11}$一张网/tsɯ$^{55}$～go：i$^{11}$ȵu：ŋ$^{53}$一顶蚊帐。

di：n$^{53}$ "幅"：tsɯ$^{55}$～dop$^5$一幅布。

le：p$^1$ "瓣、片、层"（用于薄的东西）。

be：k$^5$ "面"（一面旗）；tha：n$^{53}$ "滩"（一滩泥）。

3. 黎汉二维名量词对比——以"片、张、面"为例

（1）黎语"片、张、面"共同的语义特征都是［＋平面］，但各自又有所区别（见表5）。

表5　　　　　　　　黎语 ra：i$^{11}$、vi：n$^{11}$、van$^{11}$ 的语义特征

| ra：i$^{11}$ | （性状） | ［＋平面，＋成片，－薄，－展合性，＋用于田地］ |
|---|---|---|
| vi：n$^{11}$ | （性状） | ［＋平面，－成片，±薄，＋展合性，＋实物，＋用于动物皮］ |
| van$^{11}$ | （性状） | ［＋平面，－成片，＋薄，＋展合性，＋实物］ |

① （汉）许慎：《说文解字》，岳麓书社 2006 年版，第 269 页。
② 同上书，第 184 页。

（2）汉语"片、张、面"语义特征（见表6）。

**表6** 片、张、面的语义特征

| 片 | （性状） | ［＋平面,＋成片,＋薄,－展合性］ |
|---|---|---|
| | （事物类型） | ［－用于人,－用于动物,＋用于植物,＋用于物,－用于器官,＋用于抽象物］ |
| 张 | （性状） | ［＋平面,－成片,±薄,＋展合性,＋实物,－抽象物］ |
| | （事物类型） | ［＋用于人(皮),＋用于动物(皮),－用于植物,＋用于物,＋用于器官,－用于抽象物］ |
| 面 | （性状） | ［＋平面,－成片,＋薄,＋展合性,＋实物,－抽象物］ |
| | （事物类型） | ［－用于人,－用于动物,－用于植物,＋用于物,－用于器官,－用于抽象物］ |

可见，黎汉两族名量词"片、张、面"在性状上的语义区别不大，但汉语所适用的事物范围比黎语大得多。

（四）黎汉三维名量词对比

三维名量词的共同语义特征是：［＋重叠］。

1. 现代汉语中汉语三维名量词

主要有："块、团""层、重""丛、簇""沓"等。以"层、重"为例。

层：《说文解字》：层："重屋也。"[1] （1）用于重叠累积的东西，如大楼、玻璃窗等；（2）用于可分项的东西，如考虑等；（3）用于可以从表面揭开或抹去的东西，如雾气、薄膜等。

重：《说文解字》：重："厚也。"[2] （1）用于山；（2）用于困难。

语义特征见表7。

---

① （汉）许慎：《说文解字》，岳麓书社2006年版，第175页。
② 同上书，第169页。

**表7** 层、重的语义特征

| 层 | （性状） | ［＋重叠，＋厚度，＋有序，＋紧密，＋附着］ |
|---|---|---|
| | （事物类型） | ［－用于山，＋物体，＋抽象事物］ |
| 重 | （性状） | ［＋重叠，＋厚度，－有序，－紧密，－附着］ |
| | （事物类型） | ［＋用于山，－物体，＋抽象事物］ |

2. 《黎汉词典》中相对应的黎语三维名量词

hom$^{53}$ "块"（一块石头）。

bak$^5$ "块"（指平扁形的东西）：tsɯ$^{55}$～kia$^{11}$一块玻璃/tsɯ$^{55}$～tshia$^{11}$一块硬纸片。

ra：i$^{11}$ "块、片"（用于田地）：tsɯ$^{55}$～ta$^{55}$一片田。

fe：ŋ$^{53}$ "块、堵"：tsɯ$^{55}$～kia$^{11}$一块玻璃/tsɯ$^{55}$～gi：ŋ$^{11}$一堵墙。

rok$^5$ "块"（用于耕地）：tsɯ$^{55}$～aŋ$^{53}$一块刀耕地/fu$^{11}$～pho$^{11}$三块旱地。

hwo：n$^{11}$ "块，丘"：tsɯ$^{55}$～ta$^{55}$一块水田。

le：p$^1$ "瓣、片、层"（用于薄的东西）：au$^{11}$～tshia$^{11}$两层纸。

ɬɯt$^5$ "层"：fu$^{11}$～la：u$^{11}$三层楼。

than$^{55}$ "层"：ɬau$^{11}$～ploŋ$^{11}$两层房门/ɬau$^{11}$～tsa：i$^{11}$两层围墙。

hwa：p$^5$ "层"（用于山）：tsɯ$^{55}$～tsɯ$^{55}$～hwou$^{11}$一层一层的山岭。

goŋ$^{11}$ "丛"：tsɯ$^{55}$～hwe：k$^5$一丛芭蕉树。

ru：t$^1$ "撮"（用于块状的东西）。

3. 黎汉三维名量词对比——以"层"为例

汉语的"层"对应黎语的三个词："ɬɯt$^5$" "than$^{55}$" "hwa：p$^5$"。它们在共同的语义特征［＋重叠］下，各有特色（见表8）。

表 8 　　　　　　　　　汉语"层"及黎语对应词的语义特征

| | | |
|---|---|---|
| ɬɯt⁵ | （性状） | ［＋重叠，－厚度，＋横向，＋有序，＋紧密，－附着］ |
| | （事物类型） | ［－用于山，＋物体，－抽象事物］ |
| than⁵⁵ | （性状） | ［＋重叠，＋厚度，＋纵向，＋有序，－紧密，－附着］ |
| | （事物类型） | ［－用于山，＋物体，－抽象事物］ |
| hwaːp⁵ | （性状） | ［＋重叠，＋厚度，＋有序，－紧密，－附着］ |
| | （事物类型） | ［＋用于山，＋物体，－抽象事物］ |
| 层 | （性状） | ［＋重叠，＋厚度，＋有序，＋紧密，＋附着］ |
| | （事物类型） | ［－用于山，＋物体，＋抽象事物］ |

可见，黎汉两族名量词"层"的语义上，黎语比汉语区分性状更加细致，类型更加具体，但汉语能用于抽象事物，黎语不能。

（五）黎汉四维名量词对比

四维名量词的共同语义特征是：［＋绑在一起，＋物体］。

1. 现代汉语中汉语四维名量词

主要有：摞、堆、包、束、捆等。以"束、捆"为例。

束：《说文解字》："束，缚也。"[1] 用于捆在一起的东西，如鲜花、稻草，还可用于抽象物，如光线等。

捆：用于捆起来的东西，如柴火、衣服等。

这两个词都是由借用动词"束、捆"而来，区别在于绳子和物体本身，语义特征见表9。

---

① （汉）许慎：《说文解字》，岳麓书社 2006 年版，第 128 页。

表 9 捆、束的语义特征

| | | |
|---|---|---|
| 捆 | （性状） | ［＋绑在一起，＋粗，±长，＋数量多，绳子粗，＋物体］ |
| | （事物类型） | ［－用于人，－用于动物，＋用于植物，＋用于物，－用于器官，－用于抽象物］ |
| 束 | （性状） | ［＋绑在一起，－粗，＋长，－数量多，绳子粗，＋物体］ |
| | （事物类型） | ［－用于人，－用于动物，＋用于植物，＋用于物，－用于器官，＋用于抽象物］ |

2.《黎汉词典》中相对应的黎语四维名量词

phou$^{11}$ "堆"：tsɯ$^{55}$～van$^{53}$一堆土/tsɯ$^{55}$～kun$^{11}$一堆柴。

hwoːn$^{11}$ "堆"：tsɯ$^{55}$～kun$^{11}$一堆柴火。

baːn$^{55}$ "捆"（四把小稻草合起来为一捆）。

biːk$^5$ "捆"（用于扛在肩上成捆之物）：tsɯ$^{55}$～kun$^{11}$一捆柴。

khoːn$^{11}$ "捆"：tsɯ$^{55}$～hja$^{53}$一捆茅草。

thuːk$^5$ "包"：tsɯ$^{55}$～za$^{53}$一包烟。

3. 黎汉四维名量词对比——以"捆"为例

汉语名量词"捆"在黎语中对应三个量词："baːn$^{55}$""biːk$^5$""khoːn$^{11}$"。它们有共同的语义特征［＋绑在一起］外，又相互区别，语义特征见表 10。

表 10 汉语"捆"及黎语对应词的语义特征

| | |
|---|---|
| baːn$^{55}$ | ［＋绑在一起，＋小，＋数量具体，＋对象固定，＋负荷部位固定］ |
| biːk$^5$ | ［＋绑在一起，±小，－数量具体，－对象固定，－负荷部位固定］ |
| khoːn$^{11}$ | ［＋绑在一起，±小，－数量具体，－对象固定，－负荷部位固定］ |
| 捆 | ［＋绑在一起，＋粗，±长，＋数量多，绳子粗，＋物体］ |
| | ［－用于人，－用于动物，＋用于植物，＋用于物，－用于器官，－用于抽象物］ |

可见，黎汉两族名量词"捆"在语义上，黎语的专用性比汉语更强，汉语在性状上对语义的区分比黎语细致。

# 小　结

通过黎汉名量词类型对比分析，我们发现：

（1）用于人物类的名量词。汉语用于人物类的名量词比较丰富且因人的社会地位不同而选择是否尊称，而黎语不存在尊称，却划分了性别和长幼。

（2）用于动物的名量词。汉语将用于动物的名量词划分得比较细致，会根据动物的形象特点来选择不同的名量词，而黎语特点性较汉语来说弱一些，却划分了动物类和牲畜类，这是汉语所不具有的。

（3）用于植物类的名量词。汉语植物类名量词主要依据植物部位划分，黎语除了部位还可以依据种类划分，且划分比汉语细致，这是社会文化和民族认知的反映，在黎族这样一个以农业为主的民族，从其分类繁多的农作物和植物量词就能看出其对农作物的重视。

（4）反映外部特色的名量词。汉语和黎语都有反映外部特征的名量词，但汉语数量更多，黎语划分更细。

（5）用于抽象事物的名量词。汉语名量词因为修辞的作用，反映抽象事物的名量词较多，具有文学性，黎语名量词主要反映具体事物，更体现出实用性。

（6）汉语中的名量搭配通常是名词决定量词，量词要受名词的限制，而黎语中由于名量之间的对应关系很强，所以量词常常可以替代与之相对应的名词。如黎语中 ru：t$^{55}$（条）只用来称量裙子。

通过语义特征的对比分析，我们可以发现：

（1）名量词和名词之间有语义上的制约作用，同一维度的名量词一般要与相同维度的名词搭配。

（2）黎汉两族对维度的认知大致相同，大到对"颗粒""长条""大块"的形状，小到如三根手指取物的 ʦe：m$^{11}$ "撮"。

（3）汉语在形状上区分细致，黎语在类型、数量、使用部位上区分细致，这是它们语义性状上最大的区别。

（潘　倩）

# 黎族普遍兼用汉语的现状及成因研究

## ——以三亚郎典村为例

2015 年暑假期间，为了进一步加强对黎语生态问题的调查与研究，中南民族大学语言学团队再次前往海南省三亚市郎典村进行实地调研，通过问卷、采访和抽样调查获取了大量新的材料，对黎族兼用汉语的现状和成因有了进一步的认识和发现。

### 一 郎典村语言使用现状

由于三亚市郎典村经济的发展，道路交通设施的完善，加速了村内黎族人与汉民族的长期接触交往，因此，黎族人在语言的使用上受到了汉语的极大影响。村民在熟练使用母语的同时，普遍也能熟练使用汉语进行日常交际活动。

我们进入郎典村进行入户调查时，发现村民基本上可以用汉语跟我们进行交流。为证实汉语的使用情况，我们进行了不同年龄段的抽样调查（见表1）。

表1　　　　　　　　郎典村不同年龄段汉语使用情况抽样数据

| 姓名 | 年龄 | 文化程度 | 第二语言 | 汉语水平 | 备　　　注 |
|---|---|---|---|---|---|
| 黄亿富 | 8 岁 | 小学 | 普通话 | 熟练 | 表达能力强，普通话标准 |
| 黄彩莹 | 17 岁 | 高中 | 普通话 | 熟练 | 表达能力强，普通话标准 |
| 黄育才 | 21 岁 | 高中 | 普通话 | 熟练 | 表达能力较强，普通话不标准 |
| 容杰皇 | 26 岁 | 初中 | 普通话 | 一般 | 口音较重，能正常交流 |
| 董国贤 | 28 岁 | 初中 | 普通话 | 一般 | 口音较重，能正常交流 |
| 董振利 | 50 岁 | 初中 | 普通话 | 一般 | 口音较重，能正常交流 |

　　根据抽样调查的数据，发现郎典村村民的第二语言基本上全是普通话，而且都能够用普通话进行日常的交流沟通。

　　在调研过程中我们注意到，由于郎典村经济、文化水平的不断发展和提高，村民内部的语言使用情况出现了新的变化，即郎典村黎族人兼用汉语的范围和对象正逐步扩大化。为了调查郎典村黎族人语言选择的使用情况以及兼用汉语的范围和对象等情况，我们针对不同场合的语言使用情况选取了不同年龄阶段的黎族人进行问卷调查。所抽样调查的六位受访者中，在村内活动时，有一人选择聊天时用普通话进行交流；有两人选择买卖时用普通话进行交流；有两人选择看病时用普通话进行交流；在外出参加会议时，几乎全部选择使用普通话进行交流；在学校以及节日、集会、婚嫁、丧葬时，六人全部选择兼用汉语普通话进行交流。

　　比较之前的调研结果和此次村民董振利（男，50 岁，黎族人，务农）的讲述情况，发现以前只有学校教育中偶尔会出现汉语普通话的使用，但现在村内活动、会议、学校、节日、集会、婚嫁、丧葬等场合都出现使用汉语的情况。由此，我们得出结论，郎典村黎族在兼用汉语的场合范围上正在逐步扩大。

　　同样，由于受子女等因素的影响，在家庭内部语言的使用选择上也是如此。在与父母、祖辈、本族客人、外族客人的交流中都出现了兼用汉语现象。所以，郎典村黎族人在兼用汉语的对象上也在逐步地扩大。

## 二　黎族人普遍兼用汉语的成因

海南黎族人之所以能够普遍形成语言兼用现象，是由多种因素决定的。不仅包括经济文化、语言环境等外部因素，还包括本民族内部的语言态度及婚恋观念因素。内外的不同因素共同推动了黎族人语言兼用现象的发展和演变。

### （一）经济文化因素

过去，郎典村最活跃的汉语兼用群体主要集中在外出务工的青壮年人。在郎典村以及崖城调研期间，我们了解到，虽然当地教育得到了很大的普及，但总体上仍然处于落后水平。一方面，这是由当地"靠山吃山，靠海吃海"的独特生活方式决定的；另一方面，村民的教育观念以及文化意识普遍较为淡薄。所以，一些经济文化水平落后的村庄的学校教育也相对滞后。由此导致大量没有接受过学校教育以及提早辍学的青年流向社会，最终选择外出务工。他们通常选择经济水平高、汉族人口集中的地区，也有的流向广西、广东等邻近省份，这就加强了他们与汉族的交流与学习，为兼用汉语提供一个天然的语言环境。加之，他们接受新事物的能力又很强，久而久之，就形成了一个多语言模式的生活环境。因此，一旦这些务工黎族人回流郎典村，就对郎典村单一的语言生活模式产生巨大的冲击，催生出更多的汉语兼用群体。

一些问卷采访也佐证了这一观点，例如：

（1）如果有人在外地学习或工作几年后回到村里，不再讲哈方言，您是如何看待的？

——60％的人选择"可以理解"。

（2）对您来说，下列哪种语言最重要？

——80％的人选择了普通话。

这些问卷调查结果显示，郎典村黎族人心理上非常愿意接受汉语成为他们语言生活的一部分，从侧面也反映了为什么郎典村"外出务工"黎族人能够很快地影响整个郎典村兼用汉语的语言生活模式。

另外，新兴的旅游文化产业起到不可忽视的作用，加速了汉语的普及和传播。旅游业会引导大量的游客来海南度假，游客一般都讲普通话，因此，黎族人在与外族人交流的过程中，慢慢地就受到汉语的影响，用汉语和游客进行交流。尤其是当地的导游和景区的各种服务人员，为了能够获取最大的经济利益，他们具有很强的汉语学习意愿。据介绍，一个会说汉语的游客一天至少要跟 20 位黎族人进行交流，这种扩散式的交流使汉语得到了最大程度的普及和传播。而且，旅游业会拉动外商的投资和贸易。郎典村黎族人以种植芒果、香蕉、豆角为主，每到农作物成熟的季节，他们将采摘好的农作物进行加工，卖给来自安徽、广东、福建、东北等地的客商，与外地客商交流的时候主要使用汉语，黎族人基本能够听懂且会说汉语。因此，随着经济、旅游和文化产业的发展，黎族人与外界的联系越来越多，他们除了使用黎语外，普遍都能使用汉语。这是黎族人较快学会汉语，并且普遍兼用汉语的一个重要因素。

（二）语言环境因素

根据美国语言学家克拉申的语言习得理论指出："语言习得是在自然交际环境中使用语言的心意识过程。"简单地说，就是对于一个人来讲，想要习得一种新的语言，最重要的就是要参与这种语言环境。我们都知道印度"狼孩"的故事，"狼孩"之所以长到十来岁还不会讲话，只会学狼叫，即使后来通过教育也只学会几个简单的单词。原因是"狼孩"一出生就脱离了人类社会的语言环境，周遭没有人类说话的声音，听到的都是"狼叫"的语言环境，那他只能学会"哀嚎"了。同理，要想形成一种新的语言兼用，对于兼用群体来说，无论是家庭语言环境的培育，还是后天语言环境的熏陶，都起到决定性的作用。

一方面是家庭语言环境的产生。随着社会环境的变化，人们对教育越来越重视，尤其是对家庭教育的重视。不少家长主动在家里教孩子使用汉语。也正因如此，21世纪出生的青少年，其第一语言多为汉语，以汉语为第一语言的儿童与同龄汉族儿童的汉语水平基本相当。这种家庭教育的新变化对黎族人汉语水平的提高起了重要作用。

另一方面是后天语言环境的潜移默化。根据调查表获取的资料和访谈结果，我们将后天语言环境对郎典村黎族人兼用汉语的影响分为两种类型：一种是学校系统的正规教育，可以说是一种主动创造的语言环境；另一种是工作环境，是一种被动接受的语言环境。主动型即学校正规教育的发展。在我们的调研中了解到，郎典村50岁以上的黎族人几乎都接受过学校教育。所以，由政府组织的学校教育在黎族地区得到了迅速的发展，学校成为他们系统学习汉语的主要场所。被动型即工作环境的熏染。根据村民黄仁杭对教育情况的介绍，村内年龄在20岁左右仍在接受学校教育的人较少，除了个别上大学的，其余的都外出务工，因此，对于这一批汉语兼用的潜在群体，工作环境对于他们兼用汉语提供了一个免费的教育机会，久而久之，这种由于工作环境的交际需求而创造的被动的语言环境促使他们学会汉语。

所以说，无论是家庭语言环境的培育还是后天语言环境的潜移默化，对于汉语的习得者来讲，都是形成汉语兼用的关键因素，这种环境能够使他们全方位地接受汉语。特别是黎族的学生，再经过学校的系统教学以及课余在校期间语言能力的强化，他们在汉语听、说、读、写等方面的能力基本都有很大的提高，这是促使黎族人熟练兼用汉语的关键。

（三）自由式的婚恋观念

语言的连续使用既要依靠一代一代的传承，还要依靠家庭内部的教育习得，而婚姻则是维系家庭的方式，也是一种社会秩序的体现。我们在田野调查的过程中发现，现代以来，黎族人现代自由主义恋爱方式和婚恋观念的产生已经成为影响他们形成汉语兼用的重要因素。

近年来，影响郎典村青年男女自由恋爱的主要方式是打工。郎典村的年轻人大部分在初中毕业之后选择外出打工，工作地大都是来自各地的未婚青年男女，以汉族人居多，他们通过汉语互相交流生活情感，时间久了，便容易产生感情。另外，自由的恋爱方式使青年男女的通婚范围和对象扩大，比如族际通婚越来越普遍，尤其是参加工作的年轻人，选择配偶已经没有民族间的限制。这就使汉语的使用侵入语言生活中。

（四）开放式的语言态度

黎族虽然有自己的语言，但是在和外族人交流时，他们通常会采用对方所能说的语言。不少受访对象告诉我们，他们见到黎族人时说黎语，见到外来的汉族人时说汉语。可见，黎族人普遍兼用汉语的能力在一定程度上是与他们开放的语言态度分不开的。

我们对郎典村黎族的语言观念进行了问卷调查。调查随机发放了20份问卷调查表，被调查者中年龄最小的7岁，最大的58岁。对调查问卷的分析结果如下。

我们把学习汉语和黎语的首要目的进行对比分析，A 为找到好的工作，增加收入；B 为升学的需要；C 为便于和外（本）族人交流；D 为了解本族文化，不忘祖宗。调查结果如图 1 所示。

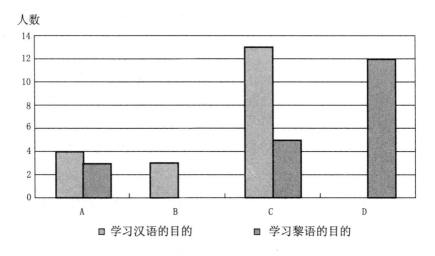

**学习汉语、黎语的目的分析**

从上图可以看出，大部分黎族人是为了交流的需要去学习汉语，也就是说，他们把语言作为一种交际工具，这是一种非功利的语言学习。一般来说，因交际的目的学习语言，其动机往往更为强烈，学习时间更持久，学习范围也更广泛。这是黎族人汉语能力普遍较高的一个原因。而且，黎族人对本民族语言的使用是一种顺其自然的态度。可见，黎族人把语言兼用看作自然而然的事情，对语言使用持有较为开放的态度。这种开放的态度是他们能较好掌握汉语的一个重要原因。

总的分析，黎族人学习汉语的愿望较为强烈，目的也比较单纯。他们乐于接受汉语的同时，也忠实于自己的母语，一直保持着双语的使用现状。

### 三 黎族人兼用汉语对母语的影响

黎族普遍兼用汉语的语言生活模式。一方面，这种兼语模式不仅有利于黎族社会、经济、文化、教育等多方面的发展；而且更加方便黎族日常的语言生活，满足不同的交际需求；另一方面，黎族人在兼用汉语的过程中，无论从主观方面还是客观方面都不可避免地使黎语遭受来自汉语等其他兼用语的冲击。

#### （一）主观来讲，黎族人对汉语兼用语的心理认同感较强

在采访的过程中我们发现，郎典村的黎族人无论是自己兼用汉语，还是对别人兼用汉语的态度都抱有极大的热情，所以，从主观方面来讲，势必会使黎语的使用频率和范围大大削减。有一些青少年都倾向于说普通话，甚至普通话的水平超过黎语，大多日常生活中常用黎语词汇都已经忘记或者是发音不准确。

比如，受访者黄彩云（女，黎族，17岁，高中生），我们对她进行200个黎语的核心词汇测试，其中有26％的核心词汇被遗忘，经过老人提醒后仍不记得。并且她还告诉我们，日常生活中（学校和家里）讲普通话较多，黎语越来越弱化。可见，年轻人对黎语使用频率大大降低。一位黎族老人向我们口述："一些黎语词汇，很多老人会讲，在日常生活中进行交流没问题，但是，对年轻一代人，（他们）无法记起，在具体到某样东西时，很多年轻人一时无法想起对应的黎语词汇，这就加速了黎语的消失。"我们看出了老人对黎语受到汉语冲击的一种担忧。

不仅如此，采访中我们注意到，有些青少年的兼用语不止汉语一种，还有泰语（董胜帅，男，黎族，25岁，务工，他是在外出工作与会说泰语的人长期生活交流中学会的）；英语（学校教育习得）等语

言，虽然使用这些语言还达不到像兼用汉语一样普遍，但是，从语言生活的发展趋势看，如果不平衡好兼用语与母语的使用比例，也会对黎语形成一定的冲击。

（二）客观来讲，黎语本身的适用性较弱

黎语的词汇是有限的，而且黎语的再生能力较弱，比起汉语的适用性差很多，远不能满足日新月异的新事物产生的需要。所以，面对新事物，黎语从本身的词汇量范围内无法呼读。为了平衡这种呼读盲区，黎族人大多用普通话来代替，避免无法用黎语称呼新事物所带来的尴尬与不便，从而使不可再生的黎语词汇和借用汉语从客观上加速了汉语对黎语的冲击。

与此同时，当今社会互联网、文化、教育、科技等领域日新月异，新事物不断涌现，然而，黎语由于其本身构词的限制，其构造新词的速度远远比不上汉语的更新速度。很多词汇都是黎语从汉语词汇中借用的，尤其是新中国成立以来，通过广播、影视、传媒，以及汉语的普及等各种方式，大量的汉语词汇被黎语借用，逐步扩散到黎族人生活当中。

综上所述，黎族人兼用汉语的语言生活模式普遍存在并将长期稳固发展，与此同时，要正确处理好兼用语汉语和母语之间的关系问题，确保母语和汉语有一个和谐统一的发展路径。

（乔登　李庆福）

# 论海南黎族语言兼用的特点、
# 功能和成因

## ——以海南省三亚市郎典村为例

　　黎语是海南省黎族人民的母语。长期以来，由于黎语与汉语的频繁接触，在海南黎族产生了语言兼用的现象，这一现象引起了我们的关注。为深入了解黎族语言兼用现象，我们赴海南重点调研了黎语哈方言。本文以海南省三亚市郎典村为例，分析海南黎族语言兼用的特点、功能和成因。

一

　　语言兼用是语言接触的产物。由于黎族和汉族的长期交往，黎语和汉语成为这两个民族语言使用中的必备语言，从而形成了黎族人民语言兼用的一些特点。我们以海南三亚市郎典村为例加以分析说明。

### （一）全民性

　　语言兼用的全民性是指某地区人民全部（或大部分）除了使用母语外，还兼用其他语言。郎典村黎族人在语言使用上正具有这一特点。该村除七八十岁的老人和个别人只会黎语外，其他的成人、小孩都会说两种语言（黎语与汉语），是双语者。

　　为了调查黎族人的汉语使用能力，我们对郎典村 110 位黎族人的汉语水平做了统计，结果见表1。

表1　　　　　　　　110 位黎族人汉语水平调查

| 熟　练 | | 一　般 | | 不　会 | |
|---|---|---|---|---|---|
| 人数 | 百分比(%) | 人数 | 百分比(%) | 人数 | 百分比(%) |
| 91 | 82.7 | 16 | 14.6 | 3 | 2.7 |

数据显示，郎典村有接近98％的人会说汉语，且熟练掌握汉语的人口比例达到了82.7％，他们均能够自如运用汉语普通话与外族人交流。在所有调查对象中，仅有3人不会说汉语，黄家近（男，78岁，小学文化），高二华（女，66岁，文盲）、容其花（女，54岁，文盲），造成不会说汉语的原因，主要是与外族人接触少。他们从出生至今很少外出，长期和族人生活在黎语的环境中，几乎没有机会接触其他语言。

（二）差异性

差异性是指不同的兼语者掌握兼用语的情况具有差异。虽然郎典村黎族人普遍掌握兼用语，但他们掌握兼用语的情况有所不同。根据他们语言兼用的差异情况可分为以下六种类型。

1. 从程度上可分为：熟练型和半熟练型

熟练型是指兼用能力比较强，能够独立运用两种语言系统并自由地进行交际，包括发出信息和理解。[①] 如图1所示，郎典村的绝大部分黎族人属于熟练型，6岁至40岁的人群掌握汉语比较熟练。他们具有较强的汉语能力，在理解与表达上没有任何困难，与当地的汉族比较起来在汉语运用上没有很大的不同。

---

① 参见袁焱《语言接触与语言演变》，民族出版社2001年版，第4页。

半熟练型指兼用能力不太强，听和说都有一定困难的类型。① 郎典村 50 岁以上人群正是属于这一类。50 岁以上的黎族人经过了旧社会到新社会的发展过程，他们通常追求稳定安宁，表现在语言上自然是更多地使用自己的母语。另外，他们长年生活在固定的村落，极少到黎族聚居地以外的地方，更不用说与汉族人打交道，因此，几乎不会说汉语。但随着近些年社会的变化发展，与汉族人接触的机会增加，他们渐渐能听懂汉语，也可以用汉语进行简单的日常交际。总的来说，老年人的汉语水平较低于其他年龄段，属于半熟练型。

通过分析，我们看到郎典村黎族人汉语使用的熟练程度有明显的代际差异，汉语掌握水平从老年到青少年随着年龄的减小而呈递增趋势（如图 1）。

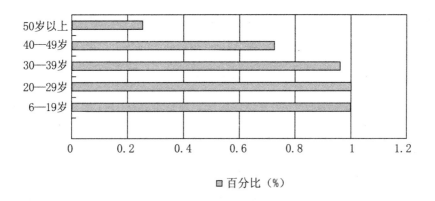

图 1　不同年龄段汉语掌握水平情况

2. 从语言获得顺序上分：并行型和先后型

并行型是指母语与兼用语两种语言几乎是同时掌握，没有明显水平差异。② 郎典村绝大部分青少年的母语和兼用语的获得顺序属于并行型。由于郎典村的黎族人大部分都掌握了黎语与汉语，所以青少年

① 参见袁焱《语言接触与语言演变》，民族出版社 2001 年版，第 101 页。
② 同上书，第 102 页。

从小就在双语环境中成长，两种语言同时习得，并且两种语言能力相当且能自由转换表达。

先后型指母语与兼用语所获得时间不一致。[①] 这一类型有两种情况，一是母语超前型，指黎语的获得早于汉语，且黎语水平明显高于汉语的类型。这一类型主要出现在 30 岁以上的人群中，他们绝大部分从小最先学习的是黎语。具体说来：30—49 岁的人群小时候首先习得的是黎语而后学会了一些基本的汉语，成年后，他们在外打工，与他人做买卖等，在一系列社会活动中不断地与汉人接触，逐渐学会了汉语；50 岁以上的人群同样是最先学习黎语后学习汉语，早年他们很少有机会接触到汉人，没有机会学习汉语，而后随着身边会说汉语的人逐渐增多，汉语逐渐走进了黎族居住区才使得他们学习了一些基础汉语且汉语水平不高。二是汉语超前型，指汉语获得时间早于黎语，且汉语水平明显高于黎语。主要体现在少数青少年中，郎典村有些孩子在很小的时候就随父母一起来到城市（崖城）生活，这些孩子的父母认为孩子学好汉语对学习会有帮助，所以在家庭中主要用汉语同孩子讲话，孩子从小几乎是在汉语的环境中长大的。

3. 从语言获得途径上分：自然习得型和学校获得型

自然习得型是指兼用语不是通过学习教育获得，而是在成长生活环境中自然学会的类型。[②] 30—49 岁的中青年习得汉语主要是通过自然习得的方式。他们中大多成年后逐渐走进城镇参与社会经济活动，在与汉族人的接触中自然习得了汉语。

学校获得型是指兼用语是在学校通过受教育而学会的类型。[③] 郎典村的青少年属于自然习得型兼学校获得型。由于绝大部分郎典村的

---

① 参见袁焱《语言接触与语言演变》，民族出版社 2001 年版，第 102 页。

② 同上书，第 103 页。

③ 同上书，第 105 页。

黎族人都会汉语且熟练度高，所以郎典村的小孩从出生开始就有了可以自我习得汉语的语言环境。在学校，主要是以汉语教学，所以青少年通过学校教育更系统地学习汉语，汉语能力进一步提高。

（三）开放性

开放性是指语言使用者对兼用语及其文化的认同，愿意投入时间学习，在兼用语上呈开放性特点。郎典村的黎族人绝大部分都会汉语，他们认为能多会一种语言是一种骄傲而且学会汉语是很有必要的。青少年认为，学习好汉语对于他们升学以及日后就业很有帮助。并且一些父母也认为学习好汉语能够提高孩子的学习成绩，所以家庭内部只用汉语交流。青壮年认为，学习好汉语是提高家庭经济收益的必要条件，所以在社会活动中有意识地学习且学会了汉语。年长者虽然很少与他族人接触且学习能力较差，但不排斥学习汉语并且在双语环境中学会了一些基础的汉语。

二

在语言兼用地区，母语与兼用语构成一个双语关系。两者相互影响，相互制约，形成一个语言应用系统，[①] 这个系统无论是在使用功能还是在表达功能上都具有互补的一面，也具有竞争的一面。

（一）使用功能的互补性

在语言兼用地区，对于兼语者来说母语和兼用语有不同的使用功能。他们会根据场合、对象等的不同来选择语言。总的来说，郎典村的黎族人在大多数场合都频繁稳定使用自己的母语——黎语，黎语一直在发挥着母语的核心功能，而汉语发挥的是辅助性功能。通过以下几个场

---

① 参见袁焱《语言接触与语言演变》，民族出版社 2001 年版，第 105 页。

合对黎语与汉语的使用情况的比较，来说明两种语言使用功能上的互补性。

1. 家庭内部双语使用比较

家庭内部使用黎语的情况分为两类：第一，族内婚姻家庭。这类家庭把黎语作为主要的交际工具。族内婚姻家庭的所有成员都是黎族人，有的是郎典村黎族人，有的则是外村黎族媳妇。在这样的家庭里，家庭成员之间不论是衣食住行，或者劳作休闲，一般都是用黎语交流。通过对 164 户家庭的入户调查，我们统计了如下数据：家庭中三代同堂，人口为 7 人至 12 人的家庭有 130 户；夫妻构成均为黎族的族内婚姻有 159 户，其中 18 户的媳妇是北岭郎典村附近的乐东黎族，语言可以互通，1 户的媳妇是五指山黎族人。这样的族内婚姻，其家庭语言必然要用黎语。以黄理辉家庭（男，38 岁；父亲：黄家平，65 岁；母亲：陈玉莲，66 岁；配偶：高秀美，37 岁；长子：黄强，13 岁；次子：黄安，8 岁）为例，详情见表 2。

表 2　　　　　　　　黎族族内婚姻家庭语言使用调查

| 交　际　双　方 | | 黎　语 | 普通话 | 崖城话 |
|---|---|---|---|---|
| 长辈对晚辈 | 父母对子女 | √ | | |
| | 爷爷奶奶对孙子 | √ | | |
| | 公婆对儿媳 | √ | | |
| 晚辈对长辈 | 儿子对父母 | √ | | |
| | 孙子对爷爷奶奶 | √ | | |
| | 儿媳对公婆 | √ | | |
| 同辈之间 | 儿子与儿媳 | √ | | |
| | 父亲与母亲 | √ | | |
| 主人对客人 | 对本族客人 | √ | | |
| | 对外族客人 | | √ | √ |

黄理辉家庭是典型的族内婚姻家庭，家庭成员都是本地黎族人，也都会说该地黎族土话哈方言，因此，家庭内部交流都是说黎语，家庭成员的黎语掌握情况均为熟练。

第二，族际婚姻家庭。这类家庭，有些以黎语为主要交际工具，有些则是使用双语或者单用汉语。北岭郎典村黎族人的家庭形式虽然绝大多数是族内婚姻，但 164 户家庭中，也有 5 户是黎族和汉族构成。5 户当中，1 户是入赘的汉族女婿，4 户是嫁来的汉族媳妇。他们来到郎典村之后，受到周围黎语环境的影响，婚后五年左右，一般能听懂一些黎语，有结婚时间较长的，甚至能熟练使用黎语。以董伟忠（男，43 岁，汉族，三亚市崖城镇人）家庭、唐月梅（女，40 岁，汉族，三亚市崖城镇人）家庭和羊明花（女，30 岁，汉族，海南省儋州市人）家庭为例，看这三组家庭内部的语言使用情况（见表 3）。

表 3　　　　　　　　　黎族族际婚姻家庭语言使用调查

| 交际语言<br>交际双方 | | 董伟忠 | | | 唐月梅 | | | 羊明花 | | |
|---|---|---|---|---|---|---|---|---|---|---|
| | | 黎语 | 崖城话 | 普通话 | 黎语 | 崖城话 | 普通话 | 黎语 | 海南话 | 普通话 |
| 长辈对晚辈 | | √ | | | √ | | | √ | | |
| 晚辈对长辈 | | √ | | | √ | | | √ | | |
| 同辈之间 | | √ | √ | | √ | √ | | √ | | |
| 主人对客人 | 本族 | | √ | | | √ | | √ | | |
| | 外族 | | √ | | | √ | | √ | | |

如表 3 显示，尽管董伟忠是汉人，但随着在村里生活的时间变长，他的黎语也掌握得非常熟练，在家庭内部主要使用的是黎语，包括和家人之间用黎语对话，教子女学习等，只有接待客人的时候才说汉语。唐月梅嫁到郎典村已有 20 年，在丈夫和公婆的影响下，她的黎语水平达到熟练水平，和同辈之间有时用汉语有时用黎语交流，接

待外族客人用汉语交流。而羊明花家与其他的家庭不同。羊明花嫁到郎典村还不到 5 年，其丈夫是村里瓜果种植大户，住在离村子不远的公路旁，家里常常有很多客人或是外地来的采购商贩，说汉语的机会很多。这样的生活背景使得她虽然嫁过来有些年头了仍不会说黎语，所以家庭中不得不以海南话进行交流。

2. 学校教学双语使用情况比较

就学校环境来说，在不同的学习阶段母语与兼用语的使用呈现不同的面貌。郎典村的适龄儿童大都在北岭小学就学，该校以黎语作为主要的交际语言。读完小学升入初中，学生基本上都到崖城镇上的崖城中学或崖城江南学校就读。崖城镇的中学以汉语普通话授课，课堂上，师生多数时间用汉语普通话交流，有时候则用崖城话交流，在课下，同村来的黎族学生之间说黎语，打电话回家也说黎语。但黎族学生与他族学生在一起时则讲普通话或崖城话。以前郎典村升入高中的学生不太多，不过近些年有增长的趋势，村里还有好几个大学生。高中都实行汉语和英语教学，他们说黎语的机会很少，只有和家里人通电话时才会说黎语。

3. 其他环境双语使用情况比较

村民在见面聊天与生产劳动时，都极其自然地使用黎语作为交际语言，在村里，很少有情况将第二种语言作为聊天的语言工具。而在参与买卖活动的时候则有两种情况。一方面，在农作物的栽种阶段，村民在田间劳作时都用黎语交流；另一方面，当地每年有大量的香蕉、芒果、豆角等经济作物销往外省甚至国外，所以每年的蔬菜瓜果成熟季节都有许多外地采购商从东北、湖南、安徽等地来到村里收购农作物，这种情况下的交际用语多为普通话。另外，村民到崖城镇上采购食物或生活必需品时，则说崖城话或普通话；找医生看病时也说崖城话或普通话，但如果确定对方是黎族，就会转换成黎语交谈。

此外，当地保留了黎族富有传统意义的节日庆典、祭祀葬礼等民族风俗习惯。每到这些重大场合，司仪都会用黎语主持整个仪式。尽管有的黎族习俗已经渐渐被汉化，但打柴舞仍然被保留在葬礼最为重要的环节中。表演打柴舞时，表演者不仅要动作敏捷地在柴竿之间跃动，还要用黎语随着节奏吟唱。

（二）使用功能上的竞争性

语言使用功能竞争的胜负结果体现在语言的整体保留与转用上，从现在的郎典村的黎族语言兼用的情况看，已出现由语言兼用到语言转用过渡的现象。语言使用者的母语能力下降是语言转用的一个重要表现。通过我们对郎典村黎语的使用情况所做的调查，发现该地不同年龄段的黎族人语言使用情况不同，出现了局部语言转用，即一个民族的一部分人不使用本民族语而换用别的语言的现象①。郎典村黎语使用情况见表4。

表4　　　　　　　不同年龄段黎族人黎语水平调查

| 年龄段 | 人数 | 熟　练 | | 一　般 | | 不　会 | |
|---|---|---|---|---|---|---|---|
| | | 人数 | 百分比（%） | 人数 | 百分比（%） | 人数 | 百分比（%） |
| 6—19 岁 | 27 | 15 | 55.6 | 9 | 33.3 | 3 | 11.1 |
| 20—29 岁 | 24 | 17 | 70.8 | 6 | 25 | 1 | 4.2 |
| 30—39 岁 | 25 | 22 | 88 | 3 | 12 | 0 | 0 |
| 40—49 岁 | 18 | 18 | 100 | 0 | 0 | 0 | 0 |
| 50 岁以上 | 16 | 16 | 100 | 0 | 0 | 0 | 0 |

① 参见张兴权《接触语言学》，商务印书馆 2012 年版，第 2 页。

表 4 显示，郎典村黎族人各个年龄段的黎语使用能力出现了较为明显的代际差别。实际上，这种熟练程度最主要是表现在一般日常交际上。6—19 岁青少年中能够熟练使用黎语的只占 55.6%，20—29 岁年龄段黎语熟练使用的人数达到 70% 以上，30—39 岁年龄段熟练掌握黎语的人数已接近 90%，而 40 岁以上的人均能熟练使用黎语。因此，相较而言，青少年的黎语水平普遍低于其他年龄段。

我们随机抽取了 7 位不同年龄段的调查对象进行黎语 200 个核心词测试，从测试结果中更能看出明显的代际差异。

调查对象分别是：

（1）唐世花，女，49 岁，初中文化程度，在家务农，外村媳妇。

（2）黄其华，男，40 岁，初中文化程度，黎族打柴舞传承人。

（3）黄仁瑞，男，35 岁，高中文化程度，种植批发蔬菜瓜果。

（4）董永清，男，30 岁，小学文化程度，在家务农。

（5）黄海莲，女，20 岁，大学文化程度，海南职业技术学院大二学生。

（6）黄富乐，男，16 岁，初中文化程度，崖城江南学校初中三年级学生。

（7）黄家乐，男，7 岁，小学文化程度，崖城中心小学二年级学生。

具体数据见表 5。

表 5　　　　　　　　　黎族人黎语词汇等级水平调查

| 姓名 | 年龄 | 词汇掌握等级及其所占比例 | | | | | | | |
|------|------|------|--------|---|--------|---|--------|---|--------|
| | | A | 比例(%) | B | 比例(%) | C | 比例(%) | D | 比例(%) |
| 唐世花 | 49 岁 | 190 | 95 | 8 | 4 | 0 | 0 | 2 | 1 |
| 黄其华 | 40 岁 | 185 | 92.5 | 10 | 5 | 3 | 1.5 | 2 | 1 |
| 黄仁瑞 | 35 岁 | 189 | 94.5 | 7 | 3.5 | 3 | 1.5 | 1 | 0.5 |

| 姓名 | 年龄 | 词汇掌握等级及其所占比例 | | | | | | | | |
|------|------|------|------|------|------|------|------|------|------|
| | | A | 比例(%) | B | 比例(%) | C | 比例(%) | D | 比例(%) |
| 黄永清 | 30 岁 | 189 | 94.5 | 6 | 3 | 1 | 0.5 | 4 | 2 |
| 黄海莲 | 20 岁 | 162 | 81 | 23 | 11.5 | 4 | 2 | 11 | 5.5 |
| 黄富乐 | 16 岁 | 150 | 75 | 8 | 4 | 17 | 8.5 | 25 | 12.5 |
| 黄家乐 | 7 岁 | 97 | 48.5 | 48 | 24 | 16 | 8 | 39 | 19.5 |

统计结果显示，黄家乐的 A、B 级词汇总和为 145 个，只占到 72%左右；C 级（经提示才知道的）词汇和 D 级（经提示仍不知道的）词汇总和的比例已经接近 30%。另外一位 6—19 岁的调查者黄富乐 A 级和 B 级词汇总和是 158 个，占 200 个词总数的 79%，C 级和 D 级词汇总和是 42 个，占测试词总数的 21%。他们两个人的 D 级词汇的比例都在 12%以上。这两位青少年的 A 级词和 D 级词占总词汇的比例与年龄最大的唐世花相比有很大差别。

综上来看，郎典村黎族青少年的母语能力呈下降趋势。有些家庭用普通话取代了黎语成为教育子女的第一语言，这些家庭中长大的青少年只能通过与其他黎族人的对话习得黎语，而没有黎语环境的青少年则基本不懂黎语，也就是说，在他们身上已经发生了语言转用。这种语言转用现象只存在于个别青少年中，因此是局部性语言转用。

究其原因，一是社会因素，从 20 世纪 80 年代中后期，全国推行九年制义务教育后，为了使村里的孩子升入小学初中能顺利学好汉语，家长希望后代能多学知识提高成绩，大多数人非常主动地教孩子说汉语。尤其是在改革开放，以及当地政府大力招商引资发展农作物经济之后，为了更好地与外地人交流，许多家长在教会孩子说黎语的同时，也非常注重汉语教育。因此，有些小孩首先学会说的语言是汉语，而不是黎语。二是婚姻家庭因素对家庭成员语言使用的影响，有的是族际婚姻对青少年语言使用的影响，由于夫妻双方是黎族与汉族的结合，他们在家庭内部使用汉语交流，教育下一代也使用汉语，儿童在汉语的环境下长大，基本不懂黎语；还有族内婚姻的父母在孩子出生之后教孩子学习汉语，家庭内部的交际用语以汉语为主，这些孩子往往在村子里与同龄人和其他长辈交往时，自然习得黎语，因此，一些日常生活接触少，或是过去常见而现在见不到的黎语词汇，他们几乎无法掌握。三是学校教育对青少年语言使用的影响，虽然郎典村的小学是以黎语教学，但现在大部分孩子从一年级开始就到崖城小学就读。崖城小学和中学都是用汉语教学，学校的学生以汉族人居多，同学在课间一般只说崖城话或者普通话，说黎语的机会少，这也是青少年母语使用能力下降的原因之一，黄家乐就是这样的例子。

（三）表达功能上的竞争性

表达功能的竞争性体现在黎语中的汉语借词影响了黎语固有同概念词和黎语固有构词方式。

黎语有一套固有本语数量词，但现在表达数量时有时用本语词，有时用借词。黎语基数词的两种表达方式：

a. 黎语固有基础词：一 $kɯ^{55}$、二 $dou^{11}$。

b. 黎语中汉语借词的基数词表达：一 $i:t^{55}$、二 $zi^{55}$。

黎语序数词的两种表达方式：

a. 运用黎语表达方式：一月 $kɯ^{55}\ ŋa:n^{53}$、二月 $dou^{11}\ ŋa:n^{53}$。

b. 运用汉语表达方式：第一 $do:i^{11}\ i:t^{55}$、第二 $do:i^{11}\ zi^{55}$；初一 $tsho^{55}\ i:t^{55}$、初二 $tsho^{55}\ zi^{55}$；星期一 $tsheŋ^{55}\ ki^{11}\ i:t^{55}$、星期二 $tsheŋ^{55}\ ki^{11}\ zi^{55}$。

本语词与借词的同义词在黎语中就形成了重叠使用、并列出现的现象。

另外，黎语出现了两种构词方式混用的现象。黎语的名词性合成词结构是中心语＋修饰语，如衣领 zoŋ$^{11}$（领）veːŋ$^{11}$（衣）、牛圈 tui$^{11}$（圈）tuːn$^{55}$（牛）、房顶 mut$^{55}$（顶）ruːn$^{53}$（房）。但在借用中出现了同类词混合使用汉、黎两种构词方式的情况。如在整体借用中表达毛笔 mo$^{11}$（毛）bat$^{55}$（笔）时，运用的是汉语的构词结构（修饰语＋中心语），而表达钢笔 bat$^{55}$（笔）nom$^{11}$（水）则运用的是黎语的构词结构（中心语＋修饰语）。在部分借用中，生命 miːŋ$^{55}$（命）ɗau$^{53}$（生）运用的是黎语的构词结构，而寿命 naːu$^{35}$（寿）miːŋ$^{55}$（命）运用的是汉语的构词结构。这种结构混用的方式还影响到本语词，如手指 phuːn$^{11}$ ziːŋ$^{55}$、拇指 mei$^{35}$ ziːŋ$^{55}$、中指 thɯm$^{53}$ ziːŋ$^{55}$ 是运用汉语的构词结构，而小指 ziːŋ$^{55}$ dui$^{11}$ 运用的是黎语的构词结构。将两种构词方式混合使用来表示意义相近的一组词，可以反映出这两种构词方式对于黎语使用者来说已不加区分，在他们的语言思维中汉语构词结构逐渐有着同本语构词结构一样的地位。

不论同义词的叠用并行还是构词方式的混用，都显示了汉语与黎语在表达功能上的竞争性特点。

三

如前所言，语言兼用是语言接触的产物，是语言发展的趋势之一。海南黎族语言兼用形成的原因主要包括社会经济因素、教育因素、文化因素等。

（一）社会经济因素

黎族与汉族的语言接触在历史上早有形成。相传在三千年前的殷周时期，黎族的祖先乘木船漂流过海，克服种种险阻，来到了海南岛，并在此定居。据史料记载，从秦汉开始，海南黎族就同汉族保持了密切的联系。秦始皇在公元前 214 年，统一岭南广大地区，在南方设置桂林郡、南海郡和象郡，并将中原几十万人迁徙其地。汉元封元年，汉武帝平定南越后，在海南设置珠崖、儋耳两郡，部分大陆汉人迁居海南岛与黎族土著居民杂居。[①] 此后汉族大量移民海南岛，为海南黎族带来了先进的生产工具和生产技术的同时促成了两族之间的语言接触。

新中国成立特别是改革开放以后，黎族社会经济水平的不断提高进一步加深了语言兼用。北岭村下属的郎典村地理位置较为偏僻，三面环山，交通不便。在 2007 年以前村与外界连接的道路一直没有修通，也没有到城镇的直达班车，人们主要依靠步行、摩托车、三轮车进城进行商品经济贸易。如今，村子有了与外界相连的公路，富裕的村民也有了家用小轿车，便利的交通使得村民可以频繁地往来于城村进行社会经济活动。走出村寨的黎族人必定要使用民族共同语言与他族人相交流，这也就促使更多的黎族人学习和使用汉语。随着村民的生活水平的提高，收音机、电视、电脑逐渐进入了每个家庭之中，人们通过电台、网络播送的汉语新闻了解国家、国际大事，掌握农业市场行情等。强大的新媒体改变了人们日常的生活方式，也为语言兼用创造了环境。

（二）教育因素

郎典村的适龄儿童基本上都有条件入学接受基础教育，他们大都在北岭小学就学，而该校仍以黎语为主要的交际语言。郎典村没有完备的教育系统，青少年在村里上完小学后都要到崖城镇继续就读中学。崖城镇上的中学以汉语进行教学，课下老师与学生、学生与学生之间多用普通话或崖城话交流，所以他们只有与同为黎族的同学才会用黎语交流。为了使小孩能够更好地学习汉语和汉文化，摆脱黎语对学习成绩的影响，在家庭教育中更多的父母选择用汉语同孩子交流。学校与家庭教育都以汉语为核心，成长在这样以汉语为主要交流方式

---

① 参见欧阳觉亚、郑贻青《黎语调查研究》，中国社会科学出版社 1983 年版。

的语言环境下，青少年的语言兼用越来越频繁。与汉语能力不断提升相反的是这些青少年黎语能力有减弱的趋势，这也导致了在个别青少年身上出现了语言转用的现象。现代教育是语言兼用出现并发展的重要原因，现代教育发展的速度越快，语言兼用的频率越高，语言转用就越可能发生。

（三）文化因素

民族文化在发展过程中不断吸收和创造性地使用其他民族的文化成分而实现自身文化的充实和发展。民族语言作为民族文化的一部分，在使用和发展的过程中也在不断地吸收他语来维系自身活力。黎语词汇广泛地借用汉语词汇，这种对汉语的包容和吸收，是为了让黎语自身的表现形式和表达形式更加完善，以适应现实语言交际表达的需要。通过我们上文对词汇的分析可以看到，这种包容和吸收不是简单的借用，而是创造性地使用，调整到适应自身发展的需要，以适应外部的变化。这种语言内部开放性，使得母语者能够更认同其他语言，更易于兼用另一种语言。

郎典村的黎族对自己的民族文化、民族传统、民族语言都抱有极大的忠诚态度，大部分人觉得黎族人不能不会说黎语，许多年轻人认为如果不会说黎语不仅被人家瞧不起，也对不起祖宗。他们认为只有掌握本民族的语言，把语言传承下去才能真正保护、传承本民族的传统。尽管黎语在黎族人的心目中具有不可替代的情感地位，但他们也认识到汉语作为强势语言对当今社会发展、自我发展都起着不可替代的作用。特别是汉文化、汉语为他们的生产生活带来了巨大的变化，让他们切身感受到汉语的重要，于是为了自身和黎族的长远发展，他们选择以包容的姿态学习和使用汉语。

（李亚竹　郭建新）

# 海南黎族谚语的语言生态学研究

　　黎族谚语是宝贵的人类非物质文化遗产，但随着我国社会经济的快速发展改变了黎语地区的语言生态环境，对黎族谚语的传承和传播造成了影响。语言生态学注重研究语言和语言生存环境的相互关系，本文考察黎族谚语与自然生态环境的关系，探讨在特定生态环境中黎族谚语的使用特点，强调在现今生态环境下保护黎族谚语的意义并提出相关建议。

## 一　黎族谚语与自然生态环境

　　语用生态是语言生态的组成部分，它是生态环境对语言运用产生影响之后所形成的，一定的语用生态是一定的生态环境的具体反映。①黎族谚语是黎族人民灵活运用黎语的语言艺术结晶，谚语字里行间充分展示了当地特有的地理环境所孕育的自然风情和民族风情。

### （一）黎族谚语与热带植物

　　海南黎族聚居区地处北回归线以南的热带和亚热带地区，具有得天独厚的热带岛屿季风气候，光照充足，长夏微冬，四季常青。当祖国北方千里冰封、万里雪飘的时候，这里正是春光融融、百花盛开的

---

① 参见冯广艺《语言生态学引论》，人民出版社 2013 年版，第 252 页。

季节，正是在这样得天独厚的气候条件下，使得这里有着不同于全国其他地区的热带和亚热带水果，如椰子、槟榔、芒果、香蕉等。黎族人长久以来就生活在这些我们平时鲜见的热带植物之中，其展现给我们的是一幅黎族人民与自然生态和谐共处的美丽图景，我们可以从黎族人表达对家乡热爱的谚语里欣赏到。

　　椰子槟榔根在土，人在千里心想家。①

　　海南岛素有椰岛之称，椰树在全国所占种植面积高达 80%。海南岛种植槟榔树有 1500 年的历史，而椰树更是有着 2000 年的历史，椰树和槟榔树不仅是黎族家乡的风景树，更是黎族先民崇拜的树神。栽种椰树和槟榔树是黎族人民的优良传统，在黎族村寨都有一片片的椰园和槟榔园。黎族儿女与椰树、槟榔树朝夕相伴，椰树、槟榔树的根之所在也是家之所在。每当远在他乡的游子想起翠绿的椰树、槟榔树美景，心中便会泛起强烈的思乡之情。椰树、槟榔树与黎族人民的生活如此密切，其本身也象征着黎族人民，黎族的根就像椰树和槟榔树一样永远扎在海南这块美丽的土地上。

　　在对这些经济作物长期的种植栽培实践中，黎族人对它们的特性了如指掌并且总结出不少相关的朴素的生活经验，例如：

　　太阳高照热人心，椰子树高抗台风。
　　椰子水是甜是酸，先喝一口就知道。
　　龙眼树大果子小，冬瓜藤小果子大。
　　芒果好吃但酸牙。药蔓好吃苦到心。山薯好吃易恶心。②

---

　　① 文明英、文京：《黎语长篇话语材料集》，中央民族大学出版社 2009 年版，第438—456 页。
　　② 同上。

椰子树有着高挑的树干，一般成年的椰子树可高达三十米，且多生长在地势低且有海浪冲积土壤的海边，因此当台风到来时，椰树也就成了最有效的天然屏障。椰树的高大枝干为黎族人提供了宁静的港湾，而椰汁更是黎族人民的一剂良药。黎族人民喜爱喝椰汁，不仅是因为椰汁的清新甘甜，更因为椰汁是他们治病的良药。海南气候湿热，而椰汁性凉、清热解暑，可以解除人们因湿热导致的不适。黎族人很骄傲地告诉我们，当身体有不适时，没有比椰汁更灵的药了。"龙眼树大果子小，冬瓜藤小果子大。"用白描和反衬的手法简洁直白地描绘了龙眼与冬瓜、果实与枝干的差异。同样运用反衬方式黎族人民总结出芒果、药蔓、山薯的特性。

黎族人民善于抓住身边事物的特征规律并通过比喻通感的修辞方式来解释人生朴素的哲学道理，如谚语：甘蔗是甜的，榨出来的糖也是甜的；说话是真的，听的人也觉得甜蜜。[①]

真话给人带来的感受很难用言语直观表达，黎族人用甘蔗这种身边最常见的植物与之相比拟。用甘蔗所具有的甘甜的特质来表达真话所能带给听者的心理感受，通过这种比喻通感的修辞方式使人们感性地体会到说真话在交际中所能带来的积极的语用效果，也是劝导人们在人际交往中要以诚待人。类似的谚语还有：

雨后破土而出的春笋，谁也盖不住；当众人说出的话，谁也收不回。

竹子根深，叶子才能长年绿；知识渊博，方能什么事情都懂。[②]

竹子适宜生长在热量稳定、雨水充足的地方，所以在海南岛上生

---

① 文明英、文京：《黎语长篇话语材料集》，中央民族大学出版社 2009 年版，第438—456 页。

② 同上。

长着大量的竹子。黎族人也因此常将竹子作为喻体。雨后春笋的生长速度之快如同一旦说出就即刻传播的语言，人们无法阻挡春笋生长的势头如同无法收回已说出的话。黎族人以雨后春笋作比，告诫人们言行举止需谨慎。后一句又运用比喻以竹子根深叶绿的自然生长规律来解释知识渊博与了解世事间的因果联系。

（二）黎族谚语与本土农作物

"雨季种旱地，旱季种水田。""春季不种薯，怎能有薯吃；夏季不插秧，往后吃什么。""汉区闪，抓牛唇；黎区闪，带鱼串；俫区闪，用刀劈。"① 以上三条谚语展示了黎族种植耕地的三种类型：水田、旱地和山栏地。水田主要是种植水稻；旱地用来种植番薯、南瓜等作物；山栏地主要是种植"山栏稻"、木薯、山豆等。总的来说，黎族主要的农作物有薯类和稻类两种。其中黎族主食尤以稻类为重，"想要丰收稻谷勤灌溉，想要懂得道理多学习"。这条谚语将"道理"比作"稻谷"，通过朴素的稻谷生产经验来说明学习生活的基本规律，告诉人们要想懂得多，还需勤学习。

其中"山栏稻"更是黎族人民运用智慧在与自然博弈中培育的旱稻品种。黎族地区植被繁荣，但是蕴藏在森林生态系统中的大量能源却不能作为食物而直接获得，因此，黎族人民只能采用游耕这种方式，"以刀耕火种为名曰砍山。集山木而焚之"，并于灰土之上播种作物。他们择地砍山，择时耕作，发展成为适应海南岛生态环境的一套生产技术，四五月集众烧山以种旱稻，连收三四熟，弃之另择地耕作。勤劳、勇敢、智慧的黎族人民在长期的历史实践中，用自己的双手培植出适于刀耕火种的旱稻品种——"山栏稻"。史书记载："山

---

① 文明英、文京：《黎语长篇话语材料集》，中央民族大学出版社 2009 年版，第 438—456 页。

稻，种于内图及黎由中，燔林成灰，因灰为粪，不需牛力，以锥凿土而播种焉，不加灌溉，自然秀实，连岁有收，地瘠乃去之，更择它处。"[1] 上文所提及的黎族谚语："汉区闪，抓牛唇；黎区闪，带鱼串；侾区闪，用刀劈。"其中的"用刀劈"就是"砍山栏"。山栏稻的种植也衍生出了一种广受黎族人民喜爱的饮品——山栏酒，俗称糯米酒，黎族人称为 bi:ng$^{55}$。黎家人将山栏糯米饭拌以当地特有植物做成酒饼，用新鲜干净的芭蕉叶盖好装到竹篮里密封，七日之后出酒，放在竹篮下的酒坛便溢满奶白的山栏酒。他们还借用山栏酒的酿制方式来反映黎族的婚姻习俗。"欲想酿糯米甜酒应有酒饼，欲想恋爱应有媒人。"[2] 男女双方若想找到人生伴侣少不了媒人出手，正如这甘甜的山栏酒少不了它的灵魂糯米酒饼一样。这里将媒人比作了糯米酒饼，体现其在黎族人婚恋中的重要性。酿好的山栏酒具有独特醇厚的芳香和甘甜滋味，这也使它被称为"黎族的茅台"。山栏酒虽好，但不可贪杯，正如谚语："喝一碗糯米甜酒脸红润，喝十碗糯米甜酒病缠身。"[3]

当然，除了稻类，黎族的另一大农作物薯类也是谚语中的常客。

挖山薯先找叶子。

高坡地好种红薯，村前田好育苗。[4]

这是黎族人在长期种植薯类作物的实践中总结出来的经验。同时，他们还将薯类生长特性与人生体悟相结合。

有坡就有红薯，有力就有银子。

---

① 邢关英：《黎族》，民族出版社 1990 年版，第 22 页。
② 文明英、文京：《黎语长篇话语材料集》，中央民族大学出版社 2009 年版，第438—456 页。
③ 同上。
④ 同上。

山薯藤如果要缠，要缠就缠在一块。①

黎族人用坡地与红薯的自然关系来比喻劳动与财富相互之间的关系：只要勤恳劳作、踏实肯干便能获得物质生活财富。劝诫人们不要好逸恶劳，只有付出才会有收获。后一句谚语是把山薯藤比作了相爱的男女。山薯藤细软，有的并卧生根，有的则相互缠绕，其缠绕姿态犹如正在热恋的一对恋人亦是生活甜蜜的一对夫妻时刻形影不离。

正如陈望道先生在《修辞学发凡》中说："生在山东的常见泰山，便把泰山来喻事情的重大，生在古代的常见飞矢来喻事情的快速……凡是切实的自然的修辞，必定是直接或间接的社会生活的表现，为达成生活需要所必要的手段。"② 通过这些谚语我们不难发现，黎族人民生活的独特的自然环境和特有的物质资料为他们的谚语的创造提供了丰富的材料。同时这些谚语充分显示了黎族人民的语言运用的智慧，他们将自身与大自然的和谐相处的生活状态以通俗、口语化质朴的语言形式表达，用比喻、映衬、白描等修辞方法将独特的自然物融入谚语，总结实用的生产生活经验，反映平实的人生哲学真谛。

## 二 社会生态环境的变化对黎族谚语的影响

### （一）社会生态环境的变化

语言生态系统包括外在生态系统和内在生态系统，外在生态系统的变化会引起内在生态系统发生变化。新中国成立以后尤其是改革开放以后，社会经济的快速发展使黎族人民的生活产生了巨大的变化，黎语语言系统也随之产生变化。

---

① 文明英、文京：《黎语长篇话语材料集》，中央民族大学出版社 2009 年版，第 438—456 页。

② 陈望道：《修辞学发凡》，上海教育出版社 1997 年版，第 10—11 页。

在此以前，黎族聚居区都比较闭塞，常常有山林使之与外部相阻隔开来，因此，黎族百姓很少有机会和外界接触，社会生态环境比较单纯，语言文化没有受到外部的影响，黎语在当地占主导地位，依靠口语为载体的文化传承状况良好。国家社会经济的快速发展，带动了海南地区的黎族的发展。首先，交通的改善为黎族人民打开了通往外界的大门，增加了与外界接触的机会。一方面黎族人走出了村寨，比如年轻人更愿意走出村落到城镇打工谋生，提高家庭经济收入；适龄儿童到城镇接受更系统完善的教育。另一方面外来的采购商因为交通的便利走进黎族村落进行收购贸易。其次，广播、电视、电脑、手机、网络的普及冲破了地域和时空的限制，使外界的资讯大量快速地进入黎族人的生活，不仅为他们提供最及时的社会生产信息，而且充实了他们日常娱乐休闲生活。交通的便利和新媒介的普及极大削弱了自然环境对黎族地区与外界交流造成的阻碍，改变了黎族地区的自然生态环境。同时国家社会经济的快速发展也改变了黎族地区社会生态环境，人们不再局限于自给自足的土地耕种，收入形式更加多样化。并且他们逐渐接触到了一些非本民族的文化，文娱生活更加多元化。

（二）社会生态环境变化对黎族谚语的影响

社会生态环境的变化使汉语强大的交际价值和实用价值日益体现出来，汉族文化大量涌进了黎族，汉语作为一种强势语言受到黎族人的重视。为了自身和黎族的长远发展，许多黎族人都学会了汉语，成了双语者，黎族地区双语者的人数越来越多。这不可避免地会对黎语语言系统内部和外部都产生影响，比如由于大量的新事物、新概念的出现，黎语大量借用了汉语来表达；青少年群体出现母语能力下降的趋势，对一些黎语的固有成分和固有结构的掌握已经大不如前代，日常生活中有的基本词汇转用汉语，他们身上已出现了语言转用的现象。

语言凝聚了一个民族的文化，一个民族语言的使用能力的衰弱势必会对该民族的文化产生影响。黎族没有文字语言，蕴含民族文化的黎族谚语需要通过黎语的口语形式才能一代代传承下去。另外黎族谚语作为黎语语言内部的重要一分子，黎语对其生存发展有着极大的影响。社会生态环境的变化对黎语产生的影响势必也会延伸到黎族谚语。

黎语对黎族谚语的重要性体现在以下两个方面。一是黎语对黎族谚语的保存有重要意义。黎语没有文字语言，所以不论是民歌、民间故事还是谚语，这些民族语言文化宝藏都需要通过口耳相传的方式延续它们的生命和活力。中老年人掌握黎语水平比较好，能够熟练使用黎语，也熟知黎族谚语。但正如我们上文提到的，在一些青少年儿童身上已经出现了语言转用的现象，如果黎语的使用功能、使用价值持续降低，大部分的黎族人都产生了语言转用之后，人们就不再会用黎语来运用这些谚语，可能通过汉语的转译后的谚语来表达原谚语的内容。又或者人们完全放弃或部分放弃曾世代相传的黎族谚语。这样凝结在谚语中先人的智慧成果和独特的民族风情便会随着黎语的衰弱而渐渐消失。我们可以通过已创制的黎文将谚语记录下来对其进行保护，但这种方式并不理想。一方面这种文字没有很好地普及推广，不被人们所了解和接受。另一方面，谚语一旦只是被记录而没有被人们运用于口语交际中，那么便成为一种死去的语言艺术品。当然，我们也可以通过汉语对黎族谚语进行翻译再记录，这样不仅黎族人民可以继续使用继而传承，其他民族的人民也可以学习和使用。但这样的方式会破坏谚语的原始风味，失去原语言赋予谚语的艺术特点，这也是我们想说的黎语对黎族谚语重要性的另外一点：黎语是保持黎族谚语语言艺术特点的重要因子。

黎族谚语朗朗上口，铿锵动听，这是因为其词语的音调配搭得十分和谐，多用了押韵的修辞方式：

roei¹¹ tsau⁵⁵ tshi⁵³ kau⁵⁵，

鹿　　有　时　躺，

tsieu¹¹ tsau⁵⁵ tshi⁵³ ɬuet⁵⁵ ruek⁵⁵，

鹰　　有　时　入　窝，

pha¹¹ vuek⁵³ koŋ⁵³ tsau⁵⁵ tshi⁵³ tshɯek⁵⁵。

劳　动　者　　有　时　歇。

（鹿有时躺，鹰有时入窝，劳动者有时歇。）

ʔweŋ¹¹ naei¹¹ gei⁵³ fueŋ⁵³ ɬuei⁵⁵ thau⁵³，

没有　　　米　棒　入　锅，

doŋ⁵³ ra¹¹ tha⁵⁵ dɯ¹¹ ʔwaeu⁵³。

　　怎么　　有　饭　在　碗。

（没有米下锅，碗里怎有饭。）

Pho¹¹ pheek⁵⁵ ɬen⁵³ gwa⁵³ man⁵³，

坡　　高　好　种　　红薯，

ta⁵⁵ daŋ⁵³ bou¹¹ ɬen⁵³ foen⁵⁵ fan⁵³。

田　村前　　好　播　种。

（高坡地好种红薯，村前田好育苗。）

raeu⁵³ ɬoei⁵³ ɲaen⁵³ ta⁵³ deŋ¹¹，

星　多　月　不明，

ɬa⁵³ ɬoei⁵³ nom¹¹ ta⁵³ ɬɯeŋ¹¹；

鱼　多　水　不清；

ʔwaeu⁵³ tha⁵⁵ thut⁵⁵ thoen¹¹ ɬoei⁵³ khwei¹¹ phoen¹¹，

饭碗　　相撞　　　多　要　破，

thoeŋ¹¹ dun⁵³ thoeŋ¹¹ ploŋ¹¹ ta⁵³ ɬeŋ⁵³ khwei¹¹ hjeek⁵⁵ thoeŋ¹¹。

妻子　　　丈夫　　　不好　　要　　分　　拌。

（星多月不明，鱼多水不清；饭碗相撞多了要破，夫妻不和
要分离。）

nom$^{11}$ roeŋ$^{53}$ ta$^{53}$ daen$^{53}$,

水　　　响　　不　　沸，

nom$^{11}$ daen$^{53}$ ta$^{53}$ roeŋ$^{53}$。

水　　　沸　　不　　响。

（响水不开，开水不响。）

thok$^{55}$ khaei$^{55}$ maei$^{11}$ dom$^{53}$,

病　　　冷（甘蔗）（早晨），

tom$^{53}$ fai$^{11}$ kau$^{55}$ thɯek$^{55}$,

盖　　麻被躺　　席子，

kom$^{11}$ zɯn$^{11}$ la$^{55}$ zuen$^{11}$ la$^{55}$ zɯek$^{55}$。

就　　快　　吃丸药吃　药。

（病痛冷热，卧床睡觉，应早服药。）

laʔ$^{55}$ loep$^{53}$ koem$^{53}$ tsɯ$^{11}$ koŋ$^{55}$ koŋ$^{53}$ la$^{53}$,

野猪　可以　自个儿　　找　物吃，

u$^{55}$ aeɯ$^{53}$ koem$^{53}$ tsɯ$^{11}$ ka$^{55}$ vuek$^{55}$ la$^{55}$。

人　　自个儿　　难　做　食。

（野猪能独自寻食，人不能独自生活。）

tsau$^{55}$ pho$^{11}$ kom$^{11}$ tsau$^{55}$ man$^{53}$,

有　坡　就　有　红薯，

tsau$^{55}$ khau$^{55}$ kom$^{11}$ tsau$^{55}$ kan$^{53}$。

有　力　就　有　银子。

（有坡地就有红薯，有力气就有金钱。）①

这些谚语都是由两部分或者更多的部分构成的，它们大都是上下部分（或更多的部分）的末一个字落在同样的尾音上。这样的押韵方式，使谚语产生一种声音回环和谐的音乐美。说起来流畅上口，听起来悦耳，并易记易传。黎族谚语的这一特点只能依靠黎语来维系，从上面的汉语翻译中我们看到，一旦脱离了黎语的表达，就丢失了谚语押韵的语言特色，由押韵所带来的音乐艺术美便荡然无存。再精妙的翻译也永远无法还原原语的风貌，只有真正懂得该语言才能体会其中的美。黎语是黎族谚语不可替代的语言载体，从以上分析来看，黎族地区社会生态的变化对黎语产生了影响，同时也对黎族谚语产生了影响。

### 三 保护黎族谚语语言生态的意义和建议

（一）保护黎族谚语语言生态的意义

保护黎族谚语语言生态有利于黎语的自身发展。黎族谚语在口耳相传的过程中为黎语习得提供了新的途径。从表层来看，黎族谚语说起来流畅上口，听起来悦耳，易记易传；从内容上来看，黎族谚语平白朴实且富有实用性和哲理性，这些特点赋予谚语趣味性，更易于人们接受。寓教于乐的谚语学习促进了黎语的学习和使用。另外谚语中包含的黎族的民族文化、民族智慧和语言美也会促进黎族同胞全面认识自己的文化和语言，从而提升民族自豪感，转变语言态度，加强黎语的使用。

---

① 文明英、文京：《黎语长篇话语材料集》，中央民族大学出版社 2009 年版，第 438—456 页。

保护黎族谚语语言生态是维护语言多样性、增强黎语活力的重要方面。在不同的历史和自然条件下，人类创造了不同的语言，形成了世界语言的多样性。语言的多样性保障了人类物质与精神生活的多样性，也是人类文化多样性的体现。语言生态的失衡会造成某一种语言的消失，破坏语言的多样性。谚语是语言体系中的重要组成部分，是艺术化的语言形式，蕴含这种语言和这种语言背后的社会历史文化，是增强语言内部活力和维护语言内部多样性的关键因素。语言生态的失衡，谚语这种独特语言形式的消失势必会从语言的内部破坏语言的活力和多样性。黎语是我国少数民族的语言成员，是世界语言多样性的具体表现。黎族谚语更是直接反映了黎族人民的生活环境，包含黎族人民的生活经验，有着深厚的黎族文化基础和浓郁的黎族文化气息，更有着悠远的历史信息，是我们研究黎族及其文化的形成、发展、繁盛不可或缺的材料，同时也是中华绚烂文化中必不可少的组成部分。

（二）保护黎族谚语语言生态的建议

传承黎族谚语是保护黎语生态环境的重要方面。谚语不能仅仅依靠家庭和民间的传授，还可以走进课堂。随着黎语的社会功能的不断弱化，许多家庭的父母认为汉语比黎语更加实用，对小孩升学有帮助，更愿意让孩子学习汉语。所以在不少家庭中都是以汉语作为家庭语言，极大地削弱了青少年的黎语、黎族谚语的习得与使用。这就使得黎族谚语有必要寻求一个更好的延续其生命的场所。黎族地区的学校一部分实行了双语教育即黎语和汉语双语教学，另一部分只使用汉语教学。已实行双语教学的学校有较好的黎语学习语言环境，将谚语纳入教学内容能更有效地传承黎族谚语。在还未实行双语教学的学校应推行双语教学，并在开展双语教学之初就将谚语纳入教学内容。谚语若想得到很好的传承主要依靠下一辈人对其的延续，而现在青少年中已出现语言转用现象，因此更有必要加大双语教学的推行。

另外，还可以采用新的经济手段和媒体形式拓展谚语传播的空间。在海南建设国际旅游岛的大环境下，合理开发黎族的民族旅游资源，将推动黎族地区的经济发展，更能促进黎族文化的保护与传承。黎族谚语是黎族文化的重要一支，可以深入挖掘谚语的民族文化资源并投放进旅游市场。例如，在土特产的精美的包装盒上印刷与之相关联的谚语，在民族风情园里悬挂写有谚语的装饰物，在民族文艺表演中将谚语融入演说之中，等等。通过开发黎族谚语中的旅游价值，让黎族谚语不仅仅在民族内部得以流传，更可以走向世界。新媒体在当今社会有着极大的影响力，尽管汉语透过媒体使单纯的黎语生态环境变得复杂，给黎语带了冲击，但我们可以反过来利用它来改善黎族语言文化生态环境。例如，政府可以利用网络平台，建立起完整的介绍黎族历史、文化、语言的官方网站，人们通过搜索引擎进行简单的搜索就能全面了解黎族的语言文化。

（李亚竹　钟宇）

瑶语、瑶族古文字、女书研究

# 瑶族古文字考察报告

瑶族支系繁多，因语言、经济生活、风俗习惯的差异，自称、他称数量之多，在我国各民族中十分罕见。自称就有勉、优勉金门、史门、敏、标敏、布努等60余种。他称更多达390余种。经过我们的语言调查，瑶族语言可以分为五个支系，即勉瑶、布努瑶、平地瑶、梧州瑶、茶山瑶。勉瑶语言属于苗瑶语族瑶语支，平地瑶语言虽然可以归入桂北平话，但属于一种汉瑶混合语，含有大量苗瑶语底层，梧州瑶语言和平地瑶语言一样，也属于一种汉瑶混合语，但其古越语底层更多。茶山瑶属于壮侗语族侗水语支。

## 一 宋代以来瑶族有无文字之争议

"瑶族有语言没有文字"，此说最早的提出者乃宋代周去非（1135—1189），在其《岭外代答·木契》中曰："瑶人无文字，其要约以木契。合二板而刻之，人执其一，守之甚信。若其投牒于州县，亦用木契。"还说他曾在静江府（今桂林市）灵川县当县尉，碰到过瑶人到县衙投诉，也是用一块长余尺的木板："左边刻一大痕及数十小痕于其下，又刻一大痕于其上，而于右边刻一大痕，牵一线道合于右大痕。又于正面刻为箭形及以火烧为痕，而钻板为十余小窍，各穿以短稻穰，而对结绾焉。"接到木刻诉状的官员都不知其意。后请人翻译为："左下一大痕及数十小痕，指所论仇人将带徒党数十人以攻我也。左上一大痕，词主也。右一大痕，县官也。牵一线道者，词主遂投县官也。刻为箭形，言仇人以箭射我也。火烧为痕，乞官司火急施行也。板十余窍而穿草结绺，欲仇人以牛十余头，备偿我也。结绺以喻牛角。"由此周去非依据他在工作中所见断定"瑶人无文字"，只有一种刻画木契符号。尔后许多学者都持周氏这一观点。"瑶族没有反映自己语言的文字，一向使用汉文……""'炳多优''优念''珊介''优嘉'又是一组，其中'炳多优'相当于汉语的'平地瑶'……""自称为'炳多优''优念''珊介''优嘉'的瑶族所说的是汉语，但与当地汉语又有一定的差别。"① "瑶族没有本民族系统而完备的文字，民间习用汉字加上瑶族自造的一些土俗字来写歌本、经书、契约等民间文献。"② "瑶族没有文字。古代曾使用过'刻木纪事'，谓之'木契'，瑶族叫'打木格'。"③

而比周去非稍晚的宋代另一地理学家祝穆（？—1255）给我们提供的是另外一种答案。祝穆少年丧父，就读于朱熹家塾。他嗜书如命，手不释卷。青年时，祝穆往来于吴、越、荆、楚之间，遍访民情风俗，尤其可贵的是，他还深入过岭南瑶族聚居区，后把所见所闻编撰成综合性地理志《方舆胜览》70卷。其中记载有"（融州瑶人）刻木为契约，字画如梵书，不可晓"。说明瑶族自宋代以来就有一种像梵书一样的文字存在，这种文字只在偏僻的瑶山流行，外人都不认识。

明清时期地方志对瑶族文字的记载更多。光绪《湖南通志·武备七》卷八十四、道光《宝庆府志·大政纪》卷六载："从前（瑶人）捏造篆字，查出销毁，永禁学习。如有故违。同牌不行首报，一家有

---

① 毛宗武、蒙朝吉、郑宗泽：《瑶族语言简志》，民族出版社1982年版，第9—12页。
② 瑶族简史编写组：《瑶族简史·导言》，民族出版社2008年版，第5页。
③ 中央民族学院研究室编：《中国少数民族简况——苗族、瑶族、土家族、仡佬族》，1974年编印，第17页。

犯，九家连坐，寨长治以失察之罪。"乾隆初，清廷为了镇压粟贤宇等领导的湘南、桂北等地各族人民起义，筹办了善后屯田，编立保甲并严禁瑶人学习使用这种似篆非篆的文字。

傅恒等撰《皇清职贡图》"贵定县瑶人"条、李宗昉《黔记》、鄂尔泰《贵州通志·苗蛮》卷七等载：自粤西迁来的贵定等处瑶人，"有书名榜簿，皆圆印篆文，其义不解，珍为秘藏"。《黔苗图说》瑶人条、《黔南苗蛮图说》花瑶条也有关于"榜簿"的记载。而《苗蛮图》作"旁礴"，当系"榜簿"之误。

清代连山知县李来章在康熙四十三年（1704）七月二十六发布的"焚瑶书"告示中也写道："五排十一冲瑶人，于五经、四书、《孝经》、小学一字不肯读。平日排师所教者，皆瑶书也。"并说："瑶书有数种，如《阎罗科》、《上桥书》、扶道降神等名。皆鄙俚、诞妄不经。而扶道降神，崇邪诲叛，尤为无忌惮之甚者。……予深恶之。巡历诸排，搜其书，尽焚烧之；拘其师，差押驱逐出境。"由于清政府的文化政策，湘南、粤北、桂北一代瑶区流传的"瑶书"受到毁灭性的摧残，但在一些十分偏僻的地区还是留下来了。

1931 年 7 月，由和济印刷公司印、曾继梧编的《湖南各县调查笔记·花山》（上册）也记述了这种情况："花山，在层山岭之麓，石玲珑若花然。相传唐时，谭姓姊妹学佛修真，入山采药，相与坐化于此，土人于山顶立庙祀之。石既罗列有致，加以崇林美荫，磴道缘石罅以出，升降忘劳。每岁五月，各乡妇女焚香膜拜，持歌扇同声歌唱以追悼之。其歌扇所书蝇头细字似蒙古文，全县男子，能识此种文字者余未之见。"其实这种蝇头细小似蒙古文的文字就是现在还在流传的瑶族文字。

国家博物馆保存的珍贵的瑶族文字文物《猺（瑶）文歌》给我们提供了最好的物证。《猺（瑶）文歌》是民国时期袁思永收藏的一篇女性文字作品。袁思永，字巽初，号茧斋，湖南湘潭人，曾做过湖北督练公所军事参议官，后调任浙江新军督练公所的首任总参议。蒋介石到日本留学就是袁思永任职浙江时选送的。蒋主宰南京政坛后，特聘袁思永为军事委员会高级参议以报知遇之恩。袁思永工作之余喜舞文弄墨，工诗擅画，著有《礼阃邮斋诗存》《茧斋诗余》。袁氏还喜欢收藏文物，这篇《猺（瑶）文歌》或是袁氏到湖南考察时收集的，或是朋友直接送给他的。

袁思永所收藏的这篇作品《猺（瑶）文歌》其实是一篇普通书信。瑶族书信作品一般没有标题，《猺（瑶）文歌》是袁思永后来加的。因为这封书信是从湖南道县田广洞瑶族妇女手中收集到的，所以袁氏把它命名为《猺（瑶）文歌》。袁思永作序言：

一九四五年，何君晓南持猺文一纸，云是猺女读物，系得自田广洞陈中兴，转以赠余，此固求之数年而不可得者。入手展玩，纸色红旧，纵横五百七十四字，字迹秀媚，行列端整，不知出自谁家女手，惜一字不可识，无以解其音义，各地猺户同化日久，亦罕有能读者。惟观其用笔及造字结构，则与近代殷墟发掘所见甲骨文直是一体，固知流传远自太古，其创造当在篆籀以前。谨宜什袭藏之，俟异日觅一识者译成善本，与考古专家一一辩证以为快。俾后之人知我国同文数千年以来，穷荒边陬尚留有此种不可湮灭之特殊文字也。因赋此以张之。

何侠赠我猺女读物文一篇，异书初写从何年，纵横五百七十有四字，一字不识心茫然。纤纤手迹出谁某，眼明格似簪花妍。参差点画妙结构，虫鸟屈曲形回旋。流传无师谁创造，远溯意在仓颉前。殷墟所见此酷似，惜少甲骨供雕镌。盘王子孙在山久，至今绝学犹绵绵。南窥九疑访部族，土音互答歌无弦。佳期按谱夜跳月，竹笙桐鼓轰蛮烟。其文相沿自太古，演变篆籀皆后贤。乡村宿儒知者少，莫获译义同钻研。中华书法久统一，体殊颇怪

惟朝鲜。今慈特种世罕见，露泄神秘吾开先。平生书画委灰烬，
意外故纸收穷边。此间圹甓富奇字，椎拓魏晋宁须钱。他时并取
压归椁，定有白虹光贯天。

田广洞，地处湖南道县下蒋乡金山岭下，至今仍有女性文字作品
流传。据宫哲兵教授考证，直到 20 世纪 80 年代，田广洞仍有 5 位陈
姓妇女能认读这种文字。其中有一位 1918 年出生的陈巨雄，12 岁就
跟奶奶学女性文字，还记得有反映林则徐禁烟事件的女性文字作品。
赵丽明主编的《中国女书集成》中收集了田广洞唐氏妇女唱的女性文
字作品《新车女子看扒船》。而袁思永的这篇瑶族女性文字作品是何
晓南转交给他的，何晓南是从田广洞的陈中兴那里收集上来的。何晓
南还告诉袁思永说，这篇女性文字作品是"猺女读物"，因而命名为
《猺（瑶）文歌》并作序。袁氏也看不懂这种文字，他希望收藏后找
到人翻译出来，供考古学家——考证。由于瑶族女性文字的独特性，
直到 20 世纪 80 年代还没有人做专门研究，也无人能识。因而这篇瑶
族文字作品在国家博物馆保存了近半个世纪也没人知道其写的是什么
内容。

这篇《猺（瑶）文歌》1992 年被国家博物馆工作人员清理出来
后，王南立即拍照寄给了少数民族语言文字研究专家谢志民教授，除
少数看不清楚外，其他的谢教授——对照做了翻译。其实这只是一封
普通的家信，是一位已经出嫁的村妇写给亲人的，与现今仍在流传的
女性作品三朝书类似，主要叙说自己家庭的不幸。信中一开始就说自
己命不好，连累了父母亲。"气杀梦中肝肠断，回声修书拜贵门。被
为五行丑八字，带累高亲跟台愁。结门好亲上两载，三不所知崽落
桥。"还说她嫁过来后就生病，生了个聪明伶俐的儿子，十来岁又夭
折了，其大哥、二哥的生活遭遇也差不多。这篇《猺（瑶）文歌》与
其他女性文字作品一样，都是七言一句，共有 108 句，756 字。

从文献资料中我们可以看到瑶族古文字的发展脉络：梵文→捏造篆字→蒙古文→蚂蚁文（蚊形歌）→猺（瑶）文→瑶族女性文字（女书）。

其特点：似篆非篆，蝇头细字，如虫鸟屈曲，像蝌蚪文，因而原名又叫蚂蚁文。后来有篇翻译为《女书之歌》的作品，其实原先就叫《蚊形歌》。

## 二 20世纪以来女性文字的族属之争

1958年，有一位江华瑶族妇女到北京办事，她说的话没人听懂，写的字无人看懂。公安部门只好把她写的字送到文字改革委员会，请著名语言文字学家周有光辨认，他也辨认不出。1961年，文字改革委员会办公室的同志又拿来写有"江永妇女字"的材料，请教周有光先生。周有光把它当作一般的少数民族文字或稀有文字没有给予重视。据原江华瑶族自治县民委主任任涛介绍，20世纪五六十年代，在江华白芒营镇一代，也有瑶族古文字文本，可惜未能保存下来。1982年暑假，宫哲兵在衡阳召开完王夫之学术研讨会后，来到江华瑶族自治县涛圩镇（上游公社）做田野调查，当时许多村寨的瑶族同胞都向他反映，他们那一带有一种文字现在只有妇女能认识，但找不到文本。他到江永上江圩高银仙那儿收集到部分女性文字之后，写了一篇《关于一种特殊文字的调查报告》发表在《中南民族学院学报》（1983年第3期），提到在湘南瑶族聚居区收集到一种奇特的文字——瑶族女性文字，引起学术界极大的关注。1983年8月，在美国召开的第十六届国际汉藏语言学会议上，他又和著名少数民族语言文字学家严学窘合写了一篇《湖南江永平地瑶文字辨析》参加国际会议。这篇论文立即引起了国际汉藏语言学家极大的兴趣。这次会议的执行主席、美国著名语言学家哈里·诺曼教授在给严学窘的信中写道："这真是一个惊人的发现，我相信它将引起语言学家们和人类学家们极大的兴趣。"宫哲兵在其专著《妇女文字与瑶族千家峒》中继续介绍这种瑶族古文字，他这种观点受到少数民族语言文字学家谢志民、陈其光等学者的反对，谢志民、陈其光认为，这种文字是汉字的一种变体，所记录的语言也是一种汉语小方言，宫哲兵也就没能坚持自己的观点。

1991 年，在江永召开的全国女书学术考察研讨会上，有不少代表也提出女书是平地瑶的文字，其中廖景东、熊定春提交了《试论女书与平地瑶的关系》[①] 的论文。后来江永县文化局刘自标也发表论文《试析江永"女书"与瑶族的历史渊源》[②]，这些文章都从女书的流传地域和使用范围等进一步考证女书与平地瑶的内在关系。

周有光在《比较文字学初探》一书中也认为："女书可能是当地说汉语的'平地瑶'妇女所创造，它是瑶族文字而书写汉语方言。""认识和使用女书的妇女大多数是'平地瑶'，例如女书能手义华年。女书的应用具有浓厚的瑶族妇女习俗色彩。例如读纸读扇、焚化殉葬等就是瑶族妇女的经常行事。女书的创造者大致是说汉语的'平地瑶'妇女。""'平地瑶'说汉语，这种汉语受了瑶语的影响，跟西南官话有差异，跟湘方言也有差异，但是仍旧是汉语的一个小方言，跟山区'过山瑶'的纯粹瑶语不同。女书从民族来看是少数民族文字，从语言来看是汉语方言文字，这就是女书不同于其他汉语方言文字的缘故。"

经过三十余年的潜心研究，谢志民教授首先否定了自己原来的观点，在《中国女字字典》中提出："女书书面语并非纯正的汉语，而是一种汉瑶混合语，记录女书书面语的女书文字，自然也只能是瑶字，而不应是汉字的了。"还写了多篇论文阐明这个观点。

---

① 史金波：《奇特的女书》，北京语言学院出版社 1995 年版。
② 《贵州民族研究》2000 年第 4 期。

　　著名少数民族语言文字学家陈其光先生在《女汉字典》中也提出：为了反抗政府的压迫，岭南瑶族、苗族等各族人民群众举行了起义，在起义的行动中，义军中会汉字的知识分子，利用方言差异，改造汉字来写方言，供内部秘密联络。因此清政府才有了焚烧瑶书、诛灭九族的文化政策。陈其光先生指出："女字和女红密切相关。"①

　　清华大学教授赵丽明虽然没有提出类似的观点，但她认为这种文字的创制与女红不无关系，其斜体菱形风格与女红图案的几何特征有关，女性对文字有一种崇拜心理。她还深入湖南城步瑶族聚居区收集到一些相类似的符号，写了《城步大瑶山妇女使用的符号文字调查经过及讨论》，试图通过江永女性文字与城步大瑶山瑶族妇女现在还在使用的符号进行对比研究，以揭示女性文字与瑶族的渊源。

　　著名学者、瑶学研究专家吴永章教授在他的《瑶族史》中也提到类似的观点。日本的瑶学研究专家小幡敏行和百田弥荣子也分别论证这种女性文字与瑶族的关系，认为是瑶族文字。②

### 三　关于瑶族古文字的田野调查

　　2000 年以来，中南民族大学女书文化研究中心多次组成社会调查小组，深入广西富川、钟山、灌阳、恭城，湖南江华、江永等岭南瑶寨进行社会考察，走村串寨，在岭南瑶族地区一家一户寻访瑶族古文字踪迹，并取得不少成果。

　　2001 年 8 月 13 日，广西钟山惊现三朝书文本，中南民族大学女书文化研究中心谢志民、李庆福被邀前去考察鉴定。这本"三朝书"为梁永新收藏，是 1981 年在钟山县红花瑶族乡的一位老人罗宅给他

---

　　①　陈其光等：《女字和女红图案》，《中央民族大学学报》1997 第 3 期。
　　②　参见［日］小幡敏行《关于女书的几个问题》，黄德城译，宫哲兵《女性文字与女性社会》，新疆人民出版社 1995 年版；［日］百田弥荣子《千家峒与"女书"——湖南江永上江圩乡的民俗》，《第一书房》2000 年 7 月 5 日。

的。该书的封面为蓝黑色粗布，纵贯一条红黄相间的缎子，装订与江永上江圩镇流传的女书文本"三朝书"相同。书内共 26 页，前 6 页是"三朝书"作者写给新姑娘的信，后 6 页是新姑娘给"三朝书"作者的回信，内容及款式与江永女书"三朝书"无异。附图 8 幅，所绘内容有花草、鸟、树、麒麟、暗八仙等，其余是空白。

2003 年暑假，中南民族大学女书文化研究中心和零陵学院（今湖南科技学院）女书暨瑶文化研究所联合组成瑶族古文字考察队，深入湘南桂北十余个县高山瑶、平地瑶村寨进行田野调查，收集到织有瑶族女性文字的字带、字被十余件。2004 年 12 月，在中国民族古文字研究会第七次学术研讨会上，谢志民提交了《论女书是瑶字不是汉字》的论文。2006 年 11 月 3 日，在第六届全国女书学术研讨会上，谢志民、李庆福、刘大勇、胡小瑞提交了《湘南桂北十余县瑶族女字新发现》论文。

2005 年 9 月 15 日，湖南省社会科学院历史研究所原所长、研究员吕芳文和省人民政府经济研究信息中心研究员郭辉东在东安县考察时，在该县芦洪镇斩龙桥左侧上方第七级台阶角发现了一块刻有疑似女性文字的青石块。该石块长约 43 厘米，宽约 34 厘米，厚度不规则，重 23 千克。由于年久磨损严重，大多字已辨认不清。10 月 20—21 日，中南民族大学女书文化研究中心谢志民、叶绪民、李庆福，应永州市委宣传部、市文化管理处的邀请，与湖南科技学院组成专家组，对石刻文字符号全部文字进行了高精度拍照，并对石刻进行了全面仔细的考察辨识。石块上的文字符号是五直行、四横行排列，行距和字距规整，共有 20 字。通过对该石刻文字笔形、笔式、字符形体的考辨，并查阅和参照相关资料最后断定，这些石刻文字符号应在宋代，属于女性文字体系。初步确定了其中的几个石刻字：（1）右起第一行第三字为" 𝄢 "（对应汉字为：好候肯口可）；（2）右起第二行

第四字为"𠆢"（对应汉字为：濒风枫分吩昏患魂坟粉汾温），这个
字在石刻上最为清晰，不用放大都可辨认出来；（3）右起第三行第三
字边上有个比其他字稍微小些的字符，为"丶"（对应汉字为：点替
条畜小细笑宿息媳悉塞削），这个字估计是正文的字刻错或漏字后更
正的；（4）第三行第四字为"羊"（对应汉字为：日如两千）。其他
的字较模糊难以辨认。东安石刻文字符号的发现，更加说明了这种文
字流传的地域不仅限于江永、道县附近村寨，而且也不仅仅是在女红
活动中使用，可以用于社会公示、公告。

2009 年暑假，中南民族大学语言学及濒危语言研究团队组队到湖
南道县田广洞、江华瑶族自治县涛圩镇大路浦村、凤尾村，广西富川
瑶族自治县新华乡进行语言调查，回来后把调研报告集成《永州女
书》由湖北教育出版社出版。从语言学、文字学、文献学论证女性文
字其实是一种古老的瑶族文字，曾在湘南桂北瑶区广泛流传。

2012 年 8 月，中南民族大学语言学及濒危语言研究团队、湖南省
江华瑶族自治县民族宗教事务局联合组成瑶族古文字考察队，深入江
华瑶族自治县涛圩镇汉冲村、莲山脚村，河路口镇牛路村、下王村平
地瑶、梧州瑶村寨收集瑶族古文字实物，并召开了"江华瑶族文字考
察座谈会"，进行了相关的学术探讨。2013 年寒暑假，又多次到江华
瑶族自治县湘江乡樟木口、河路口镇上五堡进行语言调查和收集实
物，获取了大量资料。

1. 湖南江华高山瑶、平地瑶、梧州瑶织锦上的单体字符和组合字符

湖南江华瑶族自治县的大石桥乡、河路口镇、涛圩镇等地的平地
瑶妇女，普遍善织锦，所织锦叫八宝被、八宝巾、八宝带。织锦上有
字的叫作字被、字巾、字带；纯属花纹图案的叫作花被、花巾、花
带。字被、字巾、字带上的字，大都是单体字符，也有一些组合文

字，只有极少数的织锦上出现有汉字楷书。这些织锦上的单体字符，与江永上江圩镇一带流传的女性文字彼此一般无二。例如：

（1）湖南江华县涛圩镇凤尾村九组黎冬花仿其太祖母遗存的被面图案（距今 200 余年）所织八宝被上的单体字符：

（财）　（父）　（开）　（人）　（田）

（2）湖南江华县涛圩镇集力干村卢代辉家八宝被上的单体字符：

（十）　（万）　（田）　（王）　（上）　（父）

（3）湖南江华县涛圩镇集力干村陈有翠织八宝带上的变体同式组合字符：

（凤）　（夫）　（万）

（4）湖南江华县涛圩镇莲山脚村梧州瑶字被的单体字符：

（唱）　（算）　（芒）　（并）　（学）　（寿）

（父）　（才）　（千）　（孩）　（十）

（5）江华湘江乡樟木口高山瑶服饰上的文字符号：

（万）　（千）　（财）　（富）　（日）

（6）江华档案馆保存的瑶族古文字文本。

作为湖南省一级县级国家综合档案馆——江华瑶族自治县档案馆，不仅收藏有瑶族民间长期流传的一种汉文文书、珍贵的古文献《评皇券牒》以及大量的瑶族字带、字被，还收藏了民国时期的瑶族古文字文本资料《祝英台》。这本《祝英台》是 20 世纪 80 年代初在江华瑶族自治县白芒营镇白牛山村收集到的，共 1666 字，单字近 200 个，缺 1 页，16 行，112 字。与汉文的《梁山伯与祝英台》（下简称《梁祝》）不同，汉文《梁祝》主角写的是梁山伯，而瑶族古文字文本《祝英台》和国家档案馆保存的《猺（瑶）文歌》一样原来没有篇名，《祝英台》是后人翻译加上去的，而且以祝英台为主角。"不唱前王并后汉，听唱英台女娇娘。峨嵋祝公家豪富，家中豪富有田庄。所生一女多伶俐，年登十五好风光。上无兄来下无弟，单生英台一女娘。"直到最后两句，"这本英台从此断，留归后人细细看"，还是以英台为主收尾。而且文字符号与《猺（瑶）文歌》完全相同。像"台""娘""亲""我""你""二"等常用字书写结构、笔画都一致。

江华瑶族自治县档案馆收藏的瑶族古文字文本《祝英台》

2. 广西钟山县瑶族古文字

广西钟山县"三朝书"文本是梁思永 1981 年下乡考察收集到的，比江永女书的发现还早（江永女书是 1982 年才发现挖掘的），来自钟山县红花瑶族（属平地瑶）乡的一位瑶人朋友（几年前已去世，享年八十余岁）。他的这个瑶人朋友无嗣，希望能有个子女，先后娶了六个妻子，都是本地的平地瑶女。这本"三朝书"，是他其中一位妻子的遗物。现摘录其中一段如下（谢志民教授译）：

<blockquote>
你面茫茫三朝满

我面无安无路行

送你离凤真难气

放冷吾身在娘楼

几日不同楼中坐

确比云遮者月亮
</blockquote>

"你面"：你方面。"我面"：我方面；"凤"：对义姊妹的爱称、尊称。

另外在广西钟山县平地瑶织锦上我们还收集到瑶族古文字单体字符图案。例如：

（1）两安乡沙坪村唐晚英织八宝带上的单体字：

（千）　（父）

（2）两安乡星寨村黄增林家八宝带上的单体字：

（开）　（田）　（十）

3. 广西富川平地瑶、高山瑶织锦上的单体字符

广西富川瑶族自治县的新华乡、福利镇、油沐乡、莲山乡、石家乡等地的平地瑶妇女，也多善织字被、字巾、字带。2000 年 7 月 25—27

日，在广西富川瑶族自治县福利镇白竹村、油沐乡福溪村、石家乡六丈村一些平地瑶、高山瑶妇女编织的字带和八宝被上辨认出十余个瑶族古文字，如"井""十""五""田""万"等，其织锦上字符结构及其形式风格，与江华、江永流传的古文字符号完全相同。例如：

（1）广西富川福利镇白竹村李玉妹织八宝带上的单体字符：

（2）广西富川油沐乡福溪村周翠青家八宝背袋（背小孩用）上的单体字符：

（芒）

（3）广西富川石家乡六丈村盘兰英织八宝带上的单体字符：

（学） （并） （芒）

（4）富川县崂溪乡王家村陈勇明家服饰上的单体字符：

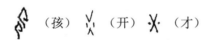

4. 广西贺州市高山瑶织锦上的单体字符

（1）贺县（八步区）贺街镇联东村高山瑶八宝带上的单体字符：

（孩） （开） （才）

（2）贺县（八步区）民委所藏高山瑶八宝袋（上山打猎用）上的单体字符：

 （财）　　（富）　　（日）　　（孩）

（3）昭平县富罗镇瑶山村李财清家八宝带上的单体字符：

（万）　　（富）

5. 广西荔浦县高山瑶织锦上的单体字符

（1）灌阳县黄关镇陡水村袁秀玉老太太织八宝带上的单体字符：

（万）　　（王）　　（日）　　（学）

（2）荔浦县杜莫镇榕洞村邓世春家八宝带上的单体字符：

（财）　　（父）　　（十）　　（日）

由此，我们认为，瑶族不仅有自己的语言也有自己的文字，这种文字似篆非篆，和方块汉字有较大差异，曾在湘南桂北以及贵州部分瑶族地区流传，后因社会进步、文化的发展，这种文字只在妇女生活特别是女红活动中传承，形成一种独特的女性文字。

（李庆福　冯广艺　谢燮）

# 女书文化的探索与破解

女书又称"女字"，是流传在中国湖南省江永县及其毗邻一带妇女中间的一种独特的文字符号体系。用这种文字符号书写的作品也俗称"女书"。这类作品一般书写在扇面、手帕、布帛、纸张上，有些还绘织在丝锦和花带上。由于这种文字仅在妇女中流传，叙述的都是妇女的事，包括婚姻家庭、生产劳动、社会交往、女红艺术、文化娱乐、风俗习惯、宗教信仰、道德情操等方面，反映的是普通女性的思想感情、生活和审美情趣，不涉及男性生活，一般男子不用，也不认识，因此这种女性文字成为世界文化史和文字史上奇特的文化现象。它产生于中华民族古老而又深沉的历史土壤之中，其深厚的文化内涵和文化景观早已成为国内外学者考察和关注的热点，女书研究已成为文化研究中的一门显学。

## 一 女书的发现及其研究状况

### （一）女书的发现

女书作为一种奇特的女性文字早就引起一些人的关注，如在20世纪四五十年代，江永县文化馆的周硕沂先生就曾收集过这种文字。然而，女书作为一种独特的女性文字符号体系并为中外学术界认可和关注,却是 20 世纪 80 年代的事情。1983 年中南民族学院政治系教师宫哲兵(现为武汉大学教授)在湖南江华、江永一带进行民族文化调查时,收集到一些女书材料、抄件及其录音片段,回校后他将这些材料交给本院严学窘(已故)教授鉴定。严老把这种文字推荐给本单位从事语言学教学和民族语言文字研究的谢志民老师进行鉴定。经研究,谢志民非常惊喜而又极其慎重地认定,这种瑶乡妇女使用的书写符号是一种独特的女性文字符号体系,并向学术界宣布了这一发现。自此,女书从偏僻的鲜为人知的山村农家走了出来,立刻成为中外学人讨论的热门话题和关注的焦点。

(二)女书研究专门机构的成立与田野调查的广泛开展

女书被发现以后,中南民族学院最早对它进行了广泛的调查和研究,先后 30 余次组织调查组到江永及其邻近乡村考察,收集了大量的女书原文资料。1991 年 6 月 12 日,正式成立了"中南民族学院女书文化研究中心",配备了专职研究人员。除中南民族学院外,清华大学、中央民族大学、中山大学和郑州大学妇女学研究中心、珠海市博物馆等高等学校和科研单位也有学者到江永县调查,其中清华大学教授赵丽明女士先后到江永调查达 20 多次。此外美国、日本、德国、法国、澳大利亚及中国港澳台地区的有关学者也纷纷到江永进行实地考察。近 20 年来,前往江永县及江华、富川和恭城等地考察女书文化的国内外学者达 2 万多人次。

(三)女书研究的论著

女书所具有的传奇色彩和文化价值越来越深地吸引着海内外学者的兴趣和重视,季羡林、周有光、李学勤、严学窘等许多著名的专家学者,对中国女性文字的发现和研究给予了很高评价。周有光教授指出:"女书在文字学、文化学、社会学和人类学上是一个有特殊意义的问题，各国学者都重视女书的发现和研究。"随着女书研究的不断深化，许多学者在女书的族属、源流、体系、性质、产生年代以及女书与汉字的关系等诸方面进行了大量有益的探讨，写出了很多有分量有影响的专著和论文。据不完全统计，到目前为止，已经出版的女书文化专著达 20 多本，发表的论文达 150 多篇，在社会上产生了广泛的影响。中国台湾妇女新知基金会 1991 年 1 月出版的《女书——世界唯一的女性文字》（宫哲兵编著），河南人民出版社 1991 年 2 月出版的《江永女书之谜》（上、中、下，谢志民著），清华大学出版社 1992 年 3 月出版的《中国女书集成》（赵丽明等主编），应该说是目前女书研究中较有影响力的三部著作。另外还有一批专著也具有较高的学术价值，如李荆林的《女书与史前陶文研究》、宫哲兵的《女性文化与女性社会》、赵丽明的《女书与女书文化》、赵丽明和宫哲兵的《女书——一个惊人的发现》等。女书研究成了海内外学术领域的重要课题之一，女书研究开始向纵深发展。

（四）女书学术研讨活动

20 年来，各类学术活动也相继开展起来，使研究向纵深发展。1991 年 9 月 21 日，中南民族学院发起召开了首次全国女书学术研讨会，会议在中南民族学院召开。会上 30 多位专家学者一致认为女书在文字学、语言学、历史学、考古学、民族学、妇女学、民俗学及民间文学等诸学科的研究方面均有重要价值，并充分肯定了中南民族学院在女书研究方面取得的成就，高度评价了中南民族学院在抢救女书这一珍贵的中华民族文化遗产方面所做的积极贡献。这次会议为后来的女书研究奠定了坚实的基础。同年 11 月 16—19 日，由中国民族古文字研究会、清华大学、全国妇联妇女研究所、中国社会科学院历史研究所、中南民族学院、湖南省江永县政府等单位共同发起举办的"全国女书学术考察研讨会"在湖南省江永县召开。来自全国 10 个省、市、自治区的 60 余名专家学者聚会女书之乡，深入农家瑶寨，实地考察了女书生存的自然环境和社会环境，深入探讨了女书这一独特的文化现象。著名学者季羡林、周有光教授还专为会议做了书面发言。中国台湾妇女新知基金会郑至慧、英国伦敦大学 Ilariasala 小姐专题介绍了女书的影响和她们的研究情况。会后由北京语言学院出版社出版了论文集——《奇特的女书》。2001 年 5 月 25—27 日，中南民族学院女书文化研究中心和湖南省江永县政府又共同发起召开了"中国女书文化抢救工程"座谈会暨全国女书学术研讨会。会议通过了《中国女书文化抢救工程倡议书》。

## 二　女书文化研究中探索的问题

女书文化研究经过近 20 年来的探索，可以说在很多问题上已形成了共识，当然也存在不少分歧。综合起来，大致有以下几个主要方面。

### （一）关于女书的族属

女书的族属，一直是女书研究中争论的热点。陈其光、陈谨等人认为女书记录的江永土话是一种汉语小方言；李荆林、刘志一等说女书是彝族文字；谢志民、钱玉趾、何天贞等说是古越民族的文字；张柏如则认为与侗族有一定的关系；但更多的学者趋向于女书与瑶族有渊源。最先提及女书是瑶族文字的是袁思永。中国革命博物馆收藏了袁思永珍藏的《猺（瑶）文歌》并序，序中提出：这些女书字"纵横五百七十四字，字迹秀媚，行列端整，不知出自谁家女手，惜一字不可识，无以解其音义，各地猺户同化日久，亦罕有能读者。惟观其用笔及造字结构，则与近代殷墟发掘所见甲骨文直是一体，固知流传远自太古，其创造当在篆籀以前"。很明显，中国革命博物馆收藏的这篇女书是一首瑶歌，而且是出自瑶家女子之手，袁思永认为这是一种产生在篆籀之前与甲骨文一样古老的古文字。这是女书系瑶族文字的较早的论证。

1983 年，宫哲兵发表了《关于一种特殊文字的调查报告》，文中认为女书是平地瑶的一种文字，接着他和严学宭教授合作撰写了《湖南江永平地瑶文字辨析》，携文参加了第 16 届国际汉藏语言学会议并在大会上宣读，此文仍将女书与平地瑶联系在一起，引起与会专家的极大兴趣，被称为"一个惊人的发现"。

1991 年在江永召开的全国女书学术考察研讨会上，廖景东、熊定春的《试论女书与平地瑶的关系》一文，从女书的流传地域和使用范围等方面进一步考证女书与平地瑶的内在关系。另外，赵丽明女士等在《城步大瑶山妇女使用的符号文字调查经过及讨论》一文中试图通过江永女书与城步大瑶山瑶族妇女现在还在使用的符号进行对比研究，以揭示女书与瑶族的渊源关系。在国外学者中，日本的小幡敏行和百田弥荣子也分别论证了女书与瑶族的关系，认为女书是平地瑶文字。

（二）关于女书的产生年代

女书作为一种文字符号体系产生于何时？这是目前女书研究中重点探讨并极具争议的问题。主要有三种观点。

（1）女书字符产生于史前的刻划符号，与甲骨文同步甚至还早。珠海市博物馆李荆林在其《女书与史前陶文研究》一书中，通过女书与陶文的对比研究，认为女书与陶文有很深的渊源，时间可追溯到新石器时代的仰韶文化时期。株洲工业学院的刘志一在《江永女书溯源》一文中认为女书的基本字符来源于古夷文。江永县文化馆的周硕沂也认为女书是产生于尧舜时期的部落文字。谢志民早期曾认定女书产生在与甲骨文同时或更早，是商代一种古文字的孑遗。后经进一步研究，认为女书拥有自己不同于当地任何村庄口语的语音系统、词汇系统和语法系统，女书系古越文字的孑遗与演变，是南方远古民族文化的缩影。

（2）女书产生在唐宋时期。原江永县县志办刘志标在《试析江永"女书"与瑶族的历史渊源》中，认为女书为瑶族文字，它产生于瑶族社会早期——隋唐时期，成熟于晚唐、五代十国，盛行于两宋、明清时期。刘的这种观点也仅仅是推论，缺乏材料依据。陈其光也曾根据女书字符中很多来自简化汉字的现象推测："女书文字产生的时代不会很早。"张公谨在《女书的文化意义》一文中从女书文字构造的复杂性推论："这种文字从产生到完善至少有数百年乃至上千年的历史。"而这个观点正与女书产生于唐宋时期的观点相吻合。最近江永发现晋代时期修建的女寺，是否可以从中发现一些线索？

（3）女书的产生不早于明代。宫哲兵和赵丽明都持这种观点，赵丽明在其《女书与女书文化》中从女书文字的特点分析出，女书不会产生很早，估计在明代较合适。宫哲兵在《女书时代考》《论江永女书绝非先秦古文字》等文章中从女书与汉字、女书的作品、女书的造字者、女书的传人、史志记载等方面，探讨了江永女书的起源及其流行年代，认为女书绝非先秦古文字，发生期不会早于明代，盛行于清末与民国时期。由于目前明清以前的女书材料没有任何发现，这种观点得到相当一部分学者的认同。并对主张女书源于古文字的观点提出批评："女书创始于近代的说法，或许比较接近事实。至于说女书创造于甲骨文时期甚至更早，那是难于捉摸的玄想。"

（三）关于女书与汉字的关系

对于女书与汉字有无关系的问题，研究者持两种截然不同的观点。

（1）认为女书与汉字的楷书有内在联系。主要根据是：女书文字记录的语言为汉语土话，另外，女书书写字汇中尚存在大量与汉字楷书类同的字符。持这个观点的又分为两种：其一，以赵丽明、周硕沂为代表，认为女书文字是汉字楷书的变体；其二，以宫哲兵为代表，认为女书文字是瑶族妇女参照汉字楷书创造的。

（2）认为女书文字在发生学上与汉字楷书无关。这种观点主要以谢志民为代表，其主要根据是女书文字与普通汉字在结构上有着根本差别，女书笔画形式简单，只有点、竖、斜、弧四种类型。字符形体多是斜体菱形和正体长方形。谢志民从文字基本结构上论证，因此他的观点有一定的说服力。

（四）关于女书的流传范围

在女书发现早期，由于女书传人高银仙、义年华、焕宜等大多集中在江永县上江圩一带，由此不少人认为女书流传区域仅局限于江永上江圩和道县相邻一带，范围不大。然而随着田野调查的日益广泛，尤其是中南民族学院女书文化研究中心成员 2000 年暑期又一次深入湘南、桂北几个县进行调查，发现在湖南江华、道县，广西富川、灌阳等地都有女书流传的痕迹，女书流传范围远非过去所认定的区域。实际上，宫哲兵早在 1982 年就曾在江华瑶族自治县的平地瑶村寨中发现了女书流传线索。他当时在江华上游公社调查，许多村寨的瑶族同胞向他反映，他们那一带有女书流传，只是没收集到实物和找到女书传人。

当中南民族学院女书文化研究中心考查组专门到江华、富川瑶族村寨进行语言调查和实物考察时，的确得到了一些相当珍贵的女书实物资料。这说明女书不仅在江永，而且在邻近的江华、富川等瑶族村寨中也曾普遍流传过。

## 三　目前女书研究尚存在的问题

女书研究经过多年来的努力，取得了相当的成绩。女书研究中还存在许多有待进一步发掘的问题。如女书作为一种女性文字的历史成因，女书产生时代考证的实物载体，女书作为一种语言的民族载体，女书传承的历史轨迹，等等。

除以上存在的这些尚待进一步研究的学术问题之外，在女书研究领域里目前还存在一些问题，明显阻碍着女书研究进一步深化发展，归纳起来大致有以下几点：

（1）女书的传承危机和作品流失。这一问题如不及时采取措施，将会使这种世界上绝无仅有的文字消失。女书的流传自清末以降即已转向衰退，作为一种书面交流工具，可以说已经退出历史舞台。女书的流传完全靠老传少、母传女的方式进行，其传习均为家教亲授，世代传袭，谁也不知流传了多少年，也不为外界知晓，连著名的语言学家季羡林先生听说女书后，也"感到闻所未闻，见所未见！"如果不是 20 世纪 80 年代初偶然的发现和学术界同人的积极抢救，也许这种文字已经消失了。20 世纪 90 年代初，女书传人高银仙、义年华等老人相继去世，目前在世的能阅读和书写女书的只有 90 岁的阳焕谊、60 多岁的何艳新等人，女书的传承已岌岌可危。如果不采取及时的抢救措施，女书的失传将是人类文化史上的重大损失。

（2）由于女书流传区汉民族与瑶、壮、苗等少数民族杂居，不同民族、不同村庄之间使用的语言相当复杂，这就为女书的语言调查带来很大的难度，女书调查者收集到的材料不统一、不规范。

目前公开出版的女书原文材料就有三种不同音系，书写的笔画有粗有细，对女书的翻译也有些差别。现在去江永能看到的女书材料与 20 世纪 80 年代初收集的材料又有所不同。如何识别女书真伪，如何建立女书文字系统的统一标准，这应该是今后女书研究中需要解决的又一紧迫问题。

（3）女书文化研究人才短缺。女书研究涉及语言学、文化学、民族学、历史学、妇女学、民间文学等各个学科，涉及面广，研究难度大，因此如何吸引各学科的专家学者都来参与"女书"的研究和开发工作，使"女书"尽快成为一门综合性的研究学科，将是女书研究能否真正进行下去的关键。

（4）研究资金缺乏。尽管不少专家呼吁重视女书的研究工作，但女书研究目前仍处于一种自发性的田野调查和资料收集阶段，不少学者都是自费考察，缺少有关政府部门的统一规划。要加强女书的研究，一要人才，二要资金，三要女书原文资料。没有资金投入，研究就无法持续下去。因此女书研究要多渠道、多方面筹措经费，这样才能保证女书研究各项工作的顺利开展。

## 四　今后女书研究工作的思路

针对目前女书文化研究存在的问题，女书文化研究工作当务之急是要做好以下工作：

（1）团结全国所有关心女书研究的同人，开创女书研究的新局面。要组织各方力量与女书流传地区的政府部门实行联合攻关。组织精干队伍，深入湖南、广西、广东交界的岭南瑶族山寨进行调查，摸清女书至今实际存在的所有原文材料的大致数量，为女书研究的进一步发展奠定基础。

（2）协助江永县政府及有关部门尽快落实"中国女书文化抢救工程"方案，内容包括以下几个方面：一是保护女书传人，对现在还健在的几位精通女书的老人，政府要给予适当的照顾和保护。二是开办女书文化讲习班，培养女书专门人才，以便使女书文化传承后继有人；并建议有关单位开办女书文化研究生班和留学生班，招收中国女书文化方向的研究生。三是创办女书文化展览馆或博物馆，把各地零散女书实物原件材料集中收藏，让海内外学人通过展览对女书文化有一个更为直观的把握。四是编纂女书文化研究资料丛书。丛书应包括《女书作品汇考》《女书字典》以及女书流传区人文历史、风俗习惯、语言状况、妇女文化史等，所编的女书作品，必须是女书流传区妇女用女书文字撰写的女书文本，为女书研究提供最权威的资料。五是推动江永女书文化旅游的开发和发展。在抓好女书抢救的同时，有必要在江永及周边地区进行以女书文化遗产为基础、以女书文化为内核的旅游资源开发，把女书研究与开发江永及周边地区的旅游产业结合起来，以促进江永及周边地区经济社会的发展。六是筹划召开女书文化首届国际研讨会，加强中外学人的学术交流，扩大女书在世界上的影响，通过海内外学人的交流，并适时与联合国教科文组织取得联系，将中国女书列为"人类文化遗产"保护项目。

（李庆福　叶绪民）

# 试论女书作品《猺(瑶)文歌》的学术价值

在国家博物馆保存着一件珍贵的女书文物，这就是民国时期袁思永收藏的一篇女书作品——《猺（瑶）文歌》。它是1991年该馆保管部文物组工作人员王南在清理文物时发现的。当时他不识女书，便寄给了中南民族大学女书文化研究中心谢志民教授。这是目前我们发现由官方收藏的一篇最早的女书文本作品，对女书文化研究具有极为重要的学术价值。

## 一 《猺（瑶）文歌》的来历及内容

袁思永，字巽初，号茧斋，湖南湘潭人，曾做过湖北督练公所军事参议官，后调任浙江新军督练公所的首任总参议。蒋介石到日本留学就是袁思永任职浙江时选送的。蒋主宰南京政坛后，特聘袁思永为军事委员会高级参议以报知遇之恩。袁思永工作之余喜舞文弄墨，工诗擅画，著有《礼阏邮斋诗存》《茧斋诗余》。浙江辛亥革命先驱童保暄1919年病逝时，他送了一副挽联："家国事苦难言，忧患竟伤生，鼓浪屿前争堕泪；将帅才不多得，旧游俄若梦，万松岭下怕招魂。"今杭州道村仍留有袁思永题写的一联语，曰"春水船如天上在，秋山人在画中行"（《杭州市志》）。这些联语对仗工整，写景抒情都很贴切，足见其诗文功底。袁氏还喜欢收藏文物，这篇《猺（瑶）文歌》或是袁氏到湖南考察时收集的，或是朋友直接送给他的。袁思永所收藏的《猺（瑶）文歌》是一篇普通书信。女书作品一般没有标题，《猺（瑶）文歌》是袁思永后来加的。这封女书书信是从湖南道县田广洞瑶族妇女手中收集到的。田广洞，地处湖南道县下蒋乡金山岭下，至今仍有女书流传。据宫哲兵教授考证，直到20世纪80年代，田广洞仍有5位陈姓妇女能认读女书。其中有一位1918年出生的陈巨雄，12岁即跟奶奶学女书，还记得有反映林则徐禁烟事件的女书作品。赵丽明主编的《中国女书集成》中收集了田广洞唐氏妇女唱的女书作品《新车女子看扒船》。而袁思永的这篇女书作品是何晓南转交给他的，何晓南是由田广洞陈中兴处收集上来的。何晓南还告诉袁思永说，这篇女书作品是"猺（瑶）女读物"，因而命名为《猺（瑶）文歌》并作序。袁氏也看不懂女书，他希望收藏后找到人翻译出来，供考古学家——考证。由于女书文字的独特性，到20世纪80年代还没有人做专门研究，也无人能识。因而这篇女书作品在国家博物馆保存了近半个世纪也没人知道其写的是什么内容。

经谢志民考证，这篇《猺（瑶）文歌》其实只是一封普通的家信，是一位已经出嫁的村妇写给亲人的，与现今仍在流传的"三朝书"类似，主要叙说自己家庭的不幸。信中说她嫁过来后就生病，生了个聪明伶俐的儿子，十来岁又夭折了，其大哥、二哥的生活遭遇也差不多。它与其他女书作品一样，都是七言一句，共有108句，756字。

## 二 《猺（瑶）文歌》的学术价值

为了探讨《猺（瑶）文歌》的学术价值，笔者把袁思永写给裴先生的序文录于此（文中的"猺"，现均作"瑶"）。

裴子先生教完，袁思永拜呈。

一九四五年，何君晓南持猺文一纸，云是猺女读物，系得自田广洞陈中兴，转以赠余，此固求之数年而不可得者。入手展玩，纸色红旧，纵横五百七十四字，字迹秀媚，行列端整，不知出自谁家女手，惜一字不可识，无以解其音义，各地猺户同化日久，亦罕有能读者。惟观其用笔及造字结构，则与近代殷墟发掘所见甲骨文直是一体，固知流传远自太古，其创造当在篆籀以前。谨宜什袭藏之，俟异日觅一识者译成善本，与考古专家一一辩证以为快。俾后之人知我国同文数千年以来，穷荒边陬尚留有此种不可湮灭之特殊文字也。因赋此以张之。

何侠赠我猺女读物文一篇，异书初写从何年，纵横五百七十有四字，一字不识心茫然。纤纤手迹出谁某，眼明格似簪花妍。参差点画妙结构，虫鸟屈曲形回旋。流传无师谁创造，远溯意在仓颉前。殷墟所见此酷似，惜少甲骨供雕镌。盘王子孙在山久，至今绝学犹绵绵。南窥九疑访部族，土音互答歌无弦。佳期按谱夜跳月，竹笙桐鼓袤蛮烟。其文相沿自太古，演变篆籀皆后贤。乡村宿儒知者少，莫获译义同钻研。中华书法久统一，体殊颇怪惟朝鲜。今兹特种世罕见，露泄神秘吾开先。平生书画委灰烬，意外故纸收穷边。此间旷览富奇字，椎拓魏晋宁须钱。他时并取压归椟，定有白虹光贯天。

从这篇序言中我们可以看出，袁思永也很想知道《猺（瑶）文歌》所写的内容及包含的学术价值，只是由于当时的条件限制无法进行深入的考证和研究。这篇《猺（瑶）文歌》及袁思永的序至少给我们提出了以下几个问题。

（1）女书作为一种独特的女性文字，20世纪初在岭南十分流行并一直流传至今却产生于何时？女书在20世纪80年代挖掘出来以前，史书不记，方志不载，无任何蛛丝马迹。如果不是一次偶然的机遇引起了人们对女书的重视和研究，也许女书传不到今天就无声无息自动灭绝了。就像国家博物馆这样偶尔收藏了一两篇女书作品，也无人知道这是一种什么样的文字。这种文字符号被当地妇女称为"女书"，又叫"女字"，而那里的妇女把男性使用的方块汉字叫"男字"。女书不仅形体奇特，记录的语言奇特，流传范围、社会功能和历史传承也很奇特，这种文字仅为当地妇女所独用，属汉文异形字而笔画结构与普通汉字迥异，也不存在普遍性的对应变化规律。在长达几千年的人类历史上，这样成熟并长期使用的女性文字还从未出现过。女书作品一般书写在精制手写本、扇面、布帕、纸片上，有些还绘织在丝锦和花带上。像这篇写在纸片的《猺（瑶）文歌》我们现在很难看到。女书只有点、竖、斜、弧四种笔画，不像汉字有八种，其最富有特色的笔画是它的"弧笔"，弧度或大或小，变化多端。字符形体呈长斜体菱形，一般右上角为全字的最高点，左下角为全字的最低点。书写格式自上而下，从右到左，没有标点符号。字形秀美纤细，排列整齐匀称，既有小篆的风格，又有甲骨文的刚劲。让人感到迷惑的是，这种独特的女性文字何以只在岭南一带女性中流传？它是明清时期才出现的文字，还是早在唐宋时期就有，或者更早，远在商周时期就存在？答案应该是后者。

（2）女书是否为岭南瑶族中普遍流行的文字？女书在瑶族妇女中普遍流传，然而是否为瑶族文字一直是学术界争论的一个热点问题。瑶族有语言没有文字，这在 20 世纪五六十年代已经定论。但自女书挖掘以来，这种观点就受到质疑。据许多文献记载，岭南一带广东、广西、湖南、贵州瑶族聚居区，流行一种瑶书——"捏造篆字"。宋人祝穆《方舆胜览》卷四一载："（融州瑶人）刻木为契约，字画如梵书，不可晓。"道光《宝庆府志·大政纪》卷六亦言："从前捏造篆字，查出销毁，永禁学习。如有故违。同牌不行首报，一家有犯，九家连坐，寨长治以失察之罪。"又据鄂尔泰撰《贵州通志·苗蛮》卷七载：自粤西迁来的贵定等处瑶人，"有书名榜簿，皆圆印篆文，其义不解，珍为秘藏"。又，《皇清职贡图》"贵定县瑶人"条、《黔苗图说》瑶人条、《黔南苗蛮图说》花瑶条也有关于"榜簿"的记载。而《苗蛮图》作"旁礴"，应是"榜簿"之误。清代连山知县李来章在康熙四十三年（1704）发布的"焚瑶书"告示中也写道：

> 五排十一冲瑶人，于五经、四书、《孝经》、小学一字不肯读。平日排师所教者，皆瑶书也。瑶书有数种，如《阎罗科》《上桥书》、扶道降神等名。皆鄙俚、诞妄不经。而扶道降神，崇邪诲叛，尤为无忌惮之甚者。……予深恶之。巡历诸排，搜其书，尽焚烧之；拘其师，差押驱逐出境。[①]

1931 年 7 月由和济印刷公司印、曾继梧编的《湖南各县调查笔记·花山》（上册）也记述这种情况："花山，在层山岭之麓，石玲珑若花然。相传唐时，谭姓姊妹学佛修真，入山采药，相与坐化于此，土人于山顶立庙祀之。石既罗列有致，加以崇林美荫，磴道缘石罅以出，升降忘劳。每岁五月，各乡妇女焚香膜拜，持歌扇同声歌唱以追悼之。其歌扇所书蝇头细字似蒙古文，全县男子，能识此种文字者余未之见。"说明女书在江永县及邻近地区极为盛行。这种似篆非篆的蝇头细字并不是蒙古文而是女书，当地人还曾叫它"蚂蚁文"。明清以前它是一种男女都使用的民族文字，甚至应以男人为主，而且像东巴文、水书等少数民族文字一样在宗教仪式和经书中使用最广最多。明末清初汉文化传入岭南地区，特别是清政府进行文字围剿后，女书系文字逐步退出历史舞台，仅在一些没有资格接受汉文化教育的妇女中传承下来，成为一种女性专用文字。

---

① 李来章：《连阳八排风土记》，台北成文出版社 1967 年版，第 208 页；参见吴永章《瑶族简史》，四川民族出版社 1993 年版，第 584—585 页。

（3）女书这种独特的耕犁书写法是否与瑶族女红有关？前面我们已经说了，古代女书主要在穷荒边陬的岭南山区流传，而且是在没有受过多少文化教育的乡村妇女中流行。清末民初，这一代文化还不很发达，连书写的纸张也不好找，这位瑶妇只好把这封书信都写在了一张旧红纸上。红纸一般是用来道喜用的，可能是她的家中刚办完喜事不久或给其他家贺喜后留下的。正框纸内写完后，意犹未尽。便把另外 9 句话写到了边框上方的顶部，而且使用了一种少见的耕犁书写法完成。正框纸内的内容与古代文言文的书写方法一样，是从右到左，7 字 1 句，每行 15 字到 18 字不等，没有标点断句。写到第 686 字时，写不下就写到了方框外的顶部。从左到右，像用牛耕犁，一字一行耕完，一行耕完后又从头耕起，最后到 108 句"样样般般倚过多"才写完。袁氏序中说只有"纵横五百七十四字"应有误，可能是他不识而数错了。而且他只算了正框里的女字，没有算边框上的。

不少研究专家指出：女书与平地瑶妇女的女红文化存在密切的联系。赵丽明女士在她的著作《女书与女书文化》中说："如果我们将女书与一些女红纹样图案比较，会看到，有的符号几乎接近文字，或者就是字了……这种形式上的雷同现象，至少说明了这样几个问题：1. 女书的创制与女红不无关系；2. 女书的斜体菱形风格与女红图案的几何特征有关；3. 女性对文字有一种崇拜心理。"[1] 梁耀和陈其光先生也指出："女字和女红密切相关。江永上江圩一带流传了许多代的女字是从哪里来的呢？当地有三种传说。第一种是九斤姑娘创造的。据说，很久以前，上江圩生下一个女婴，体重九斤，因此取名九斤姑娘。她天资聪明，纺纱绩麻，织布绣花，剪纸缝纫，无所不会，无所不精。她还异想天开，造出了书写当地土话的女字，在妇女中代代相传。所以精通女书的义年华老太太写道：'只听前人讲古话，九

---

① 赵丽明：《女书与女书文化》，新华出版社 1995 年版，第 144—145 页。

斥姑娘最聪明，女书本是姑娘做，做起女书传世间。'第二种是皇妃胡玉秀创造的。据说，宋朝时候，荆田村出了一个才貌双全的女子名叫胡玉秀。皇帝知道了，就选她入宫当了贵妃。后来遭到冷遇，苦闷异常。她想修书回家倾诉苦情，又怕触犯宫禁，于是心生一计，将自己认识的汉字变个样子，把想说的话像画花一样写在手绢上捎归，并嘱咐亲人：斜着看，按土音读。于是这种文字就在妇女中传开了。第三种是盘巧创造的。从前桐口村出了一个心灵手巧的姑娘名叫盘巧，她三岁会唱歌，七岁会绣花，她唱的歌使人倾倒，绣的花可以乱真。后来她被官府劫到道州。为了向家人报信，她用了很长时间，根据女红图案造出字来，写了一封长信系在狗的颈上带回家乡。同村女友费了很多时间才把信读懂。从此，这种文字就流传下来了。不论这些传说的真实性如何，有一点是共同的，就是女字是妇女创造出来的。注意的一点是女字的产生与女红图案有关。"① 瑶族乃盘瓠之后。干宝《搜神记》载："盘瓠死后，自相配偶，因为夫妇。织绩木皮，染以草实，好五色衣服，裁制皆有尾形。"清人屈大均《广东新语·人语》卷七亦言："槃瓠毛五采，故今瑶姎徒衣服斑斓。"瑶人好五色斑斓衣着，其纺织手工业早在宋代就已经很发达，平地瑶也不例外。还在20世纪时，平地瑶衣着仍以自己染织为主，从染线、织布到编织各种图案都有复杂工序。由于这种织锦工艺整个过程都是由妇女完成，男性概不过问，因此大家又把这种生产工艺活动叫"女红"。光绪《永明县志》载：永明"地无蚕桑，女以纺绩为业，中下之户或借女红以助薪米"。"永明瑶女，织女纹花巾，制颇古质。又有瑶带，亦织成花纹。其瑶巾尤为洁白，细如西洋布。"这种"女红"活动在岭南平地瑶中普遍存在。我们现在发现收集到的许多女书文物，除了"三朝书"，就是扇书、帕书、字带等，这些都与女红有关。

---

① 陈其光等：《女字和女红图案》，《中央民族大学学报》1997年第3期。

最近几年，中南民族大学女书文化研究中心成员曾先后到湘南桂北一代瑶乡调查，发现湖南道县、宁远、江华，广西富川、恭城等附近十多个县的瑶乡中都曾有女书流传的踪迹，虽然没有找到像江永那样多的女书文物，却从这些地方收集到不少瑶锦字带、字被，上有不少女书文字，女书只保留在女红的织锦物上，这也从一个侧面说明了女书与女红的关系。

① 广西钟山县两安乡星寨村黄增林家八宝带上的单体字：

女字： ⚹ ⬙ ✕

汉字： 开　田　十

② 广西富川瑶族自治县福利镇白竹村李玉妹编织的花带上的单体字符：

女字： ⋁ 卐 ⯗ ✕ ⚡

汉字： 上　万　芒　才　王

③ 广西富川瑶族自治县油沐乡福溪村周翠青家八宝背袋（背小孩用）上的单体字符：

女字： ⬙ ⚡ ✕ ⋈ ◊ ⋁ ⯗

汉字： 田　王　才　父　恩　算　芒

④ 湖南江华瑶族自治县大石桥乡鹧鸪塘村唐田秀织花带上的单体字符：

女字： ⚡ ⋏ ⋈ ✕ ⚹

汉字：王　婚　父　才　开

⑤ 湖南江华瑶族自治县河路口镇白沙塘村李天英家花带上的单体字符：

女字：

汉字：算　田　父　并　十　丘

⑥ 湖南江华瑶族自治县涛圩镇凤尾村九组黎冬花仿其太祖母遗存的被面图案（距今 200 余年）所织八宝被上的单体字符：

女字：

汉字：财　父　开　入　田

（4）女书与甲骨文是怎样的一个关系？袁思永在序中言："惟观其用笔及造字结构，则与近代殷墟发掘所见甲骨文直是一体，固知流传远自太古，其创造当在篆籀以前。"不仅像袁氏说的从表面上看女书似甲骨文，从其造字法和字的内部结构来看，女书与甲骨文也存在普遍的类同现象。如作品中的"刀（ ）、见（ ）、五（ ）、八（ ）、真（ ）、春（ ）、声（ ）、命（ ）、万（ ）"[①]等字，在形体结构上与甲骨文相似。女书研究专家谢志民教授在《"女书"是一种与甲骨文有密切关系的商代古文字孑遗和演变》[②] 一文中，对女书和甲骨文的关系做过详细充分的论证。可见其产生远自太古，比甲骨文还早。

---

① 文中所用的女书字源于谢志民、王利华《女书发声电子字典》，华中科技大学出版社 2002 年版。

② 《中南民族学院学报》1991 年第 6 期。

女书所具有的这种传奇色彩和文化价值深深地吸引着海内外学人的兴趣和重视，季羡林、周有光、李学勤、严学宭、赵诚、张公谨、曲彦斌等许多著名的专家学者，对中国女性文字的发现和研究给予了很高评价，中国著名语言文字学家周有光教授在《女书：文化深山里的野玫瑰》中指出："女书在文字学、文化学、社会学和人类学上是一个有特殊意义的问题，各国学者都重视女书的发现和研究。"①

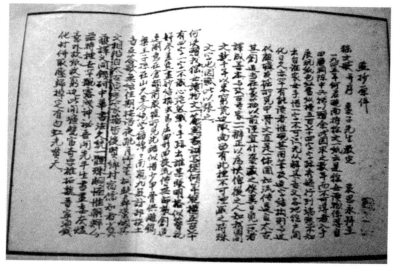

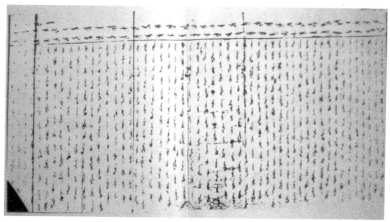

《猺（瑶）文歌》原件照片

---

① 《群言》1991年第9期。

# 开展女字规范化研究
# 传承和保护女书文化

  女书又称女字，是世界上还在流传的唯一女性文字，是一种独特的文化"活化石"。它主要在湘南桂北瑶族聚居区妇女中流传，包括湖南江永县、道县、江华瑶族自治县，广西富川瑶族自治县、恭城瑶族自治县、钟山县、灌阳县等地。20世纪80年代，女书首先被中南民族大学专家学者发现。1992年，中南民族大学成立了国内外最早专门研究女书的科研机构——女书文化研究中心。20多年来女书文献的收集工作基本完成，出版了不少女书原始资料集，如宫哲兵主编的《妇女文字与瑶族千家峒》、谢志民的《江永"女书"之谜》、赵丽明主编的《中国女书合集》等。女书进入学术殿堂后成了海内外众多学者的热门话题。中国台湾妇女新知基金会郑至慧与顾艳翙在台湾出版了第一本女性文字专著《女书——世界唯一的女性文字》，并和杨跃青等拍摄了女书专题纪录片。日本文教大学的远藤织枝和她的学生一起建立了专门研究女书的网站《女书世界》，用英语和日语两种文字介绍女书，还出版了《女书——中国的女性文字》《中国女文字研究》等专著。美国哈佛大学教授史凯珊把收集的女书文字翻译成英文作品。在地方政府和国内外专家的共同努力下，女书文献和女书习俗分别入选首批中国档案文献遗产名录和中国第一批国家级非物质文化遗产名录。2005年，女书还作为世界上最具性别意识的文字而入选吉尼斯世界纪录。然而，由于对女书异体字研究规范不够，给女书文化的传承和保护，继续申报世界非物质文化遗产带来了困难。

## 一　女书异体字研究规范的必要性

女书一般书写在自制的手写本、扇面、布帕、纸片上，有些则绘织在织锦和花带上。从字体构件看，女书文字是由点、竖、斜、弧 4 种笔画先组成构件，进而组成文字的，不像汉字有点、横、竖、撇、捺等八种。女书以斜弧为主，上下粗细一致，弧度或大或小，变化多端。简单的女书文字只有一个构件，复杂的女书文字有 2～3 个构件。女书文字构件组合，一般只有上下结构和上中下结构而没有左右结构，更没有左中右结构。其形体呈长斜体菱形，一般右上角为全字的最高点，左下角为全字的最低点。女书造字独特，没有严格的规定，因此在流传过程中就有很多变异字或别字。而且同一个意思，在这里是用这个字，到那里可能又用另外一个字。如"西边鬼崽拿棍打"（《江永"女书"之谜》第 1426 页，以下简称《江》）用的"崽"写作"$\langle$ [tsɯ³⁵]"，而"孙崽女甥闹热遥"（《江》第 420 页）用的是"$\langle$ [tsɯ³¹]"；又如"记得文章千万章"（《江》第 1464 页）的"万"用"$\langle$ [va⁴⁴]"，"千军万马尽剥衣"（《江》第 1080 页）的"万"用"$\langle$ [va⁴⁴]"，意思相近，而写法完全不同。"鸟 [li³⁵]"字有 7 种写法，而且都相似："$\langle$、$\langle$、$\langle$、$\langle$、$\langle$、$\langle$、$\langle$"；"落"有两种读音"[laɯ⁴⁴]、[la⁴⁴]"，有"$\langle$、$\langle$、$\langle$、$\langle$、$\langle$、$\langle$、$\langle$"等 15 种写法；"他 [thu⁴⁴]"也有 15 种写法："$\langle$、$\langle$、$\langle$、$\langle$、$\langle$、$\langle$、$\langle$、$\langle$、$\langle$"等。同是一个字，第一代女书传人高银仙、义年华用的也有不同。像"主 [tɕy³⁵]"，高银

仙用的是"〔图〕、〔图〕、〔图〕"，义年华用的是"〔图〕"；"几〔tɕi³⁵〕"，高
银仙用的是"〔图〕"，义年华用的是"〔图〕"；"公〔ke⁴⁴〕"，高银仙用的
是"〔图〕"，义年华用的是"〔图〕"（借用汉字"工"）。有时候不同的女
书传人写的字，笔画有长有短，有粗有细，写的女字也有差别。像这
样的变异字，陈其光、周硕沂编著的字典更多，因为他们收的女字有
些是第二、第三代女书传人创造的，有些是作者自己直接自造的。还
有些学者编女书字汇，为了增加女书字数，也只好收录一些女书生造
字。像"南〔noŋ⁵¹〕"：原已经有个"〔图〕、〔图〕、〔图〕"三种写法，后
人又造了个"〔图〕"字；像"者〔ke⁴⁴〕"：原已有了"〔图〕、〔图〕"两
个字，后人又造了个"〔图〕"字；"间〔ka⁴⁴〕"：原来已经有女字
"〔图〕、〔图〕"，后人又造了个"〔图〕"字，由女字"〔图〕"和"〔图〕"构
成，是仿汉字"间"创制的；"牛〔ŋau⁵¹〕"：原来已经有女字"〔图〕、
〔图〕"，象形字，后人又造了个"〔图〕"字；"雷〔lie⁵¹〕"：原来已有女
字"〔图〕"，意即在苍穹之下，有闪电的迹象，这是一个象形字，后
人再造个"〔图〕"，这与汉字"雷"没有多大区别。特别是后来的一些
女书书法习作者，对女字改变更大，如著名书画艺术家赵哲先生最近
出版的《赵哲女书对联集》（中国文联出版社 2014 年版）里把"中
〔tɕaŋ³¹〕〔图〕"写成了"〔图〕"，多了个部首"〔图〕"；"国〔kuɯ⁵⁵〕〔图〕"
写成了"〔图〕"，上首"〔图〕"写成了"〔图〕"。又如号称"中国女书书法
创作第一人"的李雪梅，写的女字有些就完全成了汉字女书，如"水
〔ɕua³⁵〕"，传统女字是"〔图〕"，而李雪梅写的是"〔图〕"；"由〔jau⁵¹〕"，
传统女字是"〔图〕"，而李雪梅写的是"〔图〕"，这些汉字女书还被收藏

到湖南省档案馆和图书馆，这就给今后女书的科学研究带来相当大的危害。

赵丽明、宫哲兵、谢志民等专家学者对女字规范化、标准化做了一些基础工作。如宫哲兵、唐功晖《女书通》按频率原则、女性原则最后审定女书标准字 869 个，能表义的汉字 4209 个。用的是夏湾音系（发音人唐功晖、唐建庄父子），不是用女书传人的读音，而且没有用国际音标注音，而是用汉语拼音标音，这显然是不科学的。赵丽明《女书用字比较》中提出基本字只有 320 个左右，其他都是变体或异体字。赵丽明、宫哲兵提供的女字字表都用了何艳新、杨焕宜第二代女书传人女书作品中的女字，不是第一代女书传人的原生态女字。谢志民《中国女字字典》收录了高银仙、义年华等第一代女书传人原生态女字字符 2435 字，包括了异体字，按部首排列，不便查找。产生这些差异和区别的原因是研究者所使用的女书材料问题，也就是研究对象没有把握好，有的以传统女书文字为研究对象，有的把第二代、第三代女书传人甚至她们创作的书法作品也包括其中。因此女书传承首要传真，要实现女书的数字化、信息化，首先要对女字字符进行规范，整理出一套大家公认的女书字表。曾编过女书字表的杨仁里在《江永女书发生期之我见——兼与宫哲兵〈女书研究二十年〉"几个学术结论"商榷》一文中曾感慨地说："我于 1994 年与陈其光、周硕沂合编的《永明女书》，汇集了 1570 个女书单字。除去异体 119 字外，还有 1451 字，因当时没有注重区分真伪，定然还有部分是伪造女书字混杂其中。……我们现在有责任把 20 世纪 90 年代以来女书新作中编造的女字清理出来。我呼吁女书学术界都要重视女字求真勿滥、宁少毋滥的问题；并建议女书所在地领导组织一个懂女书、负责任的班子，认真整理建国初期以前的女书文字资料，在此基础上，重新编辑《女书字典》，这样会对保存女书的真实性有益。"

## 二　女书异体字产生的原因

一般来说，异体字产生的原因非常复杂，整理异体字是语言文字规范化工作一项很重要的内容。女书异体字产生的原因主要有以下三种：

（1）字源不同。女书是一种歌谣文学，女书传人在唱读这种歌谣时随意性比较大，不同的传人唱的歌谣不同，写出来的字也有差异。如同是《十绣歌》，第一代女书传人高银仙唱的是"一绣童子哈哈笑/二绣鲤鱼鲤双双/三绣金鸡伸长尾/四绣海底李三娘/五绣王子来行孝/六绣神仙吕洞宾/七绣七仙七姐妹/八绣观音坐玉莲/九绣韩湘子吹笛/十绣梅良玉爱花"。第二代女书传人欧阳红艳、胡美月唱的是"一绣天上峨眉月/二绣狮子抢绣球/三绣金鸡对凤凰/四绣童子拜观音/五绣五娘生太子/六绣六福六堂春/七绣天上七姊妹/八绣金鸡伸长尾/九绣蛟龙来戏水/十绣鲤鱼跳龙门"。高银仙写的"鲤鱼""金鸡""童子"分别是"里 鱼""彡 彡""㣻 丰"，欧阳红艳写的是"义 鱼""彡 彡""㣻 丰"，不仅歌词差异很大，用字差异也很明显，相同的三个名词 6 个字中，就有 5 个写法不同。

女书文字是 20 世纪 80 年代后重新挖掘整理出来的，一些研究专家在收集女书资料、编辑女书字表时没有考虑它的真实性和原始性，把第二代女书传人以及女书爱好者自创的一些女书文字也收入字典中，如陈其光先生的《女汉字典》，收录女书字 3436 个，有许多字在高银仙、义年华这些女书传人的作品中看不到。如"伴"传统女书里只有 4 个"㣻、㣻、㣻、㣻"，而《女汉字典》里有 41 个。又如周硕沂的《女书字典》收录 1806 字，全是由作者自己摹写的，不是高银仙、义年华等女书传人写的原字。而且有许多字是周老先生自己造的，从下面这些字与谢志民《江永"女书"之谜》（以下简称《江》）里的传统女字做比较我们就可看出。如"碑、悲"，《女书字典》（第 1 页）用的是"⿰" ［Pa⁴⁴］，《江》（第 157 页、第 1076 页）用的是" ［Pa⁴⁴］、［Pa³¹］"。再如"杯"，《女书字典》（第 10 页）用的" " ［Puɯ⁴⁴］，《江》（第 892 页）用的是" " ［Puɯ⁴⁴］；皮，《女书字典》（第 14 页）用的是" ［Po⁴¹］"，《江》（第 1130 页）用的是" " ［Po⁵¹］"。

像这样的自造女书字，变异较大，不仅形状不同，读音有些也不相同，据谢志民教授统计，有 861 个。又如清华大学出版社 1992 年出版的《中国女书集成》，共收女书作品 429 篇（首），其中标明由周硕沂搜集、整理（实际是周硕沂创作、编译）的作品，多达 64 篇（首），占该书总数的 14.9％。《永历皇帝过永明》，这首女歌共有 574 字，而自造生僻女字就有 21 个。《女书之歌》，全文 443 个字，有"害 ［xɯ⁴⁴］、门 ［me⁵¹］"等 45 个自造生僻字，占 10％。

（2）书写笔误。第一代女书传人高银仙、义年华、胡慈珠等文化水平都不高，除了义年华上过一两年私塾外，其他的都没接受过文化教育，因此，她们在写女书文字的时候，书写不规范，笔画有多有少，有粗有细，有长有短。如"别样别行咱不气，只气好日没日凭"（《江》第 487 页）这句歌谣中两个"气"［tɕhi³¹］，前面一个高银仙写成了 7 画的" "，后面一个写成了 6 画的" "。又如鸳鸯这个词，"鸳 ［ji⁴⁴］"的写法就有" 、 、 、 、 、 "等 13 种写法，前面和后面 3 个都是属于笔画多少的问题。"鸯"［jaŋ⁴⁴］的写法也有" 、 、 、 、 "等 12 种，前面 2 个和后面 3 个也是属于笔画多少产生的异体字。而"仙"［se⁴⁴］这两种写法"、"就是笔画粗细长短造成的了。

（3）读音差异。五里不同俗，十里不同音。女书流传区通行西南官话——桂林话，还有就是记录女书的土话，在湖南叫湘南土话，在桂北叫平话。女书文字本来是在有一定方言差异中自发使用的，而且只是针对女歌歌词需要的语音来使用，所记录的语言是瑶族和汉族频繁接触、互相影响而形成的汉瑶混合语。这种语言比较复杂，由两种语言系统混杂而成，并有古越语、苗语底层，形成了不同于原有任何一种语言的女书书面语。它不是个别语言要素的借用，而是多种语言原有的和借用的要素相互结合的结果。因此往往一个字有多种读音、多种含义，女字也相应有多种写法。如"鱼"，有两种读音，读［ŋu⁵¹］时写成""，读［pia³¹］时写成""；又如"日"表示"太阳、恩情"的含义时读［na⁵⁵］，写成""，表示"白日、一日"时读［ai⁴⁴］，写成""；"佛"也有两种读法，读［fo⁴⁴］时写作"、、、"，读［xuo⁴⁴］时写作""。

### 三　女书异体字规范的原则

首先要以国家博物馆收藏的最早女书文献资料作品《猺（瑶）文歌》和赵丽明主编的《中国女书合集》、谢志民著的《江永"女书"之谜》收录的高银仙、义年华等第一代女书传人的传统女字为研究对象，第二代、第三代女书传人，以及女书书法爱好者写的女字只能做参考，而后对每个女书字从音韵学、文字学、语义学等多方位进行考证，剔除异体字进行规范。对所选取的异体字进行排序定序分析，按以下三个原则进行。

（1）时间原则：这是本课题规范女字时采取的首要原则，对于女书文字来说，越早的女字越可信，如《猺（瑶）文歌》共有 756 字，排除重复字，还有 272 字都可以作为标准规范正字，如"一"，高银仙、义年华都用过" 丿 、 图 "，《猺（瑶）文歌》中用的是" 图 "，那么" 图 "就是标准正字，" 丿 "是异体字。"落［lau⁴⁴］、［la⁴⁴］"虽有" 图 、 图 、 图 、 图 、 图 、 图 、 图 "等 15 种写法，在《猺（瑶）文歌》中只写作" 图 "，那么我们就取这个字做标准规范字。

（2）频率原则：在不同书写或同音字中优先考虑使用频率最高的字。如"万"，有三种写法" 图 、 图 、 图 "，而高银仙、义年华使用较多的是" 图 "，这个字就作为标准规范字，另外两个是异体字。"茶［tsu⁵¹］"有" 图 、 图 、 图 、 图 、 图 、 图 、 图 、 图 "等 12 种写法，取使用最多的" 图 "为标准规范字，另外 11 个是异体字。

（3）简单原则：在使用频率都比较高的字中选择笔画结构简单的字。如"鸟［li³⁵］"有" 图 、 图 、 图 、 图 、 图 "等 7 种写法，取简单易写的" 图 "为标准规范字，其他是异体字。"衣"有两种读音［o⁴⁴］、［ji⁴⁴］，有" 图 、 图 、 图 、 图 、 图 、 图 、 图 、 图 、 图 、 图 、 图 、 图 、 图 、 图 、 图 、 图 "17 种写法，取简单易写的" 图 "为标准规范字，其他是异体字。剔除异体字后整理出规范标准女字，在第二代女书传人和女书书法爱好者中推广使用，最后确定大家公认的规范女书字符 800 个左右，使女书文化得到更好的传承和保护。

（王思齐 李庆福 毛一好 王雪茜）

## 参考文献

［1］谢志民：《江永"女书"之谜》，河南人民出版社 1991 年版。

［2］谢志民：《中国女字字典》，民族出版社 2009 年版。

［3］史金波等主编：《奇特的女书》，北京语言学院出版社 1995 年版。

［4］李荆林：《女书与史前陶文研究》，珠海出版社 1995 年版。

［5］宫哲兵：《女性文字与女性社会》，新疆人民出版社 1995 年版。

［6］［日］远滕织枝：《女书——中国的女性文字》，日本三一书房 2001 年版。

［7］周硕沂等：《女书字典》，岳麓书社 2002 年版。

［8］赵丽明主编：《中国女书合集》，中华书局 2005 年版。

［9］赵丽明：《女书字数统计与异体字处理》，《内江师范学院学报》2007 年第
3 期。

［10］陈其光：《女汉字典》，中央民族大学出版社 2006 年版。

［11］彭泽润：《江永女书文字研究》，岳麓书社 2012 年版。

［12］李庆福：《女书文化研究》，人民出版社 2009 年版。

［13］李庆福、冯广艺等：《永州女书》，湖北教育出版社 2010 年版。

［14］李庆福、叶绪民：《女书文化的探索和破解》，《寻根》2001 年第 4 期；
《新华文摘》2001 年第 11 期。

［15］陈士林：《论〈彝文规范方案〉》，《民族语文》1985 年第 3 期。

［16］Zhong, K., Zong, M., Guo, Z., Wang Z. "Realization of Human-Computer Interaction Functions in Virtual Reality", *2009 International Conference on Research Challenges in Computer Science*, 229-231. Shanghai：China，2009－12－28.

# 难解的中国"女书"文字之谜

　　中国"女书"是 1983 年由中南民族学院"女书"调查研究组首次发现，经研究确定这是一种独特的女性文字符号体系，并公之于世的。这种人类几乎绝无仅有的奇特文化现象立即引起了中外学人的浓厚兴趣和广泛关注，季羡林、周有光、李学勤、严学宭等许多知名的专家学者，对中国女性文字的发现和研究给予了很高评价。日本、美国、意大利、德国等很多国外学者和大量国内学者，闻风相继赶赴中国南方腹地的瑶乡江永县进行"女书"文化实地考察。无声无息地流传了不知多少年的江永"女书"，一时间从偏僻山区峒场的农家妇女手中，被迎上了大雅之堂，走进了世界视野，成为国际学人极感兴趣的话题。

## 一　奇特而神秘的"女书"

　　1983 年 3 月，中南民族学院哲学教师宫哲兵（现任武汉大学教授）从湖南省江永县考察民族文化归来，带回一种他认为可能是平地瑶文字的部分抄件及其录音片段。通过著名语言学专家严学宭教授的介绍，这种奇特文字被送到该院从事语言学和民族语言文字研究的谢志民教授处进行鉴定。经研究，谢志民非常惊喜而又极其慎重地认定，这种瑶乡妇女中使用的书写符号是一种独特的文字符号体系，并建议组织专门调查研究组，全面发掘这一罕见、珍贵的文化遗产。同年5月，中南民族学院中文系南方民族语言研究室成立了"女书"调查研究组。同年9月，谢志民、宫哲兵等赴江永从事"女书"考察，收集到一套13件两万余字的"女书"原文资料。自此，中国"女书"从偏僻的山村农家妇女手中走了出来，成为人类文化史上的又一奇特景观。

"女书"在湖南省江永县及其毗邻一带妇女中曾经是一种普遍使用的文字。"女书"老人都记得，清末民初村村都有人数不等的"女书秀才"。她们用"女书"互通书信，记录民间趣事、乡里逸闻、歌谣谜语，编译汉文唱本，等等。有的写在纸张上，叫作"纸文"；有的写在扇面上，叫作"扇章"；有的写在手帕上，叫作"帕书"；有的绣在布块上，叫作"绣字"；有的织在被子、带子上，叫作"字被""字带"。阅读写在纸张上的"女书"，叫作"读纸"；阅读写在扇面上的"女书"，叫作"读扇"；阅读写在手帕上的"女书"，叫作"读帕"。读纸、读扇、读帕是当地妇女孩子最感兴趣的活动。旧时，当地妇女勤于"女红"，不事农耕，妇女绩纺针织时常以吟唱"女书"为乐，过庙会时要到神堂读唱祷神诗，女孩出嫁时要"坐歌堂"，农历正月十五的元宵节、四月初八的"女儿节"、六七月间的女子"吹凉节"，青年女子都要举行比"女红"、赛"女书"等活动。"女书"成了当地妇女生活中不可或缺的交际工具和精神食粮。

旧时代的江永妇女，多相信人世之外还有个阴曹地府。她们生前酷爱"女书"，希望到阴间也能有"女书"可读，由此"女书"所有者便都在临终前嘱咐亲友，在她去世时把她所有的"女书"文本像纸钱一样焚化，让她能把自己的"女书"带去阴间。历代"女书"文本就这样随所有者的逝世而消失。现存"女书"资料，仅有清代中叶以来的"女书"传抄件和"女书"传人高银仙、义年华撰写的"女书"作品三百余篇，"女书"已逐渐失去了往日的辉煌。1990—1991年高银仙、义年华两位"女书"老人的相继去世,使"女书"这一罕见的文化现象几乎濒临失传的危险。目前,在江永一带虽然还有部分妇女识得"女书",但传播面已非常狭窄。"女书"的收集、抢救迫在眉睫。

在人类历史上,女性文字还从未出现过。20世纪60年代,西方一些知识女性狂热地追求创造女性文字,但没有成功。然而在中国,那些身居偏僻山区的农家妇女,却用自己的智慧和灵气创造出了人类历史上这种只属女性认识和使用的文字符号体系。这不能不说是中国女性创造的一个奇迹。它的出现使所有海内外学人拍案称奇,它也让人们在惊讶之余,不得不问"女书"是怎样创造出来的?它是什么时代创造的?它依存于哪个民族呢?迄今为止,这些多少被历史所掩埋的问题实际上都还很不确定。"女书"作为人类历史上一个奇特而神秘的文化现象,向海内外学人提出了一系列难解之谜。

## 二 "女书"是世界上一种全新而古老的文种

"女书"笔画形式简单,只有点、竖、斜、弧四种类型。字符形体多是斜体菱形和正体长方形。它是在江永汉语方言基础上形成的妇女群体语即"女书"书面语,属汉语的一种独特的社会方言,并拥有自己不同于当地任何村庄口语的语音系统、词汇系统和语法系统。"女书"文字虽属汉文的一种异形字,但它是否属"汉字文化圈"的一种文字,则在学术界有分歧。有人认为"女书"是一种独立的自源文字,不在"汉字文化圈"内。有人主张"女书"是普通汉字的分支,认为"女字虽然形体独特,但是从现有的材料来分析,有半数以上的字是从汉字蜕变来的"①。并提出了"女书"笔画与汉字楷书之间

---

① 陈其光:《中国语文概要·女字》,中央民族学院出版社1990年版,第206—207页。

的规律性对应变化关系。① 持这种观点的学者还认为："'女字'的形体从发生学看不是一种独立创造发展起来的文字，是一种借用和参照了汉字形体建立起来的文字……"② "'女书'脱胎于方块汉字，是方块汉字的变异，即'女书'是借源于方块汉字的一种系统的再生文字。"③ 然而，主张"女书"在发生学上与汉字楷书无关的学人则认为：笔画是构成文字的基础，任何文字都是以一定数量的笔画，按照一定的规则组合起来从而构成字符，并由一定数量的字符组合成标记语言的系统的。因此，笔画及其组合结构的异同，是判定不同文字之间有无源流关系的直接依据……"女书"虽属汉文，但它与汉字楷书之间，笔形不同，笔画结构迥异，可以认定它不可能与汉字楷书有渊源关系，即不能列入普通"汉字文化圈"内，也不属于普通"汉字"系文字。④ 现代"女书"虽属汉文，但"汉字"系与"女书"系文字的固有字符并没有什么关系。而且，"女书"中遗存的象形字、会意字，均与甲骨系文字大相径庭。因此，"女书"文字的源头绝非普通汉字，这点应是显而易见的。

然而，"女书"文字到底源于何处？有人以"女书"中存在与壮、瑶等民族织锦上的编织符号类同的字符为据，认为"女字的构成源于百越记事符号"⑤。有人以"女书"中存在与清江吴城陶文类同的字符为据，认为"商代的清江吴城文字可能是江永妇女字的源头"⑥。有人

---

① 参见陈其光《女字的产生和性质》，史全波等主编《奇特的女书》，北京语言学院出版社 1995 年版，第 114—115 页。

② 陈瑾：《试析"女字"形、音、义的特点》，宫哲兵主编《妇女文字和瑶族千家峒》，中国展望出版社 1986 年版，第 47—55 页。

③ 陈其光：《女字的产生和性质》，史全波等主编《奇特的女书》，北京语言学院出版社 1995 年版，第 88 页。

④ 谢志民：《女书系文字与古越文明》，湖北省语言学会第九届年会论文，1997 年。

⑤ 张柏如：《江永女书与百越文化的关系》，史全波等主编《奇特的女书》，北京语言学院出版社 1995 年版，第 127 页。

⑥ 钱玉趾：《江永妇女文字源头初探》，史全波等主编《奇特的女书》，北京语言学院出版社 1995 年版，第 140 页。

以"女书"中存在与仰韶文化遗址出土的刻划符号类同的字符为据，认为"女书"起源于刻划符号，在时间、空间方面，它可追溯到新石器时代的仰韶文化时期，甚至更早。① 有人以"女书的基本字符来源于古夷文，造字方法也基本与古夷文相同"为据，认为"女书是古夷人的一支——东夷人在舜帝时代利用黄帝、尧帝时代使用的原始古夷文创制的官方文字"。②

此外，还有的学人根据"女书"中明显存在有与甲骨文类同的字符，认为这类字符均系进入"女书"系文字中的甲骨文借字，由此"女书"应是一种与甲骨文有密切关系的商代古文字的孑遗和演变。③ 与此同时，根据"女书"字符构成中存在反映妇女文身习俗、"干栏"住宅建筑特色、原始稻作文化、鸟图腾文化等一系列古越文化特质的现象，认为"女书"系文字的始创者当属古越人。尽管历史文献中并无有关古越人曾经创造和使用过自己文字的记述，但"女书"系文字以它自身与甲骨系文字在笔画形式、字式结构上的根本差别，就足以把它与甲骨系文字分离开来。另外，"女书"文字中独特的音符系统，即"记号音节文字"④，也是"女书"区别于甲骨文的有力证据。这样"女书"以其字符构成中表现出来的古越文化积淀，就可以证明它是古越文字的孑遗和演变了。只是历史上的这种古越文字，由于使用者的语言替代而逐渐由记录古越语的符号系统转换为记录汉语的符号系统，即由古越文字演变成了汉文中的一种异形字符体系，并通过江永县及其毗邻一带山区峒场妇女的使用和发展，得以流传至今，并由此

---

① 参见李荆林《女书与史前刻划符号》，史全波等主编《奇特的女书》，北京语言学院出版社 1995 年版，第 144 页。

② 刘志一：《江永女书溯源》，史全波等主编《奇特的女书》，北京语言学院出版社 1995 年版，第 150 页。

③ 参见谢志民《"女书"是一种与甲骨文有密切关系的商代古文字的孑遗和演变》，《中央民族学院学报》1991 年第 3 期。

④ 谢志民：《"女书"之源不在汉字楷书》，《中南民族学院学报》1991 年第 1 期。

而形成"女书"系文字古今两个不同族属的演变阶段：古文字阶段属古越文字；今文字阶段演变为汉文异形字。[①]

还有人认为"女书"文字只是近代的产物，并对主张"女书"源于古文字的观点提出批评："女书创始于近代的说法，或许比较接近事实。至于说女书创造于甲骨文时期甚至更早，那是难于捉摸的玄想。"[②]

"女书"文字渊源及其产生的时代，虽然众说纷纭，但"女书"字汇中遗留的甲骨文借字，特别是其中标示语素"步前止岁"的甲骨文，其结构中的表意偏旁"止"与"女书"标示语素"步前止岁"的字符构件之间，存在的规律性结构变化现象，应是"女书"系文字接受过甲骨文字影响的有力证据，也应是"女书"系文字早在甲骨文时期就已存在的明证。[③] 象形字、会意字是文字体系中最早产生的两种字符。象形字、会意字构成中表现出的文化现象，是文字创造者所处生活环境和社会文化的直接反映。"女书"象形字、会意字的构成中表现出来的一系列古越文化特质现象表明，"女书"系文字的始创者系古越人，对这点应无可置疑。甲骨文时期距今已三千多年，"女书"系文字的存在至少也应有三千多年的历史了，甚至更早。由此"女书"堪称中华民族文化中又一种还活着的世界性古老文种。

## 三　女书研究及其价值

18 年来，"女书"文化研究取得了丰硕的成果，出版了论著 10 种（12 册），其中谢志民著《江永"女书"之谜》（上、中、下三册，河

---

① 参见谢志民《女书系文字与古越文明》，湖北省语言学会第九届年会论文，1997 年。

② 周有光：《奇特的女书·序言》，史全波等主编《奇特的女书》，北京语言学院出版社 1995 年版。

③ 参见谢志民《"女书"是一种与甲骨文有密切关系的商代古文字的孑遗和演变》，《中央民族学院学报》1991 年第 3 期。

南人民出版社 1991 年版）荣获第六届中国图书奖二等奖。发表的论文近百篇，召开了两次"女书"学术研讨会。在"女书"作为独特的女性文字符号体系这一问题上已基本上得到公认。此外，在"女书"作为汉文的一种异形字问题的看法上也取得了相对的一致。当然，"女书"研究还存在大量未开发的处女地：如在"女书"文字的渊源问题、形成的时代、字符体系的性质问题等都还有待深入研究和科学考证。又如"女书"何以独在湖南江永及其毗邻一带妇女中流传？在以男性为中心的封建社会里，男子如何能容许妇女学习和使用自己不懂的文字？何以 1931 年以前的历史文献中不见"女书"系文字的存在和记述，且当地居民族谱、碑文中也无蛛丝马迹？尤其是对"女书"的界定问题，"女书"形成的历史过程和历史原因，"女书"与女权及妇女的社会地位的关系问题等，应是学术界深入探讨的关键。

"女书"作为人类一种独特文化现象，首先给人的是一种惊奇，然而，随之而来的则是疑惑和理性思考，人们必然会进一步要求对为什么会形成这种独特的女性文字做出科学解释。如果说 20 世纪 80 年代中期至 20 世纪 90 年代中期是"女书"研究的初始阶段，那么，20 世纪 90 年代末至 21 世纪，"女书"研究将从初始的介绍阶段进入科学论证阶段，将从对其文字的考据进入以文字为基点的历史文化和女性文化的研究阶段。由此，"女书"研究也将是一种复杂的、多学科的交叉研究，它需要语言学、文字学、历史学、考古学、民族学、妇女学、民俗学、民间文学等多学科的综合参与，其科学考证需要大量、准确、全面而系统的"女书"文化的实物资料作为基础。为此，中南民族学院女书文化研究中心的学人正着手：（1）编撰一套"女书"文化研究资料丛书。这套丛书包括"女书"作品汇考（所编的"女书"作品，必须是"女书"流传区妇女用"女书"文字撰写的"女书"文本）、"女书"流传区人文历史、风俗习惯、语言状况、妇女文化史等 15 种，以供世人对"女书"有一个全面真实的了解；（2）创办"女书"文化展览馆，让海内外学人通过展览对"女书"文化有一个更为直观的把握；（3）筹划在2001年秋召开"女书"文化首届国际研讨会，让关心"女书"的中外学人有一个共同讨论、相互交流"女书"文化研究心得的机会。

"女书"是文字史上唯一的女性文字，是人类历史上非常珍稀的文化遗产。研究这种独特的文字，揭示这种女性文化现象的历史成因，将会对我们今天的社会构成、两性观念的更新、人类发展的未来模式有无穷的启示。我们愿和海内外学人一起共同关心、爱护和研究这珍贵的文化遗产，争取早日把"女书"的真正价值揭示出来并昭示于世，以此为人类文化研究做出贡献。

（谢志民　叶绪民　邹建军　李庆福）

# 中国港台和国外学者对女书
# 习俗文化的研究

　　女书是世界上唯一还在流传的女性文字，女书习俗作为一种具有明显女性特征的文化，是这种文字赖以发展、传承的文化基础。女书被挖掘推向学术殿堂后，中国港台和国外学者对女书习俗文化的研究十分重视。美国的史凯珊，法国的斐书馨、苏梦婷，德国的艾娃，日本的远藤织枝和长尾一朗、百田弥荣子，中国台湾的郑至慧、刘斐玟，中国香港的罗婉仪等就多次在江永考察女书习俗文化并取得研究成果。

## 一　中国港台学者对女书习俗文化的研究

　　女书发现不久，1986 年 9 月，中国台湾妇女新知基金会董事、出版部主任郑至慧从一份英文报纸上，得知湖南江永县至今仍流传一种女性专用的文字——女书，她便在《妇女新知》第十期上介绍女书文字的特点和发现经过。但是那个时候她只知道这种文字"笔画纤细、字字倾斜"，却不知道女书的真面目和文化背景，她迫切想了解这种神秘的文字和产生它的文化土壤。1989 年 11 月，妇女新知基金会的女性学研究学者顾燕翎结识了郑州大学妇女研究中心主任李小江，李小江是妇女研究丛书主编，他正帮助谢志民教授编辑出版《江永"女书”之谜》，同时他还告诉顾燕翎等，女书发现者宫哲兵将参加来年在郑州大学举办的“中国妇女社会参与和发展研讨会”。这些消息让妇女新知基金会的同行们激动不已，她们很快就能和大陆的学者探讨女书文化了。1990 年 3 月，在郑州“中国妇女社会参与和发展研讨会”上，妇女新知基金会郑至慧、顾燕翎等与宫哲兵相识，宫哲兵给她们讲女书传人高银仙、义年华的故事。这些来自边远山村瑶寨农妇朴实的故事深深地吸引了新知会的女性研究学者。会后郑至慧来到武汉中南民族大学宫哲兵家中，宫哲兵把他收集的三朝书、帕书、扇书等原始女书资料拿出来，郑至慧看后惊叹不已，她看到下面这些女书作品时，简直不敢相信这些创作出自偏僻瑶寨没受过教育的农妇之手。

天开南门七姐妹　遇着凤凰去下飞
拍翅叫啼声送远　结义长行久不休
几对鸳鸯入过海　刘海戏蟾传万村
孟女弹琴云下盖　长日念经坐佛堂
可如韩湘吹玉笛　远听箫形好风光
几俫同行同述乐　可比天仙女下凡
四边姤侬好过日　仙洞佛境过时辰
别样别行侬不气　只气好恩没日陪
几俫大齐六七十　还有世间好多年①
若是转青十八岁　远水长流要终身
几俫分离双泪流　难舍难离各自行
大姊心中有忧虑　一子一孙单薄了
细姊房中无忧虑　三个娇儿孙又多②

① 大齐：大家。
② 细姊：小姊，即二姊。

三姊正是没忧虑　　两个娇儿一点花①

孙子外甥匀称称　　四姊亦是无忧虑

三个娇儿没点忧　　孙子孙女满堂红

五姊家中好过日　　可比一口聚鱼塘

……

——《天开南门七姐妹》②

　　这首女书歌谣反映了女书流传区妇女结交"老同"的一种社交习俗。为了让中国台湾及海外学者更好地了解和研究女书及其习俗文化，郑至慧和宫哲兵相约在台湾出版这方面的专著。由于这是中国台湾妇女新知会首次和大陆学者联合出版著作，加上女书是一种特殊的文字不易排版，而且当时通信也不便，在整理稿件过程中遇到了许许多多难以想象的困难。但郑至慧她们并没有被困难吓倒，而是迎难而上，想尽一切办法让女书专著在台湾顺利出版。1990 年 8 月，郑至慧再次冒着火炉天气来到武汉，和宫哲兵共同校对书稿，经一个月才完成。回到台北后，郑至慧把从宫哲兵那里带来的女书原件，先把原稿放大 1.54 倍，再用描图纸蒙在上面，三万多字的女书原稿逐字照描，仅描女书字就让妇女新知会的杨瑛瑛、余丽娜、林秀英等二十多个姐妹用了一个半月才完成。1991 年 1 月她们终于在台湾出版了第一本女性文字专著《女书——世界唯一的女性文字》，这是在大陆之外首次出版的女书文化专著，对女书习俗文化研究在中国台湾及国外的传播起了十分重要的作用。

　　1994 年 4 月 17 日郑至慧在台北创办了第一家女性主义专业书店——女书店和"女书经典讲读会"，继续从事女书文化和女性文化研究。

---

① 一点花：一个女儿。

② 赵丽明：《中国女书合集》，中华书局 2005 年版，第 784—786 页。

　　台北"中研院"民族研究所研究员刘斐玟，《天下》《康健》两家杂志社资深编辑林伟仁这对夫妻对女书习俗文化研究也是情有独钟。1992年，他们在美国希拉丘兹大学攻读博士学位时，就一起到江永考察女书歌谣，1999年回到台北工作，先后到江永调查采访七八次，刘斐玟的博士论文就是写女性歌谣包括女书作品的民间文学，答辩通过并获得优秀。

　　香港艺术创作人、绘画艺术博士罗婉仪也是个女书迷。1997年她到英国进修艺术硕士学位，专攻素描。在写学位论文时，她做了个奇怪的梦，居然在英国梦到了湖南江永的女性文字——女书。第二年她孤身一人来到江永，从县城租了一辆三轮摩托（当地叫慢慢游），赶到铜山岭农场采访阳焕宜老人，还到阳焕宜老人的娘家——上江圩阳家村采风。2000年3月9日，罗婉仪再次到铜山岭找阳焕宜学女书，阳焕宜把自己珍藏了大半生的一条围裙送给罗婉仪做纪念。2002年11月19—22日，江永举办湘粤桂三省区十县市第六届南岭瑶族盘王节暨江永女书国际研讨会，罗婉仪应邀参加，期间她和江永女书传人何静华、欧阳兰淑结拜为"老同"，互赠女书作品。不久妇女协进会出版了她的女书专著《一册女书笔记——探寻中国湖南省江永县上江墟乡女书》。2004年2月23日至3月20日，罗婉仪在岭南大学举办了自己的艺术展：一个神话的追迹——一个有关阅读"女书"的综合艺术展览。现在她是英国温布尔登美术学院艺术博士候选人，还在延续着她的女书梦。

　　黎海宁是香港城市当代舞蹈团艺术总监，其编导的众多作品在国际上产生了深远的影响，曾于1999年后连续3年获香港舞蹈联盟"舞蹈年奖"之编舞奖，2000年获香港特区政府颁发"荣誉勋章"。在完成《女人心事》编舞后，黎海宁凭着敏锐的触觉，再度探索女性课题的作品。黎海宁以女书习俗文化，及香港女作家西西和黄碧云的作品出发编创的全新舞蹈作品《女书》，于2007年12月7日开始在香港文化中心剧院上演。舞蹈分为三大段落：第一部分舞者把玩纸扇与红巾，流露出中国古代封建社会中女性的哀愁，以及表现女书文化的美与表达女性情感的关系。除了演绎女书习俗文化的丰富内涵，第二部分黎氏更用上了香港本地女作家的作品，包括西西的《解体》及其部分诗作，以及黄碧云的小说片段，带领观众由东方文化追寻到西方文化，风格由含蓄到奔放。第三部分则描述女人如何在后现代社会寻回自我，带领舞者以身体游走于书与非书之间，在女书濒临绝迹的年代，重新解开古今女性心中的秘密。

## 二 日本的女书文化热

日本文部省每年都要拨出一定的经费用于女书习俗文化研究，并多次邀请中国国内女书研究学者到日本讲学。根据有关资料得知，光是在日本高校，就有日本文教大学、日本目白大学、日本成城大学、日本早稻田大学、日本明海大学等的教授对女书习俗文化有比较深入的研究。日本女书文化研究专家小幡敏行、百田弥荣子等被江永县邀请参与"抢救女书文化的希望工程"建设。日本文教大学的远藤织枝是最关心女书习俗文化研究的海外学者，这位身材瘦弱的日本老太太近年曾先后多次远渡重洋，前后已到江永9次，足迹踏遍了上江圩的山山水水，不仅阅读了大量女书作品和民间女书手抄本，更与几位硕果仅存的女书传人交上了朋友，深入了解当地的风情民俗。她不辞辛劳的精神在江永当地传为佳话。远藤织枝发表了一系列女书研究论文，出版了女书研究的专著《中国的女性文字》（日本株式会社三一书房1996年版）和《中国女文字研究》（日本明智书房2002年版），还资助出版《奇特的女书——全国女书学术考察研讨会文集》（北京语言学院出版社1995年版）。

1995年远藤织枝到匈牙利的布达佩斯参加日本语研讨会，和其他国家的学者谈起了女书文化。大家都非常感兴趣，就请远藤织枝做这方面的报告。当时广播台也来了记者采访，做了报道。他们都认为女书是非常宝贵的遗产。1997年，远藤织枝在日本召开了关于女书文化的研讨会——女性与女性文字。特别邀请了周硕沂老人和何艳新老人参加这次会议。他们分别在东京与大阪做了两场报告。会场特别大，何艳新当场表演了女书书写，是用大屏幕投影的，以便使听众都能看得清楚。何艳新还唱了女书歌谣。她唱得很投入，当时场内鸦雀无声，听众无不为之感动。

1999年远藤织枝又在美国的亚洲学会上发表了女书文化研究报告。那时是通过放幻灯与各种图片来表现这种文化的。美国学者非常惊奇，都表示应该对女书习俗文化予以重视并进行保护。主持人哈佛大学的教授提议：最好搞一个女书网页，以让全世界都了解女书文化。回到日本，远藤织枝就赶紧把网页做好了，用英语和日语两种文字介绍女书文化。网站分为"导言""中国女书濒临灭绝""女书图片和作品""江永女书国际学术研讨会发言汇编""女书调查报告"等17个部分，还能链接到远藤织枝的两本专著《中国的女性文字》《中国女文字研究》的主要内容。由于时间和精力的限制，特别是女书调查研究方面，迄今为止远藤织枝只做过三次更新，但还是有很大的反响。其中，有美国某大学的教授写信说，看到这个网页上的内容，他非常高兴，觉得它非常有意义。在上课的时候，他还让学生看并读女书文字。有意大利、澳大利亚的女学生给她写信说，她对女书文化研究非常感兴趣，非常想到中国来考察，并问了一系列的实际问题，比如：怎么去考察？具体地点在哪？路线该怎么走？那里的人文风情怎样？等等。还有，奥地利有一位女研究生的硕士论文就是写关于女书方面的。

2001年10月18日，远藤织枝专程来到武汉，和中南民族大学女书文化研究中心谢志民、叶绪民、邹建军、何红一、李庆福等几位专家进行交流。专家分别从语言学、民族学、文字学、文学等学科角度多侧面地对女书文化做了详细介绍。远藤女士对女书文化表示极大的关注，对女书文化旅游开发项目表现了浓厚的兴趣，并对这一项目的发展提出疑问。会议结束时，女书中心就2002年10月在江永召开的"女书文化国际研讨会"，向远藤女士发出盛情邀请。她自己介绍说，从1993年起，每年都到江永当地搞调查，一直到现在。最初的调查是自己出钱，规模非常小。1997年就得到了日本文部省的重视，获得了文部省的认可，规模大了许多。

2002年11月，远藤织枝参加女书国际研讨会的时候，她深有体会地说："通过多次的实地考察，江永女书濒临灭绝边缘的现状令人担心，来参加此次研讨会，我希望能尽个人最大努力呼吁与会的专家学者们团结起来，为女书的保护工作共同努力!"远藤女士的呼吁在会上引起多方共鸣。参加研讨会期间，远藤织枝教授带着一名翻译来到红艳女书馆，她用日语问个不停，与欧阳红艳一起在"女书馆"门前合影，她说："要让广大日本人看到女书，看到红艳女书馆，看到这快要灭绝的女书得到了新生!"

2004年9月10日，由远藤织枝等筹划的"女书的历史、现状与未来国际研讨会"在北京中国社会科学院语言研究所会议厅举行。中国社会科学院语言研究所与日本中国女文字研讨会联合举办，约30位中国和日本的学者参加了这次研讨会。会后出版了《女书的历史与现状：解析女书的新视点》。这次会议规模不大，也没有像女书文化抢救工程座谈会和江永女书国际学术研讨会那样，给学术界造成深远影响，但也是日本学者联合中国学界首次举办的女书学术研讨会。

除远藤织枝外，日本研究女书的还有小幡敏行、百田弥荣子、樱井隆等。百田弥荣子是日本东京亚洲民族造型文化研究所教授，1997年9月22日，她和日本同庆应义大学教授铃木正崇一起来到江永考察女书。她先后走访了阳焕宜、唐宝珍等女书老人，到千家峒和花山庙、盘王庙、女书村等地考察，回来后写了一篇调查报告《千家峒与"女书"——湖南江永上江圩乡的民俗》，被收入《抢救世界文化遗产——女书》和《女性文字与女性社会》这两本书中。日本明海大学的樱井隆也写了一篇《对女书字典编撰的几点提议》，对编写女书字典提出了自己的意见。她认为，"要编撰字典，应首先大量收集文字使用的具体例子作为基础资料"。而收集资料"最直接方便的办法可能是把仍然在世的女书使用者的手写文字作为基础资料。这样可以直接向使用者本人听取字义和发音等"。从"三朝书之类的过去已有的资料中采收文字可以说是最为可靠的办法。文字因其本来的目的而使用的实际用例，才是唯一的最好的资料"。"如果把为保存传统文化而学习女书的人所写的字作为资料来采用的话，那将是很危险的。因为文字使用者本人有自创文字的可能，即把事实上不存在的文字掺杂进来，这一点不能不引起我们的注意。"她对周硕沂编写的《女书字典》提出了批评，指出周氏编的字典"线条的粗细有了变化"，"与传统女书的风格迥然不同"。最后她提出了编写女书字典的意义，说："女书字典是为了今后把女书文字作为活的文字来使用的一个重要手段。因此在编撰字典的时候，也有必要考虑到该字典应负担起年轻一代学习女书的工具这一重责。"[1] 樱井隆的这些见解对我们今后编写女书字典很有启发作用。

## 三 其他各国家对女书文化的关注

美国、法国、德国、澳大利亚等国家学者对女书习俗文化研究的关注并不亚于日本。

法国一位女权主义者认为，"女书是世界妇女的圣经"。

---

① 远藤织枝、黄雪贞：《女书的历史与现状——解析女书的新观点》，中国社会科学出版社 2005 年版，第 110—116 页。

1983 年 8 月在美国召开的第 16 届国际汉藏语言学会议上，由宫哲兵、严学宭合作提交了《湖南江永平地瑶文字辨析》，首次在国外学界介绍女书。会后这次会议的执行主席、美国著名语言学家哈里·诺曼教授在给严老的信中写道："这真是一个惊人的发现，我相信它将引起语言学家们和人类学家们极大的兴趣。"

1988 年，美国哈佛大学教授史凯珊为了研究掌握女书，了解女书习俗，毅然辞掉中国外文出版社工作，孤身一人多次来到江永。她经常没日没夜地提着录音机向老太太们学习方言，录制成女书，熟背了 2000 多个音符。4 个月后，离开江永时，史凯珊不仅把收集的女书文字翻成现代汉字作品，还学会了一口流利的当地口语。2000 年，史凯珊教授受其供职单位——哈佛大学的派遣，再次来到江永，还特意带上她的几名学生，令人敬佩的是她还能口操纯正的上江圩方言和大家交流，她决定再用几年的时间，对女书习俗文化展开更深层次的研究。

美国华人学者、诗人、《中外论坛》总编辑、《美华文学》副主编王性初先生于 2000 年 9 月 22 日来到中南民族大学参观访问，并与女书文化研究中心主要成员就有关女书习俗文化研究、中外文化交流等问题进行了座谈。女书文化研究中心谢志民教授、叶绪民教授、李庆福、盘剑波、田野诸同志，以及相关专业的部分研究生参加了座谈会。

座谈会上王性初先生对女书文化研究提出了宝贵的建议：（1）女书文化展览不能搞一个临时性的展出，而要力争搞一个真正成规模的女书博物馆，将女书的神秘性、奇特性、女书产生的习俗文化背景集中展示出来，要采取中英文对照的解说词，符合国际展览标准。（2）外国的专家学者长期以来对女书习俗文化的考察和研究非常有兴趣，并且也取得不少成果。对国外女书研究的论文和专著要尽量收集到。（3）要对女书习俗文化研究的现状进行一次全面清理，哪些问题是已经解决的，哪些问题已基本解决，哪些问题没有解决，哪些问题是重点和难点。

2001 年，美国纽约《中外论坛》第六期发表了由谢志民、李庆福等撰写的《难解的中国女书文字之谜》，提出了女书文化研究有待破解的难题，如女书文字的渊源问题、形成的时代、字符体系的性质问题等都还有待深入研究和科学考证。又如女书何以独在湖南江永及其毗邻一带妇女中流传？在以男性为中心的封建社会里，男子如何能容许妇女学习和使用自己不懂的文字？何以 1931 年以前的历史文献中不见女书系文字的存在和记述，且当地居民族谱、碑文中也无蛛丝马迹？尤其是对女书的界定问题，女书形成的历史过程和历史原因，女书与女权以及妇女的社会地位的关系问题，等等。

2005 年 7 月 21 日，在北京举行的首届世界汉语大会上，联合国教科文组织助理总干事 Mounir Bouchenaki 特意提到了中国的女书："听说最后一位熟悉女书的人去世后，这种文字也随之消亡了。"他表示，联合国有关部门应该与中国政府一起，为保护濒危语言做出努力。

2005 年 8 月 11 日，美国福特基金会董事满蔚玛（Wilma Pearl Mankiller）、苏乔立（Charlie Lee Soap）率领的美国福特基金会有关官员一行 11 人，在湖南省妇联副主席肖百灵、湖南省博物馆馆长陈建明等有关领导和专家陪同下，前往江永考察女书。考察期间，美国福特基金会官员详细听取了江永县抢救、保护女书的情况介绍，参观了女书园、普美村落和女书传唱。决定由福特基金资助 169 万元在普美村建立江永女书生态博物馆和数字博物馆，将其发展成为展示女书习俗文化的基地。生态博物馆将征集、整理女书原件 80 余件，与女书相关的实物如服饰、纺车、女红等 100 余件，录制与女书相关的歌曲 1000 首，原始作品 1000 份，等等，并建立女书文化信息库。江永女书生态博物馆是由江永县委宣传部联合湖南省妇女儿童活动中心、湖南省博物馆、湖南大学马克思主义学院向美国福特基金申请的文化抢救项目。该项目于同年9月正式启动。

2005年9月15日，东安碑刻女书被发现，9月23日，美国《侨报》发表《碑刻女书首次惊现湖南》的文章并认为："迄今为止首次发现刻在石碑上的女书文字，日前惊现湖南。这一发现可能改变传统女书研究史料"；"更重要的是，此前尚未找到流传三代以上或更早的女书作品，而此次发现的碑刻女书至少经历了数百年的风雨沧桑，甚至更久远"。

法国的斐书馨、Martine Saussure-Young也是女书文化迷。Martine Saussure-Young是法国巴黎东方诸国的语言和文化研究所的博士，曾在广东外语外贸大学西方语言文化学院教授法文，给自己取了个美丽的中文名苏梦婷。她多次和中南民族大学女书文化研究中心及江永县女书管理中心联系，要求到武汉和江永学习考察女书习俗文化，她的博士论文就是关于女书的，题目是《关于教学女书和文字在一起的过程》。2005年4月14—19日，苏梦婷女士来到中南民族大学女书文化研究中心考察访问，先后和谢志民教授、李庆福副研究员探讨女书研究，还和江永本地的一些学生座谈，向她们了解女书流传区的风土人情、女书民间教育的特点。虽然远在法国巴黎，但她时刻惦记女书文化研究的进展，随时准备再到中国来对女书及习俗文化做进一步的考察，希望和中国女书文化研究专家进行学术交流。

（李庆福　李福昌）

# 女书文化研究二十年

　　1982 年原中南民族学院政治系教师宫哲兵（现为武汉大学教授），在中国湖南省江永县及其毗邻一带妇女中发现了一种神奇而独特的文字符号，这种文字符号被世人称为"女书"，又叫"女字"，使用这种文字符号的妇女则把男性用的方块汉字叫"男字"。这种奇特的文字符号被挖掘出来后，国内外学者都十分重视对女书文化的研究，20 年来，女书文化研究取得了丰硕成果，随着研究的深入和一批批成果陆续问世，中国女书学正在成为一门独特的学科。

## 一　深闺里的字谜

　　女书被发现时就像闺房中的女红，仅为当地妇女所独用。女书一般书写在自制的手写本、扇面、布帕、纸片上，有些则绘织在织锦和花带上。女书的笔画只有点、竖、斜、弧四种，不像汉字有八种，其最富有特色的笔画是它的"弧笔"，弧度或大或小，变化多端。字符形体呈长斜体菱形，一般右上角为全字的最高点，左下角为全字的最低点。书写格式自上而下，从右到左，没有标点符号，不分段落，一书到底。女书字形秀丽纤细，造型奇特，整齐匀称，既有小篆的风格，又有甲骨文的刚劲，古意盎然。经过近二十年来的收集、整理，目前我们能看到的女书作品有四百余篇，约二十余万字。女书文字有着自己独立的发音、词汇和语法结构，约有 2000 多个字符，是一种表音文字。大多一音多义，同一个字既可以有几个不同的写法，也可以有几个不同的读音，但能独立运用于日常生活。女书作品内容多表达妇女内心感受或记载一些重大历史事件，像装帧精美的《三朝书》及一些个人传记作品，如《高银仙自述》《义年华自传》《胡慈珠自述》《唐宝珍传》《八女之歌》等。还有一些作品描述了古代妇女的不幸遭遇和悲苦生活，如《孤女怨》《寡妇歌》《没爷没娘跟嫂边》等。

女书文化与当地女红文化、歌堂文化、结交文化、婚嫁文化等有着密切的关系。唱女书，习女红，结老同，赶庙会，"坐歌堂"，过"吹凉节""斗牛节"，等等，女书世界的女子们用这种内部交流的女性文字建立了自己的一方净土。女书大都是能唱的诗体作品，以七言体最多，也有少量五言体。有些作品是纯粹的七言诗，但并不像汉语古典诗歌七律、七绝那样讲究严格的押韵对仗，也有个别为杂言诗体。当地妇女用女书编歌，还用女书翻译当地比较流行的汉语唱本。2000 年暑假我们到江永铜山岭农场考察时，当时已经 95 岁的阳焕宜老人拿出自己珍藏多年的女书作品，她一开始就唱起来了，而不是照着念，唱完之后再写。过了 90 岁的老人拿毛笔写起女书来，还是一笔一画，写得相当认真，刚劲有力。写在纸张上的，叫作"纸文"；写在扇面上的，叫作"扇章"；写在手帕上的，叫作"帕书"；绣在布块上的，叫作"绣字"；织在被子、带子上的，叫作"字被""字带"。阅读写在纸张上的女书，叫作"读纸"，阅读写在扇面上的女书，叫作"读扇"；阅读写在手帕上的女书，叫作"读帕"。只要过年过节或是农闲时期，她们就用这种文字读唱娱乐、记事记史、诉说身世、互至信函、祭祀祈祷，男人对此既不过问，也不反对。女书的流传一般靠老传少，母传女，或亲朋好友相传，世代沿袭，绵延至今。她们用这种传女不传男的"密码"，经一代又一代的精心创造、完善，为自己圈出了一块男人禁入的领地。千百年来这种文字一直在岭南一带妇女中广为流传。据 1931 年 7 月由和济印刷公司印、曾继梧编的《湖南各县调查笔记·花山》（上册）记述："花山，在层山岭之麓，石玲珑若花然。相传唐时，谭姓姊妹学佛修真，入山采药，相与坐化于此，土人于山顶立庙祀之。石既罗列有致，加以崇林美荫，磴道缘石罅以出，升降忘劳。每岁五月，各乡妇女焚香膜拜，持歌扇同声歌唱以追悼之。其歌扇所书蝇头细字似蒙古文，全县男子，能识此种文字者余未之见。"说明女书在江永县及邻近地区极为盛行，然而对它的研究却是 20 世纪 80 年代才得到重视。

## 二 女书文化研究的成果

### （一）广泛开展田野调查，收集女书原始材料

女书被发现以后，女书研究越来越受到国内外专家学者的重视，中南民族大学最早对它进行了广泛的调查和研究。先后 20 余次组织调查组到江永及其邻近乡村考察，收集了大量的女书原文资料。1992 年 6 月 12 日正式成立了专门研究机构——"中南民族学院女书文化研究中心"（现为中南民族大学女书文化研究中心），配备了专职研究人员。该机构现有研究人员 11 人，其中教授 7 人，副教授 4 人，包括语言学、文字学、女性学、少数民族语言文化等学科方面的专家。清华大学、中央民族大学、中山大学等学校和郑州大学妇女学研究中心、珠海市博物馆等科研单位及中国港澳台地区和国外也常有学者到江永县调查。其中清华大学教授赵丽明女士先后到江永调查达 30 多次，有的外国学者到江永一去就是半年。据不完全统计，20 年来，前往江永县及江华、富川和恭城等地考察女书文化的国内外学者达 2 万多人次。

（二）召开了三次国内学术研讨会，开展女书学术研讨活动

为了推动女书文化研究的深入开展，中南民族大学先后与有关单位组织召开了三次国内学术研讨会，交流女书文化研究成果。1991年9月21日，原中南民族学院发起召开了首次全国女书学术研讨会，会议在武汉召开。参加会议的有张舜徽、李格非、张正明、冯天瑜等三十多位来自全国各地的著名专家学者。会上大家一致认为女书是世界上唯一的一种仍在使用的女性文字，在文字学、语言学、历史学、考古学、民族学、妇女学、民俗学及民间文学等诸学科的研究方面均有重要价值，并充分肯定了中南民族学院在女书研究方面取得的成就，高度评价了该校在抢救女书这一珍贵的中华民族文化遗产方面所做的积极贡献。这次会议为后来的女书文化研究奠定了坚实的基础。

随后不久，同年11月16—19日，由中国民族古文字研究会、清华大学、全国妇联妇女研究所、中国社会科学院历史研究所、中南民族学院、湖南省江永县政府等单位共同发起举办的"全国女书学术考察研讨会"在湖南省江永县召开了。来自全国十个省、市、自治区的六十余名专家学者聚会女书之乡，深入农家瑶寨，实地考察了女书生存的自然环境和社会环境，深入探讨了女书这一独特的文化现象。著名学者季羡林、周有光教授还专为会议做了书面发言。中国台湾妇女新知基金会郑至慧、英国伦敦大学 Ilariasala 小姐还专题介绍了女书的影响和她们的研究情况。这次会议收到论文30余篇，会后由北京语言出版社出版了一本学术考察研讨会的论文集《奇特的女书》。

2001年5月25—27日，中南民族学院女书文化研究中心和湖南省江永县政府又共同发起召开了一次"中国女书文化抢救工程"座谈会暨全国女书学术研讨会。会议在中南民族学院举行。参加这次会议的学术界同人多达百余人，其中包括很多在全国学术界享有盛誉的学者，如汪宁生教授、陆耀东教授、朱祖延教授、刘守华教授、吴永章

教授等。与会专家学者认真总结十多年来女书文化研究的成绩及经验，共谋女书文化抢救及开发之大计。在许多方面取得了共识，最后通过了《中国女书文化抢救工程倡议书》。这次会议成为新世纪女书研究承上启下、开创女书研究新局面的一次盛会。

（三）大批学术成果问世

随着女书文化研究的深入开展，女书文化研究取得了丰硕的成果，涌现了一批女书文化的研究专家，发表了有关女书文化的学术论文 150 多篇，在女书文字体系的性质、渊源、产生时代及与普通汉字的关系等方面取得了重大突破。在女书作为独特的女性文字符号体系这一问题上已基本上取得了共识，此外在现代女书作为汉文的一种异形字问题的看法上也取得了相对的一致。同时出版了一批专著，像宫哲兵主编的《妇女文字与瑶族千家峒》（中国展望出版社 1986 年版）；赵丽明、宫哲兵著《女书——一个惊人的发现》（华中师范大学出版社 1990 年版）；宫哲兵编著的《女书——世界唯一的女性文字》（台湾妇女新知基金会 1991 年版）；宫哲兵著《女性文字与女性社会》（新疆人民出版社 1995 年版）；等等，是女书文化研究中的重要著作。谢志民著《江永"女书"之谜》（上、中、下册，河南人民出版社 1991 年版），荣获第六届中国图书二等奖；赵丽明等主编的《中国女书集成》（清华大学出版 1992 年版）是目前收集女书作品最全的集子，其著《女书与女书文化》（新华出版社 1995 年版）也有较高的学术价值；还有杨仁里、陈其光、周硕沂编译的《永明女书》（岳麓书社 1995 年版）和李荆林著《女书与史前陶文研究》（珠海出版社 1995 年版）等，都有自己独到的见解。最近中国文联出版社又出版了梁晓霞女士十年女书研究的心血之作《中国女书》，该书以散文的笔调，从文字学、社会学、伦理学、哲学等角度，对女书文化做了多元的考证和思辨。这些著作从不同层面、不同角度提供了大量的女书研究资料，促进和推动了女书文化研究的纵深发展。周硕沂、潘慎和王澄溪女士在女书书法上都有自己的创新，潘慎已经用女书将毛泽东诗词和孙中山的《总理遗嘱》写成长卷，打算到各地进行展出。王澄溪已出版《澄溪女书书法字帖》（河南美术出版社2002年版）。还有周硕沂编的《女书字典》、潘慎编撰的《女书辞典》、谢志民等研制的《女书有声电子字典》等都即将出版。

中国港澳台地区和国外学者也十分重视对女书文化的研究。像美国的史凯珊、法国的斐书馨、德国的艾娃、日本的远藤织枝和长尾一郎、中国台湾的郑至慧等就多次在江永考察并取得研究成果。日本文部省每年都要拨出一定的经费用于女书研究，并多次邀请国内女书研究学者到日本讲学。日本文教大学的远藤织枝前后已到江永9次，发表了一系列女书研究论文，出版了一部近20万字的专著《中国的女文字》（日本株式会社三一书房1996年版），还资助出版《奇特的女书——全国女书学术考察研讨会文集》（北京语言学院出版社1995年版）。美国哈佛大学教授史凯珊为了研究掌握女书，毅然辞掉工作，孤身一人多次来到江永，向当地老太太学习女书，已经学会了一口流利的当地口语，并收集到大量的女书原文资料。中国台湾女性文化研究专家郑至慧积极宣传鼓动港台学人对女书的研究，她资助出版了由宫哲兵编著的《女书——世界唯一的女性文字》，并和杨跃青等拍摄了女书专题纪录片《女书——中国妇女的隐秘文字》。

### 三 女书文化研究存在的问题

#### （一）女书的界定及女书流传区的范围

在女书发现早期，由于女书传人高银仙、义年华、阳焕宜等大多集中在江永县上江圩一代，由此不少人认为女书流传区域仅局限于江永上江圩和道县相邻一代，流传范围不大。然而随着田野调查的日益广泛深入，尤其是中南民族大学女书文化研究中心成员 2000 年暑期又一次深入湘南、桂北几个县进行广泛调查，结果表明，在湖南江华、道县，广西富川、灌阳等地都有女书流传的痕迹，女书流传范围远非过去所认定的区域。实际上宫哲兵早在 1982 年也曾在江华瑶族自治县的平地瑶村寨中发现了女书流传线索。他当时在江华上游公社调查，许多村寨的瑶族同胞向他反映，他们那一带有女书流传，只是没收集到实物和找到女书传人。

近两年中南民族大学女书文化研究中心成员邹建军、叶绪民、谢志民、李庆福、何红一等又先后利用暑假，再次深入广西富川、钟山、灌阳、恭城，湖南江华、江永等地进行考察，走村串寨，一家一户在岭南平地瑶地区寻访女书踪迹，在广西富川瑶族自治县福利乡白竹田坪村、新华乡龙集村、麦岭乡高桥村，广西钟山县两安瑶族乡，湖南江华涛圩镇、大石桥乡等地，收集到一些女书原件。特别是在广西钟山县退休干部梁永新家中发现了已珍藏 20 多年的女书文本"三朝书"，据介绍这本"三朝书"是 1981 年在钟山县红花瑶族自治乡一位老人罗宅给梁永新的，为蓝黑色粗布，纵贯一条红黄相间的缎子，装订与江永上江圩镇流传的女书文本"三朝书"相同。书内共 26 页，前 6 页是"三朝书"作者写给新姑娘的信，后 6 页是新姑娘给"三朝书"作者的回信，内容及款式与江永女书"三朝书"无异。附图 8 幅，所绘内容有花草、鸟、树、麒麟、暗八仙等，其余是空白。这样的"三朝书"在湖南道县也有，在宁远也有，而且道县和宁远还能找到会认女书字的老人。因此仅仅把女书界定为江永特有，只在江永一带流传的观点是错误的。

（二）关于女书的族属问题

对于女书的族属，一直是大家争论的问题，有些专家认为女书记录的江永土话是一种汉语方言土话，因此女书是一种汉字的变体。有的则说是彝族文字，有的说是古越民族的文字，也有的说与侗族有关，但更多的学者趋向于女书与瑶族有渊源。

最先提及女书是瑶族文字的是民国的袁思永。中国革命博物馆收藏了袁思永珍藏的第一篇女书——《猺（瑶）文歌》及其序，序言："一九四五年，何君晓南持猺文一纸，云是猺女读物，系得自田广洞陈中兴，转以赠余，此固求之数年而不可得者。入手展玩，纸色红旧，纵横五百七十四字，字迹秀媚，行列端整，不知出自谁家女手，惜一字不可识，无以解其音义，各地猺户同化日久，亦罕有能读者。惟观其用笔及造字结构，则与近代殷墟发掘所见甲骨文直是一体，固知流传远自太古，其创造当在篆籀以前。"很明显，中国革命博物馆收藏的这篇女书是一首瑶歌，而且是来自瑶家女子手中，女书是一种瑶族使用的文字，这在新中国成立前就已经被确认。

1983 年，宫哲兵发表了《关于一种特殊文字的调查报告》[①]，文中也认为女书是平地瑶的一种文字，接着他又和严学宭教授合作写了一篇文章《湖南江永平地瑶文字辨析》，参加第十六届国际汉藏语言学会议，引起与会专家的极大兴趣，被称为"一个惊人的发现"。1985 年在宫哲兵主编的著作《妇女文字与瑶族千家洞》中，尽管书中有些文章提出女书是一种汉语方言文字，但宫还是认为女书与瑶族有着密切的关系。1991 年在江永召开的全国女书学术考察研讨会上，有不少代表也提出女书是平地瑶的文字，其中廖景东、熊定春提交的《试论女书与平地瑶的关系》[②] 从女书的流传地域和使用范围等进一步考证女书与平地瑶的内在关系。赵丽明女士等在《城步大瑶山妇女使用的符号文字调查经过及讨论》[③] 一文中则试图通过江永女书与城步大瑶山瑶族妇女现在还在使用的符号对比研究，揭示女书与瑶族的渊

---

① 《中南民族学院学报》1983 年第 3 期。
② 参见史金波等主编《奇特的女书》，北京语言学院出版社 1995 年版。
③ 同上。

源。日本的小幡敏行和百田弥荣子也分别论证女书与瑶族的关系，认为女书是平地瑶文字。[①] 近年来，中南民族大学女书文化研究中心谢志民、李庆福重点考察研究女书与平地瑶的关系，通过多年的调查，已经从女书的流传范围、女书流传区的风俗习惯、女书文字的特点、女书书面语与平地瑶口语之间的关系，找出了女书与瑶族的内在联系，进一步认定，女书曾在湘南、桂北瑶族中普遍流传，是瑶族历史上曾广泛使用过的少数民族文字。

### （三）关于女书的产生年代

女书到底是何人创造，是什么时候产生的？目前学术界也是众说纷纭，有的说女书为九斤姑娘创造，有的说是瑶族姑娘盘巧发明，也有的说是宋代皇妃胡玉秀创造的。都是依据民间传说，可信度不大。至于产生年代主要有三种观点。

（1）女书产生于史前的刻划符号，与甲骨文同步甚至还早。珠海市博物馆李荆林在其著作《女书与史前陶文研究》中，通过女书与陶文的对比研究，认为女书与陶文有很深的渊源。株洲工业学院的刘志一和江永县文化馆的周硕沂则认为女书是产生于尧舜时期的部落文字。谢志民教授也赞同女书产生在与甲骨文同时的年代，是商代一种古文字的孑遗。潘慎和梁晓霞在《再谈南楚奇字——女书》一文中也认为女书比甲骨文还早，是中国古代刻划文字的"母字"，母系氏族社会的产物。

（2）女书产生在唐宋时期。江永县县志办刘志标在《试析江永"女书"与瑶族的历史渊源》[②] 中，认为女书为瑶族文字，它产生于瑶

---

① 参见〔日〕小幡敏行《关于女书的几个问题》，黄德城译，宫哲兵《女性文字与女性社会》，新疆人民出版社 1995 年版；〔日〕百田弥荣子《千家峒与"女书"——湖南江永上江圩乡的民俗》，《第一书房》2000 年 7 月 5 日。

② 《贵州民族研究》2000 年第 4 期。

族社会早期，成熟于晚唐、五代十国，盛行于两宋、明清时期。刘的这种观点也仅仅是推论，缺乏材料依据。

（3）女书的产生不早于明代。宫哲兵和赵丽明都持这种观点，赵丽明在其《女书与女书文化》中从女书文字的特点分析出，女书不会产生很早，估计在明代较合适。宫哲兵在《女书时代考》①《论江永女书绝非先秦古文字》等文章中从女书与汉字、女书的作品、女书的造字者、女书的传人、史志记载等方面，探讨了江永女书的起源及其流行年代，认为女书绝非先秦古文字，发生期不会早于明代，盛行于清末与民国时期。由于目前明清以前的女书材料没有任何发现，这种观点得到相当一部分学者的认同。

## 四　抢救保护女书文化迫在眉睫

中国女书是文字史上唯一的女性文字，是人类历史上非常珍稀的文化遗产。在中华民族文化史、文字史上都具有特殊的意义。它不仅是中国的，而且是世界的；不仅是妇女的，也是全人类的。女书是人类学家、民族学家、语言学家、妇女学家研究的宝贵资料。女书在结构、构词、读音及作品内容反映出的特点，对女书文化的研究，在文字学、语言学、历史学、考古学、民族文化史、民族关系史、妇女学、民俗学和民间文学等诸学科方面都有着重要的价值。然而随着女书传人高银仙、义年华等老人相继去世，目前在世的能阅读和书写女书的只有 95 岁的阳焕宜、60 多岁的何艳新等人，女书的传承已岌岌可危，抢救和保护这种文化遗产十分紧迫。女书文化的抢救和保护不仅成了学人关注的热门话题，而且引起了各级政府的高度重视。2002年 6 月 7 日国家教育部专门派员到中南民族大学了解女书文化研究的成果及如何抢救保护女书等问题。湖南省文化厅和永州市文化局共同

---

① 参见史金波等主编《奇特的女书》，北京语言学院出版社 1995 年版。

发起重点建设江永女书文化生态保护区项目，使濒临失传的女书文化在原生区域得到恢复与发展。原广西壮族自治区副主席奉恒高，亲自莅临2001年5月举行的"中国女书文化抢救工程"座谈会暨全国女书学术研讨会，会上他呼吁各级政府部门要重视女书文化的抢救和保护工作。江永县政府文化部门在女书遗迹保存较好的上江圩普美村建立了女书文化村，并在该村建起了"女书学堂"，请高银仙孙女胡美月给年轻的一代妇女传授女书。使女书文化薪火相传，流传于世。对女书文化的抢救和保护，新闻媒体也不甘落后，中国新华社、美国美联社、德国《法兰克福评论报》，中央电视台、重庆电视台、湖北电视台、湖南电视台，《人民日报》《光明日报》《经济参考报》《北京日报》《羊城晚报》《华声报》《深圳特区报》《江南时报》，等等上百家新闻单位，进行了专题采访报道，新华社记者采写了通稿，中央人民广播电台发了内参，在新闻媒体的推动下，关注女书文化研究和抢救的呼声一浪高过一浪。筹划在江永县举办第一届女书国际学术研讨会，使国内外女书研究专家欢聚一堂，共同交流女书文化研究最新成果，并预计向联合国教科文组织申报，将女书列入"世界文化遗产"保护项目。

（李庆福）

# 语言生态学视野下的瑶族女字和喃字

　　一个民族的语言和文字的产生、发展和消亡是离不开其独特的社会人文文化环境的，正如冯广艺先生所言："一般来说，如果不是人类的强行干预，自然生态的变化是按自身的规律成周期性地运动，而语言生态的变化完全是由社会条件、由使用语言的人的一系列活动造成的，如人口的迁徙，不同民族的人群的杂居、聚居，语言使用人数的减少或增加，语言政策和语言规划的调整等。"① 瑶族是源于中国的世界性跨境民族，支系繁多，因地域、语言、经济生活、风俗习惯的差异，自称、他称数量之多，在世界各民族中十分罕见。自称就有"勉""优勉金门""史门""敏""标敏""布努"等 60 余种。他称更多达 390 余种。其语言也同样纷繁复杂，经过我们多次的田野调查，瑶族语言应可以分为五个支系，既勉瑶（过山瑶）、布努瑶、平地瑶、梧州瑶、茶山瑶。茶山瑶分布在广西金秀大瑶山，属壮侗语族侗水语支。勉瑶（过山瑶）语言属于苗瑶语族瑶语支，分布在世界各地，中国、越南、美国等国家都有，直到现在这些地区的人们还用汉字并夹杂瑶喃字来记载自己传唱的歌谣。平地瑶、梧州瑶主要部分在湘南、桂北一带，平地瑶语言虽然可以归入桂北平话，但属于一种汉瑶混合语，含有大量苗瑶语底层，梧州瑶也属于一种汉瑶混合语，但其古越

---

① 冯广艺：《语言生态学引论》，人民出版社 2013 年版，第 10 页。

语底层更多，更接近于壮侗语族壮傣语支。平地瑶中流传一种独特的女性文字——女字。

## 一 宋代以来流传的瑶族古文字

瑶族历史源远流长，文化丰富多彩。宋代以来，不少文献就记载瑶族有自己的文字。周去非（1135—1189）在其《岭外代答·木契》中曰："瑶人无文字，其要约以木契。合二板而刻之，人执其一，守之甚信。若其投牒于州县，亦用木契。"还说他曾在静江府（今桂林市）灵川县当县尉，碰到过瑶人到县衙投诉，也是用一片长余尺的木板："左边刻一大痕及数十小痕于其下，又刻一大痕于其上，而于右边刻一大痕，牵一线道合于右大痕。又于正面刻为箭形及以火烧为痕，而钻板为十余小窍，各穿以短稻穰，而对结绞焉。"接到木刻诉状的官员都不知其意。后请人翻译为："左下一大痕及数十小痕，指所论仇人将带徒党数十人以攻我也。左上一大痕，词主也。右一大痕，县官也。牵一线道者，词主遂投县官也。刻为箭形，言仇人以箭射我也。火烧为痕，乞官司火急施行也。板十余窍而穿草结绞，欲仇人以牛十余头，备偿我也。结绞以喻牛角。"周去非记载的这种刻划符号其实是瑶族文字的雏形，只是周去非没有认识到这一基本文字学原理而妄下"瑶人无文字"之语了。比周去非稍晚的宋代另一地理学家祝穆（？—1255）对瑶族这种刻划文字符号的记载更为明确。祝穆少年丧父，就读于朱熹家塾。他嗜书如命，手不释卷。青年时，祝穆往来于吴、越、荆、楚之间，遍访民情风俗，尤其可贵的是，他还深入过岭南瑶族聚居区，后把所见所闻编撰成综合性地理志《方舆胜览》70卷。其中记载有"（融州瑶人）刻木为契约，字画如梵书，不可晓"。说明瑶族自宋代以来就有一种像梵书一样的文字存在，这种文字比周去非记载的刻划文字符号更成熟了，已经可以用来订立契约，只在桂北偏僻的瑶山流行，外人都不认识。明清时期地方志对瑶族文字的记载更多，而且融入了汉字篆文的书写原理，似篆非篆，用来抄写瑶文经书。傅恒等撰《皇清职贡图》"贵定县瑶人"条、李宗昉《黔记》、鄂尔泰《贵州通志·苗蛮》卷七等载：自粤西迁来的贵定等处瑶人，"有书名榜簿，皆圆印篆文，其义不解，珍为秘藏"。《黔苗图说》瑶人条、《黔南苗蛮图说》花瑶条也有关于"榜簿"的记载。而《苗蛮图》作"旁礴"，当系"榜簿"之误。清代连山知县李来章在其《连阳八排风土记》卷七《约束》记载："五排十一冲瑶人，于五经、四书、《孝经》、小学一字不肯读。平日排师所教者，皆瑶书也。"并说："瑶书有数种，如《阎罗科》《上桥书》、扶道降神等名。皆鄙俚、诞妄不经。而扶道降神，崇邪诲叛，尤为无忌惮之甚者。……予深恶之。巡历诸排，搜其书，尽焚烧之；拘其师，差押驱逐出境。"

可见，清廷政府为了巩固自己在瑶族地区的政治文化统治，严禁瑶人学习使用这种似篆非篆的文字。同时积极在瑶族地区兴办学校，迫使瑶族人民接受汉文教育。由于清政府的文化政策，湘南、粤北、桂北、黔东南一代瑶区流传的瑶书——圆印篆文受到毁灭性的摧残，但在我国一些十分偏僻的瑶族地区和迁徙到国外的过山瑶中，参考借用现在的汉语繁体楷书字以及越南喃字和古壮字，创造出的另一种瑶喃字保存下来了。

除了圆印篆文、瑶喃字外，还有一种瑶族文字也在湘南、桂北流行。1931年7月，由和济印刷公司印、曾继梧编的《湖南各县调查笔记·花山》（上册）记江永花山庙"每岁五月，各乡妇女焚香膜拜，持歌扇同声歌唱以追悼之。其歌扇所书蝇头细字似蒙古文，全县男子，能识此种文字者余未之见"。其实这种蝇头细小似蒙古文的文字就是现在还在流传的瑶族古文字——女书（又称女字）。国家博物馆就保存了这样的女字文物——《猺（瑶）文歌》。它是民国时期袁思永收藏的一篇女字作品。袁思永,字巽初,号茧斋,湖南湘潭人,曾做过湖北督练公所军事参议官,后调任浙江新军督练公所的首任总参议。蒋介石到日本留学就是袁思永任职浙江时选送的。袁思永所收藏的这篇作品应是他在做湖北督练公所军事参议官时收集的,后到浙江做官时捐献给了浙江博物馆,而后再由国家博物馆收藏。《猺(瑶)文歌》其实是一篇用女字写的普通书信。瑶族书信作品一般没有标题,《猺(瑶)文歌》是袁思永后来加的。因为这封书信是从湖南道县田广洞瑶族妇女手中收集到的,所以袁氏把他命名为《猺(瑶)文歌》。袁思永作序言:"一九四五年,何君晓南持猺文一纸,云是猺女读物,系得自田广洞陈中兴,转以赠余,此固求之数年而不可得者。入手展玩,纸色红旧,纵横五百七十四字,字迹秀媚,行列端整,不知出自谁家女手,惜一字不可识,无以解其音义,各地猺户同化日久,亦罕有能读者。惟观其用笔及造字结构,则与近代殷墟发掘所见甲骨文直是一体,固知流传远自太古,其创造当在篆籀以前。谨宜什袭藏之,俟异日觅一识者译成善本,与考古专家一一辩证以为快。俾后之人知我国同文数千年以来,穷荒边陬尚留有此种不可湮灭之特殊文字也。因赋此以张之。"

这篇《猺(瑶)文歌》直到 1992 年才被国家博物馆工作人员王南整理出来。他立即拍照寄给了女书文化研究专家谢志民教授,除少数看不清楚外,其他的谢教授一一对照做了翻译。其实这只是一封普通的家信,是一位已经出嫁的村妇写给亲人的,与现今仍在流传的女书作品"三朝书"类似,主要叙说自己家庭的不幸。这种瑶族女性文字 20世纪 80 年代被中南民族大学挖掘整理出来后,引起学术界极大的关注。1983 年 8 月,在美国召开的第十六届国际汉藏语言学会议上,宫哲兵和著名少数民族语言文字学家严学宭合写了一篇《湖南江永平地瑶文字辨析》参加国际会议。这篇论文立即引起了国际汉藏语言学家的关注。这次会议的执行主席、美国著名语言学家哈里·诺曼教授在给严学宭的信中写道："这真是一个惊人的发现，我相信它将引起语言学家们和人类学家们极大的兴趣。"

周有光在《比较文字学》一书中也认为："女书可能是当地说汉语的'平地瑶'妇女所创造，它是瑶族文字而书写汉语方言。"从文献资料中我们可以看到瑶族古文字的发展脉络：

刻画符号→梵文→捏造篆字→圆印篆文→过山瑶喃字

蒙古文→蚂蚁文→瑶文→平地猺女字

圆印篆文的特点是屈弯有序，流畅自然，似篆非篆，似汉非汉，暂且命名为瑶篆字，另专文探讨。

## 二　女字是一种独特的记号音节文字，是瑶文化、汉文化、古越文化等多种文化相互影响的产物

湖南江永、道县等女字流传地区汉瑶杂居，各种文化相互交流影响。女字虽然参考借用了少量甲金文、篆字和楷书字并受到汉文化的影响，但在发生学上与汉字没有关系。如 ⚡ ［mu³¹］ （母，篆文"🔣"）、⚡ ［tɕi³¹］ （见，篆文"🔣"）、⚡ ［pu⁴⁴］ （步，金文"🔣"）、⚡ ［so⁵⁵］ （杀，金文"🔣"）、⚡ ［joŋ³⁵］ （王，楷书"王"）、⚡ ［na⁵⁵］（日，楷书"日"）等。从字体构件看，女字是由点、竖、斜、弧4种笔画先组成构件，进而组成文字的，不像汉字有点、横、竖、撇、捺等八种。女字与汉字、英文、俄文、日语等发展道路也不同。它用两千个左右的字符就能完整地表达日常文化生活。它的常用字大都是多音多义字，而且单音单义字、多音多义字、同音字、异体字，彼此交叉，错综复杂。字符标什么音，表什么义，需要在句子中才得到具体的体现，都没有规律性的形式标志。包括历史上

遗存的象形字、会意字，在现代女书中绝大多数都演变成了记号性符号，走的是一条独特的文字发展道路。像"𢒼"，它有四种读音四个不同的含义：一读 [liu³¹]，义为"吕"；二读 [ka⁴⁴]，义为"甘、肝、疳、功、宫、官、观、棺、冠、光、烘"等；三读 [ka³⁵]，义为"赶、管、广、网"；四读 [ka³¹]，义为"干、杠"。再如"𡶵"，它也有四个读音四种含义：一读 [kuɯ⁵⁵]，义为"国家"；二读 [kue⁵⁵]，义为"隔"；三读 [kue³⁵]，义为"压"；四读 [wue⁵⁵]，义为"条"。它们不同的读音和语义要在特定的语境才能确定。

女字主要在平地瑶中流传。平地瑶是瑶族中经济文化比较发达、汉化程度较高、影响较大的一个相对独立的支系，分布在广西富川瑶族自治县、恭城瑶族自治县、平乐县、灌阳县、钟山县、贺州市、荔浦县、蒙山县、防城县和湖南江华瑶族自治县、江永县、汝城县及粤西北岭南一代，人口 80 余万，约占瑶族人口总数的 1/4，使用两种语言，一种是西南官话，一种是湘南土话也即桂北平话。女字记录的语言正是这种桂北平话，它不是一种纯粹的汉语也不是瑶语，而是一种汉瑶混合语，在湖南江永、江华，广西富川等地叫都话，从一都到二十四都分布不均，既受汉语的影响，也保留了苗瑶语底层。女书流传核心区的江永上江圩镇属于一至四都，有首女书歌《金成土高面皮黄》唱到："一都夏湾唐奉苟，娶妻高氏宏儒名。所生一男并一女，男儿取名唐金成。女儿叫着名琴芝，嫁与二都甘益村。"[①] 第二代女书传人代表胡美月（高银仙孙女）家就是夏湾村的，甘益村离江永女书生态文化村——浦尾村不远。另外从女字的造字原理我们也可以看出这种瑶族文字接受了汉文化、古越文化、荆楚文化的影响，反映出干栏文化、鸟图腾崇拜、女性文化等南方民族文化特质，是南方各民族文化互相交融的见证。

---

① 谢志民：《江永"女书"之谜》，河南人民出版社 1991 年版，第 667 页。

（1）干栏文化。干栏又称高栏、葛栏或麻栏，是从越人巢居演变过来的。干栏建筑的最大特点是：一楼关住牲畜或用来堆放杂物，二楼才住人。女字中的栏 🐾 [la⁵¹]，这个字分三部分构成，上面部分是屋盖，中间是第二层，意为住人的地方，其中竖画表示支撑屋盖的木柱子，下面部分表示圈养牲畜的底层，中间和四周都有木柱子支撑和围着。🐾 这是房，形状上还带有干栏文化的特点，有两个读音 [la⁵¹]、[faŋ⁵¹]，第一个读音与栏相同，是古越语底层。第二个读音才是现代汉语读音，说明已经受到汉语的影响。从这个字的读音可以看出平地瑶的语言已不是纯粹的瑶语，也不是汉语，是一种汉瑶混合语。受到了汉文化、古越文化的多重影响。

（2）鸟图腾崇拜。鸟图腾崇拜是南方各兄弟民族一个共同的文化现象，特别是楚文化以凤崇拜为主。从女字造字原理也可以看到鸟图腾崇拜文化的影响。如 🐾 [li (ai)³⁵]"鸟"，这是个象形字，像鸟之形。最上面部分是头上昂，中是鸟身，左下是鸟尾，鸟尾两侧的点是羽毛。🐾、🐾 这些异体字的头上还有羽冠。🐾 [faŋ⁴⁴]"凤"，象形字，像凤鸟之形。上面部分如同高耸的羽冠，下面部分是鸟形。鸟形而低冠或无冠者为凡鸟，鸟形而高冠者为凤。我国春秋战国时期的楚国和汉代早期的凤鸟图，就是头高昂，圆眼，尖嘴向下呈勾状，胸部隆起，身体弯曲并拉长。这种图腾崇拜和汉文化的龙图腾崇拜有较大差异。

（3）女性习俗文化。女书流传区女性地位较高，以女性为主角的女红文化、歌堂文化、社交文化、节日文化相当发达。最早发现的女书文本《梁山伯与祝英台》和汉语文本不同的是，主角变成了祝英台，梁山伯只是配角。许多女书作品也主要反映妇女生活和情感，很少提及男性包括她们的丈夫。女书中一种重要文体"三朝书"就是写当地妇女结婚后，必须在婚后第三天由丈夫陪同回娘家看望，而且婚后不用在夫家生活，可以回娘家和父母一起生产劳动、过日子，等生了小孩后才正式来到夫家。还有一些女性字词都保留了古音或古字，如 ⽧ ［mu31］"母"借的是篆文"⺽"，而 ⺇ ［fu³¹］"父"借用的是楷书，而且保留了另外一个古音［ta⁴⁴］；又如姐，女字中用的是 ⽧ ［tsa³⁵］"姊"，姐妹一般用姊妹。姊在古文中常常出现，比姐出现更早，姐是汉字简化后所统一使用的字，而古字保存较多的中国台湾很多时候也还使用这个字。尊敬母亲、女性的古风犹存。

正是有这些独特的语言生态环境，才产生了女书这种世界上唯一还在流传的女性文字，而且在文化日益交融发展的今天，它还能够在一定范围内传承下来。

### 三　瑶喃字是借用汉字再创造的方块字，属于汉字文化圈

瑶族除这种女性文字外还有一种喃字，又称土俗字、瑶喃字。它是假借汉字和仿效汉字结构原理和方法再创造的方块文字。越南的越族、岱依族、侬族，以及我国的京族、壮族、瑶族等南方少数民族都有这种文字。喃字最早出现在唐代。特别是宋代以后，随着越南李朝的崛起，其朝臣和一些文人在与之毗邻的壮族文人创制的方块壮字的推动下，开始在汉字的基础上用本土的三大语种——越语、岱语和瑶语记音，造成越喃字、岱喃字、瑶喃字，统称为字喃或喃字，亦称俗字。在广西、湖南瑶族聚居区及越南老街省宝安县、八沙县、文盘县、沙巴县等过山瑶支系中的蓝靛瑶、白裤瑶、红瑶等村寨中保存有大量的瑶喃字经书。越南老街省省委省政府出台系列提案，开办瑶喃字学习班，编写瑶喃字教材，建立瑶喃字书柜，并鼓励瑶族巫师大胆使用瑶喃字传承自己民族文化，还专门给瑶族村寨配备了教瑶喃字的老师，辅导中青年学习瑶喃字。初级班学习时间 9 个月或 1 年，结业时可以掌握 1500—2000 个瑶喃字。

越喃字、岱喃字，中国古壮字、京族喃字产生都不会早于唐代。瑶喃字的产生也应该在唐代以后，发展于宋代，兴盛于明清时期，最早在湖南、广西、广东瑶族聚居区盛行，后来才传到越南、美国等国家瑶族聚居区。越南瑶喃字约有 2000 多个，要和汉字夹杂使用（受强大汉文化影响，中国境内瑶族是汉字夹杂喃字），和过去的日本片假名、朝鲜谚文一样，是脱胎于汉字的一种自造土俗字。其造字方法有以下几种：

（1）假借造字法。这是单纯借汉字声符表意的喃字。许慎《说文叙》："假借者，本无其字，依声托事。"如"里（鲤）""弟（第）""嘲（朝）""元（言）""元（原因、缘由）""長（章）""取（娶）"、"伏事（服侍）"等，这类喃字的特点是借助汉字声符读瑶族语音，并通过瑶族语音反映特定的意义。有的假借喃字另外加符，也有辅助表意的功效。如"女"字旁表示与女性有关，像"娦——嫂""奷——娘"[①] 等。

（2）形声造字法。汉字中的形声字，是将意符和声符组合由意符表意、声符表音所形成的字。如，上形下声的"箕"字，"竹"表意，"其"表音。在瑶族喃字中，同样也有很多此类字符。这类喃字一般由表音和表意两个完整的汉字形体合并而成。因此，这类字又叫形声音意合体喃字。与汉字不同的是，喃字用汉字的声符表瑶族语音，却用汉字意符表汉字本意。如越南喃字"𢆥（年）"，"南"字表示读音，"年"字表示意思。与汉字不同的是，喃字用汉字的声符表越语或瑶族语音，却用汉字意符表喃字本意。如瑶喃字"䄅（着）"，"衤"表意，"着"表音。"衫（衫）"，"衤"表意，"三"表音。形声喃字的特点，从音意部位的结构上看，通常是左声右形，但也有左形右声的，

① 除有特殊注明外，这些瑶喃字见越南老街省文化体育旅游厅编著《越南瑶族民间古籍（一）》，民族出版社 2011 年版。

依此类推还有上形下声、下形上声、外形内声、内形外声等。

（3）改汉字偏旁造字法。如"艹"字头改为"丄丄"，"纟"改为"幺"，"阝"偏改为"亻"，"土"字旁改为"丫"，"氵"改为"土"字旁，"目"旁改为"耳"旁。像"花（花）""茶（茶）""落（落）""墳（墳）"；"细（细）""红（红）""緣（缘）""继（继）"；"陰（陰）""陳（陈）"；"溏（塘）""减（城）""坭（泥）"；"眼（眼）""睡（睡）"；等等。还有的只改一些部件，如下面两组字。"崴（崴、岁）"，崴字里头"少"改为了"小"；"叔（叔）"，叔字下面"小"改为了"少"。

（4）简省（增添）造字法。是指文字构件或整字简化以及笔画简省。这类造字法在瑶喃字中占1/3。"喜"简化为"苦"，"西"简化为"西"，"因"简化为"因"，"出"简化为"屮"，"个"简化为"仝"，"怕"简化为"怕"，"死"简化为"死"，"火"简化为"火"，"粮"简化为"粮"，"银"简化为"银"，"苦"简化为"苦"，"魂"简化为"魂"，"泣"简化为"泣"等。与此相反，还有增添部件而造字的，如"作（作）"，在"作"的基础上增添了一横；"纸（纸）"，在"纸"的基础上增添了一点；"丈（丈）"，在"丈"的右边增添了一点；"斬（斩）"，在繁体字"斬"的基础上右边增添了一点；"飞（飞）"，在"飞"里加了个去字。

还有其他一些造字法，在此不多论述。比如现在有个网络流行用语"有木有"，也就是"有没有"的意思。据考证这个网络用词是2009年《疯狂的赛车》上映后出现的，它来自各地方言，如河北省盐山县方言、武汉话、粤语、南宁白话中都有这个词，但"木（没）"这个字在瑶喃字中也早就使用了。如"日日木粮入倉（仓）庫/半有宽喜便有休"（《叹苦信歌2——又到元满了》，第716页）；"好命占得孔子妹/三妹木媵（养）嵩（崽）在身"（《叹苦信歌3——又到元满了》，第724页）。

瑶喃字的这些造字法在理论上参考了汉字的六书造字原理，实践上也以方块汉字为基础进行改造再为我所用，是一种借源文字，与汉文化、汉字是一种亲缘关系，属于汉字文化圈范畴，体现了汉文化对南方少数民族的影响。当然，为何汉化程度较高并已经使用汉瑶混合语的平地瑶中保存了自己独特的文字符号系统——女字，反倒在保留了自己语言的过山瑶中出现了仿照汉字创造的喃字，这又需要我们进一步探讨和研究了。但不管是女字还是喃字，这两种瑶族文字的产生发展都反映了瑶文化在其漫长的历史进程中与汉文化、其他民族文化相互影响与交融的关系。

（李庆福　王思齐　李林津）

# 语言生态学视野下的女书词汇探究

"语言生态"（Language Ecology）这个术语最早是由美国斯坦福大学 E. Haugen 提出并使用的，他所说的"语言生态"是指"特定语言与环境之间的相互作用关系"。语言生态研究就是要研究特定语言与所在族群、社会、文化及地理环境相互依存、相互作用的生存发展状态。[①]

语言的生态环境首先依赖于社会的生态环境，语言的生态面貌反映了社会的生态面貌。古往今来，语言学家对语言与社会的关系做过很多论述，他们认为语言依存于社会，语言随着社会的产生而产生，随着社会的发展而发展，随着社会的进步而进步；语言是社会的一面镜子，语言反映社会面貌，社会上的一切，都可以在语言中打下它们的烙印；语言又反作用于社会，在一定的环境中发挥出它对社会的约束作用。[②] 而语言中的词汇则最能清楚地反映讲话者的自然和社会环境。一种语言的整套词汇确实可以被看作一个社会所关注的观点、兴趣、职业的复合性创造，从人们随意使用的语言中我们可以推导出他们所处的自然环境特征和社区文化特点。[③] 女书，是流传在中国湖南

① 参见姜瑾《语言·社会·生态——社会语言学动态应用研究》，东南大学出版社 2006 年版。

② 参见冯广艺《生态文明建设中的语言生态问题》，《贵州社会科学》2008 年第 4 期。

③ 参见姜瑾《生态语言学研究面面观》，《苏州教育学院学报》2009 年第 6 期。

省永州市江永县及其毗邻一带妇女中间的一种独特的语言，在女书词汇中，有些词语是现代汉语中所没有的，这些词语外地人很难理解，若直译成现代汉语，单看文字望文生义，很容易产生歧义；有些词语虽与现代汉语词形相同，但词义却不尽一致；有些词语遗留了已在现代汉语中消失的古词古义成分。从这些词语的使用中，我们能清楚地看到女书受到了当地社会人文生态环境的影响，同时也反映出了当地独特的社会文化和审美心理。

## 一　女书中特有的词汇

（1）女书中受到当地习俗影响的词汇。如：

$[lian^{31}jue^{31}]$：两夜

$[son^{44}jue^{31}]$：三夜

两夜收开不闹热，三夜收开真收开。①

"两夜""三夜"，指的是当地的民俗活动坐歌堂，因为这种活动均在晚上，故说"夜"。

第一夜叫作"愁屋"，第二夜叫作"小歌堂"，第三夜叫作"大歌堂"。"小歌堂"夜，贺喜的亲友都聚到一起，宗族祠堂大厅内侧一字并排摆上七张桌子，中一桌置花瓶，内插红花和带叶的蜡树枝，红花象征兴旺发达，荣华富贵。蜡树四季常青，叶在焚烧时发出爆炸声，取祝贺新姑娘与新郎恩爱长存之意，不摆酒食。新姑娘身穿红衣，戴凤冠，着竹叶披肩，系花裙，独坐中席。两旁桌上各摆酒菜，十二伴娘女盛装艳服，分列新姑娘两侧，每席两人。宾客入席后即开始唱哭

---

① 谢志民：《江永"女书"之谜》，河南人民出版社 1991 年版，第 856 页。

嫁歌。传统习惯，新姑娘和伴娘女都只唱哭嫁歌，不动箸。晚上，大厅内灯火辉煌，地上摆满火盆（当地居民的婚礼多在冬季）。伴娘女陪着新姑娘围坐在大厅正中的火盆边，女性亲友都聚集到大厅里，男性亲友则在大厅外层围观，迎亲乐队不时奏乐。大厅里哭嫁歌声、逗乐声、欢笑声、奏乐声，热闹非常。"小歌堂"一般坐到半夜就结束了。"大歌堂"夜，与"小歌堂"的情况基本相同，只是到晚上 10 点钟左右，新姑娘需在伴娘女的陪同下到村内各家哭别（如村子大，则只到关系较亲近的人家），然后再回到大厅与亲友共唱哭嫁歌。通常要到次日黎明才止。三夜歌堂到此结束，午饭后新姑娘即出嫁离乡了，女子的闺女时代就这样正式地结束了。"两夜""三夜"象征着当地女性闺女时代的结束。

如：

〔kɯ⁵⁵ phaŋ⁴⁴ ɕu⁴⁴〕：割封书

二 四 到 来 宿 一 夜，二 五 朝 早 割 封 书。①

"割封书"一词反映的是女书流传区居民婚礼中的一种独特习俗。

按照当地传统习惯，娶亲之家在洞房花烛夜的次日晨，须向女家送一封谢恩书，感谢岳父岳母养育女儿之恩；还要给女家六亲各送一份肉，每份肉贴上用红纸写的受礼者的姓名，这种礼物叫作"封书"。切割为这种礼物的肉叫作"割封书"。封书由新娘亲手切割，一般习惯，送给岳家的每份不超过 5 斤；送给女方六亲的，每份不超过 3 斤。女书中有篇叙事诗②，记述了一位敢于向传统礼节和习惯挑战的新娘，这个女子不要侍娘陪同，自己独到新房，并且割封书时也不按

① 谢志民：《江永"女书"之谜》，河南人民出版社 1991 年版，第 656 页。
② 同上书，第 654 页。

传统习惯，"媳娘本是好胆大，姑姨舅表同六斤"，指的是送给姑姨舅表各家的封书，都同样割的是 6 斤，是传统习惯的每份 3 斤的 2 倍。表现了这个新姑娘不喜旧礼，大胆地表达自己的想法并付诸行动，在割封书这个婚俗环节上"好胆大"，不按当地的一般习惯办事，给了姑姨舅表各家"同六斤"的封书，大大超出了规定的份额。

再如：

$\mathcal{S}\mathcal{P}$ [soŋ⁴⁴li⁴⁴]：三朝

三 朝 愁 书 到 贵 府，奉 请 高 亲 放 量 行。①

三 朝 传 文 书 本 到，崽 个 书 言 相 会 身。②

"三朝"为婚后第三天。"三朝愁书""三朝传文"指的是女书书信的一种"三朝书"。

按照当地传统习俗，结婚后的第三天，要"贺三朝"，即女方家要向男方家赠送三朝礼，包括女方亲朋好友赠送的糖果、红包和装订得非常精致的书信等，向姑娘祝福，向男方家恭贺。其中，精心制作的用女书书写的书信，就是三朝书。三朝书是贺三朝中庄重而珍贵的馈赠礼品。男方家要把送来的祝贺新婚满三朝的书信陈列出来，供男方亲友观赏、阅读，以彰显新娘的亲人及其结交的姊妹都是些有才华的女子，从而衬托出新娘的聪明能干。贺三朝是当地的婚嫁习俗，而三朝书却是女书使用群体所独有的文化形式，当地妇女利用婚嫁庆典的机会，使女人用的字、写的书登上了大雅之堂，向男人社会展示了

---

① 谢志民：《江永"女书"之谜》，河南人民出版社 1991 年版，第 44 页。
② 同上书，第 60 页。

女人的风采。现代汉语也有"三朝"一词,一指婴儿初生后第三天,旧俗这一天为婴儿洗三;二指新婚后第三天,旧俗这一天新妇回娘家。女书和现代汉语"三朝"一词虽都有指新婚后第三天的义项,但是其具体的礼仪活动内容不同,且女书中"三朝愁书""三朝传文"等词组在现代汉语中未曾出现过,是指当地女书使用群体所独有的书信形式"三朝书"。

(2) 女书中反映使用群体独特的文化心态的词汇。人文生态环境是由人类社会各种各样的文化现象构成的。各种文化都是其所属的文化群体在漫长的历史过程中创造并发展的。不同的历史遭遇和经历造就了各个文化群体特有的文化心态。[①] 女书中就有一些反映了女书使用群体独特文化心态的词汇。如:

[lin³¹ lau⁵¹]:冷楼

惟 是 冷 楼 我 两 个,知 理 听 言 痛 恨 声。[②]

问 你 听 言 气 不 气,放 下 两 位 守 冷 楼。[③]

"冷楼"指的是孤寂、冷清的阁楼。

江永及其毗邻一带的民居极具江南水乡特色,常见的形制是天井院,最富特色的是二层的阁楼,出嫁前的姑娘就住在这二楼闺阁之中。她们不能随意与亲属之外的男子接触,不从事主要生产劳动,不能参与社会工作,她们的生活被限制在这狭小的二楼闺阁之中。住在阁楼中的妇女虽然生活天地狭窄,但与其他地方的妇女不同的是,她

---

① 参见张公瑾、丁石庆《文化语言学教程》,教育科学出版社 2004 年版。
② 同上书,第 76 页。
③ 同上书,第 43 页。

们能广泛地交女友、结老同，她们结成义姊妹在自己狭小的阁楼里一起做女红、唱女歌，尽情地玩耍嬉戏，这些都大大地充实了她们的生活内容。阁楼代表她们的闺女时代，代表青春与自由。但是出嫁后，阁楼闺房再无人居住，再也没有姊妹们聚在那里海阔天空，往日热闹的闺楼，人已散，心已冷，便成了冷楼。"冷楼"极其形象地表达了出嫁者对曾经热闹的阁楼如今变成清冷的阁楼的惆怅与感慨。

再如：

[sa³⁵na⁴⁴]：死日

[ȵu⁴⁴ai⁴⁴]：玉日

三 个 同 胞 台 无 用，又 气 将 身 死 日 拢。①

过 了 不 容 隔 疏 义，只 要 同 归 玉 日 时。②

"死日"指的是女子出嫁的日子。"玉日"指的是出嫁前的日子。

"死日"，字面意思是将死之日，在现代汉语中，没有"死日"一词，而"将死之日"这一词组也很难让人联想到有女子出嫁这样的含义。而在女书中，死日这个词指的就是当地女性出嫁之时。如此决绝、厌恶、毫无回转余地的词语，被用来指女子出嫁，这是与当地的人文环境和作者的创作心理分不开的。当地女性都极其不愿出嫁，因为出嫁了就再也不能与义姊妹们无忧无虑地在闺阁里一起唱女歌、做女红，而只能在夫家服侍丈夫、公婆，过着卑贱的生活。她们对封建社会灌输给女性的伦理思想如男尊女卑、三从四德等十分反感，对封

---

① 谢志民：《江永"女书"之谜》，河南人民出版社 1991 年版，第 211 页。
② 同上书，第 100 页。

建婚姻制度极其不满和愤怒。因此,她们将未出嫁前的日子说成是"玉日",玉日,字面意思是美好如玉的日子,这正是当地女性对出嫁前的生活的描述,她们向往自由,认为出嫁前与义姊妹们聚在自己居住的阁楼里做女红、唱女歌是最美好的时光。

## 二 女书中与现代汉语形同义别的词汇

女书与现代汉语之间,有些词词形相同,词义却不尽一致。这些词反映了当地女性特有的审美个性,与普通汉文或一般民间文学中同形的词语所反映出的审美情趣截然不同。如:

包 [liaŋ⁵¹]:龙

将 此 时 来 正 二 月, 龙 出 远 乡 拆 烂 行。①

双 龙 去 出 洞, 黄 河 海 下 穿。②

女书中的"龙"有与现代汉语不同的义项,即指义姊妹。

在普通汉文和一般民间文学中,平民百姓不能称龙,即使是王公大臣也是不能称龙的,而在女书作品中,却将龙指义姊妹,将姊妹比作美好、高尚、尊贵的龙,反映了女书使用群体独特的审美个性,这种审美个性应是受到了女书流传区的人文生态环境的影响。首先,女书流传区在湖南境内,湖南是春秋中期以后楚文化的中心地区,女书应是受到了楚文化的影响。女书中将龙指义姊妹,这与春秋战国时期楚文化中的龙大多被喻为君子的情况相似。如汉代王逸《楚辞章句》

---

① 谢志民:《江永"女书"之谜》,河南人民出版社 1991 年版,第 56 页。
② 同上书,第 153—154 页。

序言中"虬龙鸾凤，以托君子"，即是将龙喻为高风亮节的君子形象。其次，女书流传区地理位置在山野僻壤，旧时的交通又十分不发达，当地人与外界的交往甚少，因此，秦汉之后，虽龙已成了帝王专称，但当地女性却并没有这样的概念；再加上女书作品是由男子不识的女字书写而成，因此，"龙"一词指义姊妹得以使用和流传。

再如：

[ji？⁴⁴jaŋ⁴⁴]：鸳鸯

被 为 他 家 人 紧 逼，拆 散 鸳 鸯 不 成 行！①

才 给 姐 娘 落 阴 府，少 个 鸳 鸯 不 成 行！②

女书中的"鸳鸯"有与现代汉语不同的义项，即指义姊妹。

鸳鸯，在普通汉文和一般民间文学中，一般用以指恩爱的夫妻，是爱情的象征物，如卢照邻《长安古意》："得成比目何辞死，愿作鸳鸯不羡仙。"另外，在汉魏六朝以前的汉文诗歌中，也用来指兄弟朋友之谊，如嵇康赠其兄嵇喜从军诗《送秀才从军》有："鸳鸯于飞，啸侣命俦。朝游高原，夕宿中洲。交颈振翼，容与清流。"再如《答陆士龙四首·鸳鸯六章并序》："鸳鸯，美贤也。有贤者二人，双飞东岳，扬辉上京。"而女书鸳鸯一词则多用以指义姊妹，这反映了当地女性特有的审美个性。当地多小溪小河，九弯十曲，成群结队的鸳鸯很多，当地女性有感于鸳鸯何时何地都玩耍嬉戏在一起，正如她们自己常欢聚一起，唱女歌、做女红的情境。她们非常重视和珍惜与义姊妹们相处的时光，希望能时时刻刻在一起，不愿分离，正如鸳鸯总是成对不

---

① 谢志民：《江永"女书"之谜》，河南人民出版社1991年版，第1011页。
② 同上书，第44页。

落单。这种义姊妹间惺惺相惜、一刻也不愿分离的情感是比她们对丈夫的情感浓厚得多的，这是女书使用群体里较为特殊的人文环境。

再如：

**𗥐𗥐** ［xaŋ⁵¹ɕua³⁵］：洪水

好 比 河 边 杨 柳 树，洪 水 到 河 推 动 身。①

"洪水"指娶亲的男子。

此诗中，杨柳指的是女子，相对应地，洪水指的是男子。河里一涨洪水，河边的杨柳便会被推走，比喻男方一娶亲，女子就得出嫁离乡。在现代汉语中，洪水一词词义是河流因大雨或融雪而引起的暴涨的水流，常常造成灾害。洪水，这样一种危害人们人身安全、令人恐惧讨厌的事物，被当地女性用来指娶亲的男子，把来娶亲的男子喻为洪水猛兽，如此地让人厌恶、排斥乃至恐惧，这种情感是如此鲜明与强烈。她们温柔如水，渴望平静地驻留一地，不愿被洪水卷走，她们羡慕天上自由自在的月亮，渴望自由。在普通汉文或一般民间文学中，嫁娶总体来说是件高兴喜庆的事情，年轻女性对爱情是有向往的，对婚姻嫁娶是有期待的，对婚后生活也是有憧憬的。而在女书中，女书使用者将娶亲的男子说成洪水，将出嫁的日子说成死日，这样不符合儒家的婚姻观，不符合封建礼教，她们表达了对娶亲男子、对婚姻的厌恶，她们不愿嫁做人妇，不喜成婚后被男权压迫，她们向往自由，希望与义姊妹们永聚在阁楼里做女红，唱女歌，任凭精神世界天马行空。"洪水"的这个义项反映出了女书使用群体不同于其他女性群体的特殊内心情感与思想活动。

---

① 谢志民：《江永"女书"之谜》，河南人民出版社 1991 年版，第 178 页。

### 三　女书词汇中遗留的古词古义成分

现代汉语中，有的古词古义已成了死语言成分，一般不再使用，或者已在词汇中消失。然而，在女书中却是常用词。如"台""吾""尔""身"等。

[图] [je³¹]：台

[图]

台本粗心倚过了①

[图]

见 台 有 愁 解 开 心 ②

"台"第一人称代词，指自己。"台"作为"我"义，在现代汉语中已经不再使用，仅存在于历史文献中。"台"作第一人称代词时，音同"怡"。《尔雅·释诂上》："台，我也。"主要见于周代《尚书》，如《尚书·说命》"以台正于四方，惟恐德弗类，兹故弗言"，《尚书·汤誓》"今汝其曰，夏罪其如台"，等等。至唐宋文中，"台"作第一人称的用法已很少见，如西汉史书《史记·殷本纪》："匪台小子敢行举乱，有夏多罪，予维闻女众言，夏氏有罪。"唐代卢肇《汉堤诗》"流灾降慝，天曷台怒"，宋代王禹称《奠故节度使文》"魂且有知，察台深意"。到了元代以后，"台"的自称意义就消失了。而在女书中，"台"却是普遍使用的第一人称代词，仅以《江永"女书"之谜》的第一部分书信为例，"台"字作为第一人称代词的用法就出现了 111 次，占第一人称代词（台、我、吾）出现总次数的 1/3 左右，可见其出现频率之高。

再如：

---

① 谢志民：《江永"女书"之谜》，河南人民出版社 1991 年版，第 21 页。
② 同上书，第 209 页。

[ɕe⁴⁴]：身

（1）作第一人称代词：

几个共凭教嘱身①

姐在高楼教嘱身②

（2）作第二人称代词：

今此三朝全不见，才写书来看察身③

三朝传文书本到，崽个书言相会身④

（3）与第一人称代词组合：

可怜台身命贱薄⑤

只气台身单薄了⑥

（4）与第二人称代词组合：

设此你身宽慢步⑦

---

① 谢志民：《江永"女书"之谜》，河南人民出版社 1991 年版，第 101 页。
② 同上书，第 117 页。
③ 同上书，第 46 页。
④ 同上书，第 60 页。
⑤ 同上书，第 92 页。
⑥ 同上书，第 548 页。
⑦ 同上书，第 65 页。

难得你身是不嫌①

(5) 𗆊 [ɕe44] 身还可与 𗆊 [ʨiaŋ44] 将组成第一人称复合代词，意为：自己、我。可作主语、宾语，也可用作定语。这种复合代词不能与其他代词合。

𗆊𗆊 [ʨiaŋ⁴⁴ɕe⁴⁴]：将身

想着将身眼泪流（自己想起来不禁伤心流泪）②

将身枉为错投女（自己白白地错投生为女人）③

"身"，在古代汉语中，作代词时，与女书中的"身"一样，也是既可以作自称代词，又可以作反身称代词。作自称代词时，相当于"我"，大多用为主语，表示单数。秦汉时"身"已经有自称用法了，广泛用为自称代词，在魏晋之后，多见于六朝小说中，《世说新语》里尤其多。唐代文学中也时见。但宋以后，自称代词"身"就很少使用了。到元代，自称代词"身"在书面语中消失。如：六朝人刘义庆《世说新语·文学》中支（支道林）徐徐谓曰："身与君别多年，君义言了不长进。"《世说新语·赏誉》中王子敬语谢公："公故潇洒。"谢曰："身不潇洒，君道身最得，身正自调畅。"作反身代词时，表示"自身""自己"的意思。但是用例不太多。如：《孟子·滕文公下》中"是何伤哉？彼身织屦，妻辟纑，以易之也。"《吕氏春秋·爱类》中"故身亲耕，妻亲绩，所以见致民利也。"④

---

① 谢志民：《江永"女书"之谜》，河南人民出版社 1991 年版，第 459 页。
② 同上书，第 70 页。
③ 同上书，第 107 页。
④ 陈翠珠：《汉语人称代词考论》，博士学位论文，华中师范大学，2009 年，第 55—56、114 页。

女书中的"身",与古汉语中的"身"功能相似,也是既可作自称代词,也可作反身代词。但是,作自称代词时,与古汉语有些不同,女书的"身"仅出现于宾格,且不仅可表示"我",还可表示"你"义。此外,女书中的"身"还可与"将"组成第一人称复合代词,意为"自己""我"。

古汉中的"身"作为自称代词到了元代之后就在书面语中消失,其作为反身代词的用例也不太多,且其反身称代的功能也没有得到发展。而在女书文本中,"身"不仅一直作为自称代词和反身代词使用,而且还可与其他代词组合使用或组成第一人称复合代词。

语言生态问题,是一个值得重视的问题,语言生态文明建设是社会主义生态文明建设的一个重要支撑点。因此,我们必须保护语言生态文明,就像保护自然生态一样,我们必须保护语言的多样化及各地方特色语言,这不仅是为了语言本身,更重要的是为了人类的美好未来和社会的和谐发展。[①] 女书,作为一种有地方特色的奇特女性语言文字,是非常需要并且极其值得我们去探索和保护的,而在进行探索和保护的过程中,我们不能脱离其产生和流传的地域空间,不能脱离其流传地域的社会人文生态环境、自然地理环境。女书流传区江永及其毗邻一带偏僻闭塞,当地有着独特的社会人文环境,蕴含了深沉的历史文化基因和民族传统基因。[②] 女书中的特有词汇、与现代汉语形同义别的词汇以及女书中遗留的古词古义成分等的产生和流传就受到了这些因素的影响,同时它们也反映出了女书使用群体所处的独特的生态环境。

(谢爱)

---

① 参见冯广艺《生态文明建设中的语言生态问题》,《贵州社会科学》2008 年第 4 期。
② 参见李庆福《试论楚文化对女书的影响》,《世界文学评论》(高教版) 2014 年第 3 期。

# 试论楚文化对女书的影响

　　楚文化是中华文化的重要组成部分，具有鲜明的地域特色和丰富的文化内涵。它主要是指以当今湖北、湖南地区为主体的古代荆楚历史文化。楚民族自立于南方，有着自己独特的发展历史和文化渊源，在长期的发展中形成了自己的民族传统和民族意识。楚文化是长江流域文化的瑰宝，它以江汉地区的文化为基础，吸收中原商、西周文化，江浙吴越文化以及南方其他少数民族文化而形成。著名文学批评家、比较文学学者邹建军教授指出："任何国家与民族的文学，甚至任何作家与作品，都存在一个地理基础与空间前提的问题，因为任何作家与作品都不可能在真空中产生出来，任何文学类型也不可能在真空中发展起来，任何作家与作品及其文学类型绝对不可能离开特定的时间与空间而存在。"① 流传在湖南江永、道县、江华等地的女书自然也离不开楚文化的影响，蕴含楚文化的因子。

## 一　女书流传的特殊人文地理环境

　　据相关的文献记载和多年来专家考究，女书的流传范围主要在岭南瑶族聚居区和部分瑶汉杂居区，包括湖南江永、江华、道县，广西富川、钟山、恭城、贺州等地。目前在湖南的江永上江圩镇、铜山岭

---

　　① 邹建军、周亚芬：《文学地理学批评的十个关键词》，《安徽大学学报》（哲学社会科学版）2010 年第 2 期。

农场、黄甲岭乡和道县的下蒋乡、新车乡以及江华的涛圩镇、白芒营镇等地仍有流传，我们将这些地区分别称为女书流传的核心区和文化圈。① 一切文化现象都是对特定区域环境适应性的结果，女书也是在特定的文化地理环境中形成和流传的。

楚位于华中腹地，自春秋战国以来，楚国与周边的少数民族交往频繁，在长期的接触中通过经济交往与武力征服兼并了周围大大小小数百个民族和地区，将长江、汉水、淮水直至云南部分地区统一起来成为介于华夏与蛮夷之间的国家。《战国策·楚策》苏秦曰："楚，天下之强国也，西有黔中巫郡，东有夏州海洋，南有洞庭苍梧，北有汾陉之塞郇阳，地方五千里，此霸王之资也。"可见荆楚地区北接汉中、河南深受中原文化影响，东临安徽、江西，接吴越文化之灵秀，南界湖南、广西、广东，苗瑶古风犹存，西连四川受巴蜀文化浸润，自古四通八达，五方杂处，夷夏兼采，文化内涵繁杂丰富，祖先崇拜、稻作干栏文化、鸟图腾崇拜等文化现象尤其明显。女书文化这朵奇葩正是盛开在这样独特的人文地理环境中。

女书流传区蕴含了深沉的历史文化基因和民族传统基因，女书流传区的女性地位相对较高，女性可以自由交往，相互交流学习女书文化。湖南江永、江华，广西富川、钟山等地还有许多以祭祀女性为主的庙宇，包括江永的花山庙、道县的娘娘庙、江华的三姑庙、富川的三娘庙等。高银仙、义年华等女书传人就常常到道县娘娘庙求神拜佛。2000 年暑假，我们到铜山岭农场采访阳焕宜（平地瑶）时，她曾回忆说：道县立福洞的龙眼堂那边有个娘娘庙。从上江圩走过去不远。每年二月初一去一次。人山人海，妇女很多。妇女来这里读纸读扇，纸上扇子上写满了女书。女书的内容大多是求子求福、去病去灾。一边读女书一边烧纸、烧香，求平安。女书流传区的妇女在家中

---

① 参见谢明尧、李庆福等《女书习俗》，湖南人民出版社 2008 年版，第 1 页。

学习传唱女书，过斗牛节、吹凉节等与姐妹相聚并自创歌谣，唱和交流女书。女书传人高银仙、义年华等还用女书为姊妹们写传记，也有用焚烧女书来祭拜逝去的姐妹的习俗，在一系列的文化活动中用女书作品表达情感，体现了妇女的群体地位和心路历程。女书文化便是贯穿在瑶族文化与楚巫文化这样的文化环境里，不断地吸收融合，形成了自己独具特色的女性文化。

## 二 女书与楚文化的凤崇拜

鸟图腾崇拜是中华文化中仅次于龙图腾崇拜的一种民间信仰习俗。崇鸟习俗以东夷的尊鸟和楚地区的崇凤最为独特，凤图腾崇拜是楚文化的重要组成部分。女书流传区的鸟图腾文化相当浓厚，女书歌谣中的崇鸟意识一览无遗，如：

初步出山幼阳鸟　　不会拍翅开嘴啼
啼得高声人取笑　　啼得低声人不闻①

麻雀鸟崽嘴弯弯　　弯入大门得驰争
打对耳环个谷大　　打得金钗禾谷长
吃早插起去送客　　吃脯插起日晒溶
日的晒溶我不气　　归得我爷出手工②

青山鸟子飞是飞　　飞入乌云不见归
我娘得知我女归　　铜瓶炸肉接女归
我嫂得知我妹归　　台头洗碗装不知
我哥得知我妹归　　面前犁田装不知
我爷得知我女归　　洗净犁耙接女归③

---

① 赵丽明：《中国女书合集》，中华书局 2005 年版，第 1022 页。
② 同上书，第 984 页。
③ 同上书，第 3828 页。

在这些歌谣中,"阳鸟、麻雀、鸟子"都是鸟的别称。《周易·同卦验》云:鸡,阳鸟也;以为人候四时,使人得以翘首结带正衣裳也。《说文解字》曰:"雀,依人小鸟也。"女书作者喜欢用鸟来做比喻,将鸟作为人的代替者,把作者内心的感情倾注到鸟的身上,表现作者对鸟(凤)的无限的喜爱之情。如上面第二首歌谣,作者运用托物起兴的手法,通过对鸟一天辛苦的活动状态的描写来寄寓自己内心的苦闷的情感。

在女书的其他歌谣中还有很多以凤鸟自比的描写。如《天开南门七姐妹》中"天开南门七姐妹,遇着凤凰去下飞。拍翅叫啼声送远,结义长行久不休"。

《十拜歌》:"四拜四个凤凰鸟,天伴高啼远送声。"另外,在哭嫁歌中也有相关的唱词:"龙对龙来凤对凤,凤凰啼时女命乖……"这些都是楚文化崇凤习俗的生动体现。

还有女书一系列字符中,都以鸟为主要造字构件,而且把鸟放在最尊贵的地位,也就是鸟的原生态最早地表现在文字之中。如""[li(ai)$^{35}$]"鸟",这是个象形字,像鸟之形。最上面部分是头上昂,中是鸟身,左下是鸟尾,鸟尾侧的点是羽毛。""[Fan$^{44}$]"凤",象形字,像凤鸟之形。上面部分如同高耸的羽冠,下面部分是鸟形。""[tɕue$^{44}$]"君",会意字。两鸟并列,双鸟意为最高长官。""[tau$^{51}$]"头",会意字。在头饰凤翎之形的左部加一斜画作为指示符号,指示凤翎插戴的部位——头。汉字中这些字所用的部件就不一样。汉字是用人的部分形象来代替一切动物的部分。如以人头为头,以人的身体为体;而女书是以鸟头来表示头,以鸟体表示体;再比如说,国君的"君",汉字是以酋长开口为国君的君再加"夫",女书是以头上插着鸟羽的羽人为夫。这就是说,汉字是以人为主,它反映了汉字的造字特点。鸟头、鸟脚、鸟翅、羽毛等很多女书字里都有，把鸟图腾的观念输入女书字里。这不是个别字，而是一个系列，是一个体系，反映女书字造字的特点。说明鸟在创造字的祖源里有着非常高的地位，和人一样的重要。

### 三 女书与楚稻作文化

与鸟信仰密切联系的便是稻作文化。在古代典籍和出土文物中我们可以看出鸟图腾崇拜和稻作文化两者之间有着密切的联系，如浙江平湖、松阳、定海、金华等地采集的文本中很多地方指出麻雀为人类从天上盗来谷种，才使得大地上有了稻作生产。在长沙大塘遗址出土的 7000 年前的凤凰图案，其凤鸟口中即衔着禾苗。我国的稻作文化历史悠久，长江中下游一带是我国古代稻作文化的发祥地之一。那么，有着显著鸟图腾崇拜的荆楚地区，其稻作文化也是不言而喻的。

首先楚地拥有水田千里，素有"水田之乡""稻田王国"之称。古代楚人的谷物信仰很突出，他们自古以来把谷种解释为上天所赐，这些有关花木果实的信仰就是对植物信仰的具体化，例如在苗族，认为稻谷是有灵魂的，把谷魂看作主宰稻作农业、决定年成丰歉的一种神秘力量，就是这一思想的体现。在楚人的丧葬习俗中也可以见谷物，丧葬中有一项为饭含习俗，即分别向死者口中填实粮食与小件玉类物。饭含因死者身份等级不同而各有区别，王与王后用黍米，诸侯与夫人用粱米，士与妇用稻米，等等。不仅如此，稻作文化在荆楚地区的饮食结构中更加凸显，"鱼米之乡"是对荆楚地区饮食结构的最精确的概括。大米是一日三餐不可缺少的主食原料，大米产量大，食用广，加工方法也很多，例如米发糕、米豆丝、汤圆、年糕、粽子、米酒等。楚人的饮料，见于文献记载的只有酒类，其中有一种名酒叫楚沥，是由"吴醴"和"白蘖"合成酿造出来的一种酒，而"白蘖"

就是用白米做成的。

楚地区的考古发现在屈家岭遗址中期房屋建筑遗迹的红烧土砖内有密接成层的大量稻谷壳；在江陵县毛家山大溪文化遗存中出土距今 5000 多年的稻谷。这些考古发现说明在新石器时期楚人已有水稻种植的生产习俗，荆楚先民是一个以种植水稻为主的原始氏族。

湖南道县、江永地区在古代属于南楚的一部分。因此在女书流传区的稻作文化也是显而易见的。其先民以农耕为主，"日出而作，日落而息"，以种植稻谷为主。尤其这些地区位于群山环抱中，地广人稀，自然资源十分丰富，当地居民多数时间都在田间地头劳作。自古当地官员以"劝农"为主，因此退休或失宠及被贬的官员来到当地后仍是以耕作为生或半耕半读，如著名诗人柳宗元被贬到永州后，融入大自然怀抱寄情于山水，写出了著名的"永州八记"。

从湖南的稻作考古发现来看，永州地区确实是世界稻作文化发源地之一，1993 年和 1995 年考古发现在湖南道县玉蟾岩遗址出土了 4 粒约 1.25 万年前的古稻壳，这是人类所知的最早栽培水稻的谷壳标本，将人类栽培水稻的历史推进到了 1.2 万年前，特别是发现有稻谷遗传，经专家鉴定为栽培种，尚保留野生稻、籼稻及粳稻的综合特征，该遗址还出土了锄形石器，2004 年 11 月 19 日在玉蟾岩遗址又发现了 5 粒古稻谷；1988 年澧县彭头山遗址出土的陶片和土块中发现了大量碳化稻壳，并发现了 9100 年前的古稻田，堪称世界"第一稻田"，可见稻作文化源远流长。

湘南桂北瑶族聚居区流传的文献中也有稻作文化相关记载。被称为瑶族百科全书的《盘王大歌》中唱道："盘古圣君置天地，又制江河又制田，又制五谷奉神圣，又制人民万万千。"瑶族是个山地民族，也是个游牧民族，既从事农业生产，也从事狩猎、林业生产，种植水稻等农作物。《还盘王愿》中许多歌谣就是他们在这方面的劳动经验总结。例如《捉保老歌》唱道：

正月了了雷公叫　　　二月梨头点地行

三月发秧下田垌　　　四月看禾满垌青

五月担锹看田水　　　六月乌鸦叫哀鸣

七月看禾禾上节　　　八月看禾禾带花

九月看禾禾大熟　　　十月收谷入大仓

十一月姊妹做酒饼　　叮吟叮吟上龙台

正话做棕又无叶　　　又话做饼又无糖

将钱去买沙罗斗　　　罗斗纷纷落两行①

　　这首歌反映生产劳动和生活习俗。瑶族主要生活在岭南山区，山下的小坪坝叫垌，是瑶族种植水稻和其他农作物的地方。

　　江永、道县作为女书文化的发祥地，自然也有着楚地稻作文化的特色，所以女书文化中也有楚地稻作文化的因子。女书流传区农业生产和生活、饮食习俗带有鲜明的稻作文化特点，水稻是这一地区的主要农作物，长期以水稻生产为主要生计，而妇女也常常下田劳作，插田收谷，样样都会。高银仙、义年华、阳焕宜都参加过各种农事活动，因此对当地的农事安排非常清楚。在义年华的《农家乐（二）》和高银仙的《农家事》提到了相关的农事安排，例如《农家事》：

清明下谷月　　　　　入秧两手满

四月莳田　　　　　　六月割禾抢种

抢收禾谷入仓　　　　九月双降

收禾谷满仓　　　　　一年收入入屋

五月种萝卜早萝卜　　月入萝卜月入菜

早五月种起　　　　　天天种得②

---

① 张声震：《盘王大歌》，广西少数民族古籍研究所 2002 年版，第 220 页。

② 赵丽明：《中国女书合集》，中华书局 2005 年版，第 938 页。

　　在女书中经常提到的当地种植的"桐禾米"是一种具有浓烈芳香的软稻米。女书流传区的饮食受其稻作文化的影响，以大米为主，大米可以煮干饭和稀饭，来到这里就可以尽情享受米制品的美味。当地生产的大米煮的干饭香软可口，凡到这里做客的朋友吃后都赞不绝口；在炎热的夏天，当地的稀饭，或是玉米粉和大米稀饭掺和在一起的玉米粥可以清凉解渴，而且容易消化，营养丰富；当地村民还用自己生产的大米酿酒，制作办法简单，先把大米煮熟，然后加酒曲发酵，再用锅蒸出酒，家家户户都会做，这种酒叫"米酒"，也有叫"水酒"。女字 ✳ ［tsiau³⁵］"酒"，意为米流出来的水，是用米做的。喝酒有利于活血舒筋，提高睡眠质量，村民喝完酒第二天又可以干农活。到女书流传区做客不喝酒是不行的，正如"无鸡不成席，无酒不成宴"，婚配嫁娶、丧葬祭祀不论红白喜事都要摆酒席。当地还喜欢喝油茶，亲朋好友来了首先上一碗油茶，而这种油茶是把茶叶炒好后打出汁再加水煮成"油茶水"，所以叫打油茶。食用时，围坐火塘，主妇把碗摆在桌子上，碗里放上葱花、菠菜等，用热油茶稍烫，再加米花和花生、黄豆等副食品，即可食用。女字 ✿ ［tsu⁵¹］"茶"就是树叶和"米"字构成的，说明大米在人们的饮食生活中的重要地位。

　　女书流传区这些独特的生活文化习俗历史悠久，深受楚文化和其他少数民族文化的影响，反映出古代我国南方各兄弟民族之间的文化交流及相互融合的民族关系。

（李庆福）

# 女书作品《女子成长歌》的
# 民俗文化内涵

　　民俗文化是聚居在一定地域上的民族群体在与所处的自然生态环境和历史人文环境相适应的过程中共同创造、享用和传承的民间生产、生活文化的总称。民间歌谣是中国文学的起源之一，有着悠久的历史和丰富的内涵。特定的地理生态环境是孕育民间歌谣的肥沃土壤。《女子成长歌》是女书流传区妇女在娱乐时传唱的一首民间歌谣，是极富地方特色的女书文学作品。

　　女书是产生于湘、桂、粤三省交界处一种特殊的女性文字，它所反映的是地理生态环境影响下的当地妇女民俗文化。女书既能写在书本、手帕、扇子上，也可以用来读唱甚至即兴表演。《女子成长歌》就是其中具有代表性的一首，至今仍在江永地区传唱不衰。歌谣记录了女性从出生到桃李年华（20 岁）的成长历程，展现了包括女红、婚嫁在内的民俗内涵，呈现出一段女性生命历程与地理环境因子交相影响的斑驳图景，对于女书文化研究具有重要意义。

## 一　《女子成长歌》的不同唱本

　　《女子成长歌》是女书作品中的代表作之一，女书传人高银仙、义年华、何静华等都能说能唱。歌谣主要叙述过去女书流传区女儿成长中需要学会的闺中女红技艺以及为人处事要注意的地方。一般母传女或亲朋好友相传。由于年代久远，在传唱的过程中，出现了不同的唱本。据文献记载，最早的女书唱本分别出自第一代女书传承人义年华和高银仙的手抄本：

> 义年华抄存本《女子成长歌》："一岁女/手上珠/二岁女/裙脚拥/三岁学行亦学走/四岁提篝入菜园/五岁跟婆摘董叶/六岁和姥养蚕蛹/七岁拿篮绩细锭/八岁上车纺细纱/九岁裁衣又学剪/十岁拿针不问人/十一织罗又织锦/十二抛梭胜过人/十三梳头头扭界/十四梳起亲乌云/十五正当爷者女/十六媒人拨不开/十七接起郎茶信/十八亲爷打嫁妆/十九台头替贺位/二十上厅酬谢娘/酬谢爷娘养大女/酬谢公姥养大孙。"[①]

> 高银仙抄存本《一岁女，手上珠》："一岁女/手上珠/二岁女/裙脚婴/三岁学行亦学走/四岁提篮入菜园/五岁搭婆炒茶叶/六岁搭嬷养蚕婴/七岁篱上绩细综/八岁上车捡细纱/九岁裁衣又裁剪/十岁拿针不问人/十一结罗又结海/十二抛纱胜过人/十三梳个髻分界/十四梳个髻乌云/十五正当爷的女/十六媒人拨不开/十七高楼勤俭做/十八抬头领贺位/十九交亲到他门/厅屋之中有赠碟/碟子花开十二层/姐姐养得金坨女/双吹双打送上门/十字街头搭嫂曰/搭嫂去归服侍娘/服侍爷娘服侍姐/寒天与娘挟炭火/热天与姐扇凉风/孝顺出归孝顺子/不孝生归不孝儿/有日孙曾成长大/宽待爷娘有细心。"[②]

首先，通过文本对比发现，二者传承的《女子成长歌》唱本存在一致性和差异性。从内容上看，尽管有些句子中出现了用词不同的情

---

① 谢志民：《江永"女书"之谜》，河南人民出版社 1991 年版，第 843 页。
② 赵丽明：《中国女书集成》，清华大学出版社 1992 年版，第 581 页。

况，但表达的意思是相同的。如义本"五岁跟婆摘菫叶"，而高本为"五岁搭婆炒茶叶"。"菫叶"即菫叶介属植物，可做茶叶，分布在我国湖南、贵州、云南；"摘"与"炒"虽然意思不同，但都表示与茶叶有关的农事活动。所以，我们认为不同唱本的歌谣所记录女子成长的过程总体相似，差别在于，高本更详尽地叙述了女子婚后不落夫家的生活习俗。

其次，不同唱本的《女子成长歌》反映了相同的地理文化。女子从学会行走后接触到的第一样事物便是菜园土地，再长大之后慢慢学会采摘茶叶甚至制作茶叶，她们六岁能养蚕，七岁会纺纱。这说明，女书流传区是以农业为主的传统社会形态，主要种植经济作物，这一农业生产习俗与当地的地理环境分不开。江永及其周边地区均属于山地丘陵地带，气候温和潮湿，土壤肥沃，盛产茶叶，所以，女子自幼就会茶叶制作技术。另外，两个唱本的《女子成长歌》均记录了女子养蚕、纺纱的情节，说明丝织品在该地的兴盛。然而，据光绪《永明县志》载：永明"地无蚕桑，女以纺绩为业，中下之户或藉女红以助薪米"。这与《女子成长歌》记录女子养蚕的事实向左，我们认为，《永明县志》记录的是光绪年间的社会史诗，而《女子成长歌》记录的内容在传唱过程中已经根据地理环境的变化而发生改变。《女子成长歌》最早只在当地瑶民中传唱，经过战乱迁徙，瑶民与汉民族的交往愈加密切，中原养蚕等农业技术逐渐传到女书流传地区，遂歌谣里出现了与蚕桑有关的事物。

早先，《女子成长歌》在传唱时无固定名字，因此最早的唱本取名《女子成长歌》或《一岁女，手上珠》，及至第二代女书传承人欧阳红艳的唱本才将歌谣定作《女子成长歌》。欧本与义本除了个别地方用字不同，其内容一致，均为 22 句，记述了女子从出生到 20 岁婚嫁后酬谢爷娘的历程。本文研究以高本为对象。

## 二　女红习俗文化

《女子成长歌》的产生有着特定的地理基础和文化基础，因为任何国家与民族的文学，甚至任何作家与作品，都存在一个地理基础与空间前提的问题，任何作家与作品及其文学类型绝对不可能离开特定的时间和空间而存在。[①] 女书流传区深受楚文化影响，素有女神崇拜意识，虽然现实空间没有摆脱以男性话语权为主的社会形态，但保留了鲜明的女性文化特色。

女红文化是女性文化的物质载体，也是女性文化的主要体现方式之一。女书诸多作品记录了女性学女红、做女红的情节，《女子成长歌》大幅描写了与女红有关的成长风俗：女童四岁入菜园，接触养蚕，八岁便能纺织，十岁学会针线裁衣，十二岁时女童的织锦技术已经非常纯熟。歌谣非常生动地反映了女书地区的女性幼时成长的各个阶段，字里行间洋溢出一种悠闲轻松的画面。这里的年轻妇女不需要像年纪大的妇女一样下地耕作，只在家中纺纱织布，在闺楼中做女红是她们最主要的日常活动。值得注意的是，歌谣传递出的情感十分欢快，不同于《诗经》等文学作品中描写女性繁重劳作的叙事基调，因此，从某种意义上看，当地女性有一种原生的自由思想，这种自由是建立在一定家庭地位的基础上。然而，给予女性自由的空间非常狭小，依然受到男性社会的限制，她们不参加农业生产，过着男耕女织的传统生活，反映出女性被剥夺生产劳动权利的经济状况。

从另一角度来观照，由于当地年轻女性不需下地劳作，纺织裁衣也不以出售为目的，她们的一切农事生产只需要自给自足，因此，年轻姑娘们常常结伴做女红，交流女红技艺，将女书文字用一针一线纺

---

① 参见邹建军、周亚芬《文学地理学批评的十个问题》，《安徽大学学报》（哲学社会科学版）2010年第2期。

织到衣锦布纱上，互相传阅，增进同伴感情。直到今天，我们仍能看到女书流传区的不少家庭还有纺织工具，她们的服饰、被套等纺织品上也绣有女书文字或精美符号图案。另外，女红技艺的优秀程度也是人们评价一个女性品行高尚与否的标准，能做出精美女红作品的女性常被认为心灵手巧，不仅会得到同性的喜爱，争相与她结老同，也会受到夫家的尊重。这样看来，女红习俗在女书流传区占有重要的地位，具有独特女性文化意味。

做女红是女性与姐妹或者老同情感交流的最重要的场所，较少受外在因素的干扰，妇女在制作女红作品时往往表现出自己对客观世界的独特体验和生命感悟。因此，女红习俗不仅是女性手工技艺的传承方式，更是女书流传区女性思想情感的载体。她们在女红中"保存"了自己，使女红文化得以延续和传承，成为当地女性独具意义的精神创造方式。

## 三 婚嫁习俗文化

《女子成长歌》之所以能流传久远，不仅在于它记录了女红习俗所体现的女性文化，也因为它揭示了女性成长中最重要的人生阶段——婚姻。歌谣后半部分体现了女书流传区的婚嫁过程中男女不能自由恋爱，多凭媒妁之言结亲的传统婚恋情爱观念，表现出女性情感在婚前受到限制的文化习俗。

这种习俗的产生与其赖以生存的地理生态环境有着密切关系。女书流传区从地域上说，属于特殊的独立文化区。因为，自汉唐以来，江永县便始终处于湘、桂、粤三省交界处，是中原文化、楚文化与岭南文化的分界地。唐宋以后，为了镇压当地土著居民——瑶族人不断起义，中原官兵被派往当地治理瑶民，并在那里生息繁衍。故此以后，当地形成了汉瑶杂处、南北参半的特殊民俗文化。一方面，女书流传区受儒家"男尊女卑"等传统道德伦理观念的影响较小，女性有一定的社会地位和社会活动的自由，于是，自发形成了许多与女性有关的节日和活动，例如每年正月十五和四月初八，未婚少女和新婚不久的女性会聚在一起唱女书、做女红、食佳肴等；另一方面，文化空间流动的"路的效应"使得女书流传区融入了不少汉族文化的因子①，形成汉文化与瑶文化交相融合的生命景观。这里瑶族女性要像汉族女子那样裹小脚，婚前锁于闺楼之中，不允许与男性交往。而颇具民族特色的是，该地区的妇女婚后仍要回到娘家生活，有不落夫家的习俗，直到孩子出生才能回到夫家。所以，在这样一种婚前接触不到男性，婚后又必须与丈夫分开生活数年的文化习俗熏染下，女性之间的友情比夫妻之情在妇女心中占有更重要的地位，形成了以"女书"为中心的女性共同体文化，而女书作品中记录的特殊婚嫁习俗也为我们打开了一扇被尘封和被遮蔽的历史窗口。

　　义年华唱本的《女子成长歌》虽然没有涉及完整的婚嫁过程，但《永明县志》对江永地区婚嫁活动的详细记叙以及高银仙唱本中女性的婚后生活均反映出当地的婚嫁习俗。在女书流传地区，一个完整的婚嫁活动多达十多个流程，其中最隆重热闹的活动当属坐歌堂。坐歌堂是女子出嫁前两天在娘家举行的活动，出嫁的女子穿上红衣，入坐中堂，由要好的姊妹、结交的老同等女伴陪坐两旁，入座女性皆艳妆而歌，桌上红烛照耀，她们一起做女红、唱女歌，互诉衷肠，或表达对新娘出嫁的不舍，或传授婚后的为人处世之道。活动直至天明，第二天也同样如此。等到正式婚期，男方家人出轿迎新，新郎赴席，酬谢宾客，再入房交杯，与新娘绾同心结。婚礼翌日，新人要回娘家，拜舅姑，并酬谢父母的养育之恩。②

　　《女子成长歌》是一首以女性为中心的民间歌谣，叙述了过去女

---

① 杨义：《文学地理学的信条：使文学连通"地气"》，《江苏师范大学学报》（哲学社会科学版）2013年第2期。

② 参见宫哲兵《女书所反映的妇女生活》，《中南民族大学学报》（哲学社会科学版）1992年第4期。

书流传区女儿成长的过程，是女性世界里集体创作的结晶，具有广泛的群众性和民间传承性。由于三省交界的地理位置和汉瑶杂处的人文生态环境，从而诞生了该地特有的语言文化和歌谣文化。因为女书独特的书写方式，又使得《女子成长歌》与其他民间歌谣相比，具有更重要的学术研究价值和民俗文化意义。

（李林津）

仡佬语研究

# 贵州仡佬语调研报告 *
## ——以遵义平正乡、普定县白岩镇为例

仡佬语是我国境内濒危的少数民族语言之一，现在，在绝大多数仡佬族聚居地区，仡佬语作为母语的交际功能已被汉语取代，因此，对仡佬语的研究也是刻不容缓。近年来，通过贺嘉善、张济民、周国炎、李锦芳等一系列专家学者的努力，仡佬语研究取得了可喜的成绩。但我们不能满足现状。本文通过 2014 年暑期在贵州遵义市平正乡、普定县白岩镇等地区对仡佬语的面貌和使用情况展开的调研工作，依据所得材料撰拟成稿，希望能反映出仡佬语最新的使用状况。

## 一　语音系统

由于遵义平正乡会说仡佬语的人已经寥寥无几，我们无法从中获得完备的语言材料。以下所列语音系统及材料均是在普定县白岩镇双坑村新寨获得。主要发音合作人是陈秀珍，74 岁，未念过书，本为汉族，12 岁嫁到本村并习得仡佬语，在家与自己的老伴使用仡佬语交流。

---

　　*　调研过程中得到冯广艺、李庆福、熊英老师的指导，并得到王薇、李亚竹、潘倩、张英等同学的帮助，特表谢意！

（一）音位

1. 元音音位

新寨仡佬语元音有 8 个：i、e、a、ɒ、o、u、ɯ、ɚ。

音位 i 包括 i、ʅ 和 ɨ 三个变体，其中 ʅ 出现在辅音 s 和 ts 后，ɨ 出现在辅音 k 后。e 包含 e、ə 两个变体。a 包括 a、A 和 ɑ 三个变体。a 出现前元音前后，A 单独出现，ɑ 出现在后元音前后。ɚ 出现情况较少，仅在少量双音节词后出现。元音出现的例词如下：

(1) i (i，ʅ，ɨ)     i³³ 我／si³³（sʅ³³）破，烂／ki²⁴（kɨ²⁴）叫

(2) e (e，ə)      vei³¹ 天／seɯ³¹i¹³（səɯ³¹i¹³）什么

(3) a (a，A，ɑ)    pia³¹ 血／a³³（A³³）好／aŋ⁵⁵（ɑŋ⁵⁵）在

(4) ɒ            ɒsɒ²¹ sɒ⁵⁵ 你们

(5) o            osuo³³ 二

(6) u            umu³¹ 你

(7) ɯ            ɯpaŋ²¹peɯ²⁴ 水塘

(8) ɚ            ɚpha⁵⁵pɚ⁵⁵ 肩

2. 辅音音位

新寨仡佬语辅音有 34 个：p、pʰ、b、m、v、ts、tsʰ、h、s、z、t、tʰ、n、l、ʈ、ʈʰ、h、tɕ、tɕʰ、ȵ、ɕ、k、ŋ、x、q、qʰ、h、ʔ、m、p、ŋ、k。

（二）声母

新寨仡佬语每一个辅音都能作声母，除零声母外，声母一共有 26 个，包括两个复辅音声母，具体如上面辅音所示。下面是声母例词：

ppoŋ²⁴nei²¹ 这里        phphie³³ 栽

mmeŋ³¹ 雨             vvoŋ³¹ 风

tstsai²⁴ 剪      tʂhtʂho⁵⁵ nu²¹ 那里

ssau³³ 笑      zza¹³ tɒ³³ 地

ttɒ²¹ tɒ⁵⁵ 我们      ththuo³³ la¹³ 何时

nnaŋ³¹ mo³³ 猪油      lleŋ³³ tsuo³³ 星星

ɬtɬi¹³ 少      tɬhtɬhi³¹ （刀）快

tɕna³¹ tɕie³¹ 大人      tɕhtɕhie³¹ 干净

ȵȵiou²¹ 抓      ɕɕi³³ 姓

kku²⁴ 割      ŋŋan¹³ 香

xxa？裂      qqɒ⁵⁵ 吃

qhqhɒ³³ saŋ³³ 身体      ʔʔa²¹ 柴

mpmpu³³ 五      ŋkŋkau²⁴ 花

（三）韵母

新寨仡佬语韵母有 42 个：a、a̠、i、a̠、u、a̠、n、a̠、ŋ、ɒ、ɒ、u、ɒ、ŋ、o、o、u、o、ŋ、e、e、i、e、ɯ、e、n、e、ŋ、i、ia、ie、iu、iou、iau、iŋ、iaŋ、u、uai、uei、ua、uo、ɚ。

以下是韵母例词：

ama²¹ 跳蚤      aikai³³ 鸡

auɒ²⁴ nau³¹ 鱼      ansan³³ 山

aŋtaŋ³¹ 煮      ɒxɒ³¹ 红

ɒutɒu³¹ 降落      ɒŋta²⁴ xɒŋ³¹ 白天

oȵi²¹ no²¹ 鸟      ouxou²⁴ 沟

oŋpie³³ koŋ³¹ 其他      enɛ²⁴ 短

eilei³¹ te²¹ 哪里      eɯpeɯ²⁴ 井

enma²¹ tsen³¹ 虱子      eŋneŋ³³ ɬi³¹ 鼻子

ipi³³ qua²¹ 爪      iapia³¹ 血

iemie²¹ 毛      iuiu³³ 站

iouȵiou²¹ 抓 iauma¹³tɕiau²⁴ 女人（妻子）

iŋqa³³iŋ³¹ 冷 iaȵliaŋ³¹ 凉

upʋ³³ 四 uaikuai³³ 流

ueikuei³³ 旋转 uakua³³ 野草

uoquo³¹ 舔 ɚpha⁵⁵pɚ˷⁵⁵ 肩

（四）声调

新寨仡佬语声调有 6 个，调值分别为 33、55、13、24、31、21。声调例词如下：

| 调值： | 33 | 55 | 13 | 24 | 31 | 21 |
|---|---|---|---|---|---|---|
| 例词： | taŋ³³ | qʋ⁵⁵ | zen¹³ | pu²⁴ | ta³¹ | zau²¹ |
| 汉义： | 蛋 | 角 | 喝 | 心 | 咬 | 跑 |

## 二　仡佬语使用现状

### （一）遵义市平正乡仡佬语使用面貌

调研组在遵义调查的地点主要是平正乡红心村。平正乡分布着汉、苗、彝、仡佬四个民族，红心村是仡佬族聚居的村落。我们了解到的仡佬语使用情况主要有以下两点：

第一，仡佬语使用环境已经丧失，作为母语呈现灭绝的趋势。我们从田玉江老人口中获知，本村能熟练使用仡佬语的人几乎消失，除了一两位 80 岁以上的老人懂得多一些，而其中一位苟再珍老婆婆，也已是眼花耳背。再过一些年，也就不再有人真正懂仡佬语了。除此之外，我们还得知，当地仡佬族人对本民族语言也缺乏保护和传承意识，大体是随着经济发展，与外界交流一直在使用遵义话，久而久之，仡佬语渐渐失去了它的市场，再加上村民多已外出打工。学生在学校学习交流以普通话和西南官话为主，对自己的民族语言没有太多传承意识，也没有太多闲暇去认真学习。田玉江老人还提到，历代仡佬族作为一个少数民族受到封建统治者以及当地汉人的歧视，祖辈对外都不敢讲自己的民族语，只是在家里或者亲戚朋友之间用仡佬语交流。包括新中国成立之后，社会偏见仍然没有变化，不管是仡佬族还是其他民族，都认为仡佬语言文化落后，仡佬人都纷纷放弃了自己的语言。

第二，近几年政府开始采取保护措施，仡佬语作为第二或者第三语言在平正乡得以出现。从 2006 年开始仡佬语言文化进村推广，学校偶尔请会说仡佬话的李开举老人去上课。2009 年地方课开始让仡佬语进入学校，一个星期开一到两节课，课程里包含仡佬语和仡佬文化的内容。当地把教授仡佬语的学校叫双语学校，平正乡有两所，分别是遵义县平正民族小学和遵义县平正民族中学。在平正乡，已有少数仡佬族学生开始对自己民族语言文化有自觉意识，自发地去学习和传承它们，我们这次采访了周老师和高中生王敏。周老师谈到，在传承仡佬语言文化的过程中，其他老师基本上持中间态度，需要帮忙时会施以援手，但对此也没太大热情。至于学生们对双语课的态度，平正民族小学的老师田燚告诉我们，小学生的兴趣比较浓厚。中学的周老师说，学生有的感兴趣，有的无所谓，年级越高，课业压力越大，就越不愿意去学。由于仡佬语没有使用的环境，传承的难度很大，学生们虽然上课可以学几句仡佬语，但是回去还是得讲遵义话，所以他想，至少得让学生对自己民族的语言能够简单地说几句，知道自己本民族有语言，而且大概是怎样的，会一些日常基本用语，就很好了。

总之，仡佬语在当地作为母语可以说是基本消失了，但作为一种文化的传承，已经开始重视。

（二）普定双坑村仡佬语现状

双坑村位于白岩镇西北部，辖新寨、大双坑、小双坑、大关口、水井冲共 5 个自然村（寨）。其中，新寨的仡佬族人数最多，达到 99％（嫁入村里的外族媳妇除外）。此次对于双坑村仡佬语使用情况，我们做了详细深入的调查。主要包括以下几个方面。

1. 仡佬语及其他语言的运用情况

我们一共采访了 50 位调查对象，分析仡佬语、当地西南官话及普通话在他们之中的使用情况，整理结果见表 1、表 2。

表 1　　　　　　各种语言在双坑村的使用情况

| | 第一语言 | | 第二语言 | | 第三语言 | |
|---|---|---|---|---|---|---|
| | 人数 | 占总人数百分比(%) | 人数 | 占总人数百分比(%) | 人数 | 占总人数百分比(%) |
| 仡佬语 | 8 | 16 | 4 | 8 | 39 | 78 |
| 西南官话 | 42 | 84 | 8 | 16 | 0 | 0 |
| 普通话 | 0 | 0 | 38 | 76 | 10 | 20 |
| 其他语言 | 0 | 0 | 0 | 0 | 1 | 2 |

通过对比我们可以发现，村子里仡佬语的使用现状不太乐观，以仡佬语为第一语言的人只占很小的一部分，仡佬语作为母语的交际功能基本被当地方言取代。

为了进一步的数据分析，我们在这些调查对象中抽取了各个年龄阶段的被调查者共 10 人，将他们的语言运用特点进行比较研究。

表2　　　　　　　各个年龄段的语言运用特点

| 姓名 | 年龄 | 文化程度 | 第一语言水平 | 第二语言水平 | 第三语言水平 | 备 注 |
|---|---|---|---|---|---|---|
| 王元才 | 78岁 | 小学 | 仡佬语A | 方言A | 普通话C | |
| 张发珍 | 68岁 | 小学 | 方言A | 普通话B | 仡佬语B | 听得懂不会讲 |
| 王吉祥 | 54岁 | 初中 | 仡佬语A | 方言A | 普通话A | 父亲精通仡佬语 |
| 王兴国 | 48岁 | 初中 | 方言A | 普通话B | 仡佬语B | 父母会仡佬语 |
| 穆连明 | 39岁 | 初中 | 方言A | 普通话A | 仡佬语C | |
| 陈　鹏 | 28岁 | 大学 | 方言A | 普通话A | 仡佬语C | 母亲会说一点仡佬语 |
| 王　蝶 | 22岁 | 初中 | 方言A | 普通话B | 仡佬语B | 爷爷会仡佬语 |
| 周晓晨 | 20岁 | 大学 | 方言A | 普通话A | 英语B | 奶奶会仡佬语 |
| 李晓朵 | 16岁 | 初中 | 方言A | 普通话A | 仡佬语B | 爷爷精通仡佬语 |
| 王顺时 | 13岁 | 初中 | 方言A | 普通话A | 仡佬语C | |
| 杨智语 | 6岁 | 小学 | 方言A | 普通话B | 仡佬语C | 不知道仡佬语 |

注：语言能力水平标准

A. 熟练——听说能力俱佳，日常生活中能自如运用

B. 一般——听说能力均一般或较差，或者听的能力较强、说的能力较差

C. 不会——不会说也听不懂

从表2的数据来看，以仡佬语为第一语言的多为50岁以上的中老年人，他们大都出生在新中国成立初期。而新中国成立后出生的仡佬族人则不再将仡佬语作为第一语言，父母也不再用仡佬语和孩子交流，反而更多使用当地汉语方言。仡佬语的使用熟练程度是随着年龄的减小而逐渐递减的。七八十岁的老人会熟练使用，中年人懂得一部分，而年轻人包括小孩就只知道一些日常词汇或者只会听不会说了。

不过家里有爷爷奶奶会说民族语的年轻人，对仡佬语知道的要略微多一些。当然，并不等于说只要是老人就会仡佬语，在调查走访时我们发现，会使用仡佬语的老人也只是其中的一部分。

这份样表中年纪最大的王元才老人，我们与他进行了进一步的交谈。老人上过小学，是村子里为数不多的能够熟练说仡佬语的人之一，育有三个儿子，但儿子们都不会说仡佬语，只能听懂与日常生活相关的简单词汇，如"吃饭""喝酒""睡觉"等。掌握仡佬语的几个人当中，年龄最小水平却相对可以的是王勇（男，35 岁），他的父亲在他小时候经常同他用仡佬语对话，因此，王勇的仡佬语水平在同年龄段中算是最高的。

2. 仡佬语在家庭内部的使用情况

此调查共有三户家庭参与，分别是①号李兴珍家庭，②号王章艳家庭，③号杨虎家庭。据调查，三组家庭成员之间互相交流都是使用当地西南官话，尽管三户家庭的爷爷奶奶或外公外婆都会说仡佬语，但他们在家庭内部交流时却以方言为主。因为年轻人都不懂仡佬语，所以汉语方言成了家庭中最主要的交流工具（见表3）。

表3　　　　　　　　家庭内各种语言的使用情况

| 交际语言<br>交际双方 | | ①李兴珍家庭 | | | ②王章艳家庭 | | | ③杨虎家庭 | | |
|---|---|---|---|---|---|---|---|---|---|---|
| | | 仡佬语 | 西南官话 | 普通话 | 仡佬语 | 西南官话 | 普通话 | 仡佬语 | 西南官话 | 普通话 |
| 长辈对晚辈 | | | √ | | | √ | | | √ | |
| 晚辈对长辈 | | | √ | | | √ | | | √ | |
| 同辈之间 | | √ | √ | | | √ | | | √ | |
| 主人对客人 | 本族 | | √ | | | √ | | | √ | |
| | 外族 | | √ | | | √ | | | √ | |

李兴珍（女，77 岁）从猫洞乡嫁来夫家已有 61 年，一直在村里生活。老伴去世多年，育有三子一女。老人的丈夫在世时，夫妻间会用仡佬语交流，但没有教子女说仡佬语。对她而言，只有在与同岁老人之间，或者逢年过节、祭祀先人的时候才会讲仡佬语。王章艳（女，24 岁）的父亲是仡佬族，母亲是汉族，父母都不会说仡佬语，所以在家交流使用当地汉语方言。杨虎（男，22 岁）是一位年轻父亲，据他介绍，家里除了爷爷还会仡佬语，已经没有人能说或是听懂仡佬语了，而爷爷在家不说仡佬语。

通过对这三个家庭内部语言使用情况的调查，我们可以得出结论，仡佬语已经不再是本村仡佬族家庭内部的交际语言。除了与会仡佬语的老伴聊天之外，仡佬语在家庭之内已失去了交际功能。

3. 不同交际场合仡佬语的使用状况

关于仡佬语在不同交际场合的使用情况，我们以对李红发、王兴国和王栖栖三位调查的结果为例。

李红发（男，76 岁）是吃新节祭祀仪式上的祭司老人，因此，只要是仡佬族的重大节庆日或者族人的婚丧嫁娶，他必须要说仡佬语，而其他场合则以当地方言为主。48 岁的王兴国和 15 岁的王栖栖则代表了村里大多数人的语言使用情况。

在村里的日常活动中，如见面聊天或者上山下地劳作，除了个别老人，多数人都极其自然地使用当地汉语方言交流。到镇上赶集或者到医院看病时，也是以通行的方言作为交际语言。村里开会时，也是说方言。而村里的小学，实行普通话教学，有的老师也会偶尔用方言和孩子们沟通，下课之后，孩子们互相用方言交流。只有在节庆日或者祭祀仪式时，才由会仡佬语的老人用仡佬语主持该仪式。所以，当地汉语方言是仡佬族主要交际工具，而仡佬语已经不再发挥日常交际语言的作用了（见表 4）。

表4 不同场合各种语言的使用情况

| 交际场合 | 交际对象 | ①李红发 | | | ②王兴国 | | | ③王栖栖 | | |
|---|---|---|---|---|---|---|---|---|---|---|
| | | 仡佬语 | 西南官话 | 普通话 | 仡佬语 | 西南官话 | 普通话 | 仡佬语 | 西南官话 | 普通话 |
| 村里活动 | 见面聊天 | √ | √ | | | √ | | | √ | |
| | 生产劳动 | √ | √ | | | √ | | | √ | |
| | 买卖 | | √ | | | √ | | | √ | |
| | 看病 | | √ | | | √ | | | √ | |
| 会议 | 开场白 | | √ | | | √ | | | √ | |
| | 传达指示 | | √ | | | √ | | | √ | |
| | 讨论发言 | | √ | | | √ | | | √ | |
| 学校 | 课堂用语 | | | √ | | | √ | | | √ |
| | 课外用语 | | √ | | | √ | | | √ | |
| 节日、集会 | | √ | | | | | √ | | √ | |
| 婚嫁、丧葬 | | √ | | | | √ | | | √ | |
| 宗教仪式 | | √ | | | √ | √ | | | √ | |

4. 当地仡佬族对民族语的态度

根据调查问卷的统计，68％的人认为掌握仡佬语很有必要，不仅便于与本族人交流，更是民族身份的一种象征，他们普遍认为，仡佬语是本民族传统文化的符号与标志，后人应该传承发扬，因此，有超过2/3的受访者对自身的仡佬语掌握水平不满意，希望能够学习仡佬语。然而，也有约12％的人认为，掌握仡佬语并没有实际作用，持这种观点的为6至19岁的青少年，他们大多在村外求学，接受学校教育，民族观念意识较弱，对他们而言，掌握好汉语普通话比学会仡佬语更为重要。从情感上来说，该村仡佬族人对仡佬语有一定的重视。但随着仡佬族与外界的联系愈加紧密，汉语成了比仡佬语更具有实用价值的语言，仡佬族人不得不选择汉语作为主要交际语言。受到这种语言环境的影响，越来越多的中青年人只会说当地方言或者普通话，成为双语人，甚至是汉语单语人。青少年是传承和发展仡佬语的关键，他们对待仡佬语的态度也就显得尤为重要，然而，通过我们的调查，65％的青少年认为即使不会说仡佬语也无所谓。这种情况着实堪忧。

### 三 仡佬语现状成因分析

仡佬语如此濒危的现状，是由多种因素造成的。

首先，从社会历史角度上看，元明清时期汉族曾几次大规模入黔，移民人口超过了当地少数民族，使得贵州世居少数民族如仡佬族、苗族等的传统文化遭受到前所未有的冲击。尤其是新中国成立及改革开放之后，在全国各民族互相交融的背景之下，强势的汉文化逐渐占据了优势，很多人开始学习汉文化，首要学习的是语言，最初是过渡时期的双语，然而，长此以往，很多人就只会说汉语了。造成这种结果的另一原因是全国范围内普通话的推广普及，这一政策极大地影响了仡佬语的传播。另外，在当今愈加开放的经济社会，外出务工的仡佬族人越来越多，他们在外与人交流时更愿意也更主动地使用汉语，这就间接削弱了仡佬族母语的使用功能。

其次，从仡佬族与其他民族的关系来看，仡佬族是我国人口较少的少数民族，2010 年第六次全国人口普查统计，仡佬族人口为550746 人，主要分布在贵州省北部和东北部，少数散居在贵州省中、西部及滇、黔、桂三省毗邻地区。在仡佬族所分布地区的周围不仅有政治、经济、文化上都处于强势地位的汉族，也有位于亚强势地位的壮、苗、彝等民族。因此，居住在偏远山区，政治上处于弱势地位、经济上发展缓慢的仡佬族受到汉文化和其他少数民族文化的强烈渗透。一方面，某些仡佬族传统的节日、习俗已经渐渐被周围民族所同化，使得仡佬族地域特征要大于民族性特征；另一方面，在民国时期，西南地区实行民族同化政策，因此，相当长的一段时间内，仡佬语被其他民族看作"不雅"的语言，甚至他们自己也认为仡佬语是"不雅"的语言。仡佬族人不愿受歧视，他们渐渐减少了说仡佬语的频率和场合，也不愿意再教育子女说仡佬语。由此可知，在汉语和其他民族语言的挤压中，仡佬语深受外界影响，从而导致仡佬语内部结构发生变化，生态现状也令人担忧。

最后，从仡佬语内部结构来看，仡佬族的历史悠久，仡佬语的古老性与仡佬族的古老性是一致的，汉文史籍中记载，仡佬族的祖先可追溯到商周至汉代时期的濮人，是贵州古老的土著居民。贵州地形复杂，山岭纵横，仡佬族居住分散，与外界联系较少，这种散居的地理特点，使得仡佬语方言支系众多，语言系统中保留了不少古音，这间接给后人学习仡佬语带来不少困难。调查时我们发现，不少对仡佬语感兴趣的年轻人都认为学习仡佬语太难，需要耗费的时间精力太多。因此，从某种程度上说，仡佬语内部的复杂性给仡佬语的传播带来了一定挑战。

## 四　小结

从某种程度上说，仡佬语的濒危乃至消亡是现代化、城市化、全球化过程中的一种必然趋势，是社会走向现代化历程所要付出的代价。然而，不能因为这样我们就对它置之不理。语言是民族精神和民族特征的象征，是民族文化的重要组成部分。和任何濒危语言一样，仡佬语也需要我们的重视和保护。也就是说，为了抢救这种民族语言，对仡佬语的研究工作不可缺少，我们要将其作为民族精神财产予以记录和保留，同时，也应采取适当的政策方针，让仡佬族人认识到本民族语言文化的重要性，认识到自己的民族语言和其他语言一样，都是祖先留下的文化遗产，没有雅俗之别，并能够自发地学习和传承本民族的语言及文化，从而保护语言文化的多样性。

（赵洁　李林津　李庆福）

**参考文献**

[1] 贺嘉善：《仡佬语简志》，民族出版社 1983 年版。

[2] 张济民：《仡佬语研究》，贵州民族出版社 1993 年版。

[3] 陈遵平：《仡佬语研究简述》，《遵义师范学院学报》2011 年第 1 期。

[4] 占升平：《仡佬语研究概观》，《贺州学院学报》2013 年第 3 期。

[5] 周国炎：《近现代散居地区仡佬族的双语现象研究》，《贵州民族研究》2003 年第 93 期。

[6] 李锦芳、韩林林：《红仡佬语概况》，《民族语文》2009 年第 6 期。

# 附录：仡佬语核心词原始记音材料

1. 我 $i^{33}$

2. 自己 $iou^{31} tie^{33}$

3. 你 $mu^{31}$

4. 你们 $s\eta^{21} s\eta^{55}$

5. 我们 $t\eta^{21} t\eta^{55}$

6. 他/她 $mo^{31}$

7. 这里 $po\eta^{24} nei^{21}$

8. 那里 $\widehat{tsho}^{55} nu^{21}$

9. 哪里 $lei^{31} te^{21}$

10. 谁 $kan^{31} na^{13}$

11. 什么 səɯ³¹ i¹³

12. 不是 tsɒ³¹ ɒ¹³

13. 许多 kən³³ na¹³

14. 少 ɬi¹³

15. 一 sie³³

16. 二 suo³³

17. 大 tsuo³³

18. 小 kŋɒ²¹

19. 长 zie²⁴

20. 短 nə²⁴

21. 女人（妻子）ma¹³ tɕiau²⁴

22. 青年女子 ɲi³¹ ma²⁴

23. 男人（丈夫）pau²⁴ tɕiau²⁴

24. 青年男子 ɲi³¹ pau²⁴

25. 夫妻 so³³ koŋ³³ tɕiau²⁴

26. 人 i³³ sɒ³¹

27. 大人 i³³ sɒ³¹ tsuo³¹

28. 儿童 ɲi³¹ ŋɒ³³

29. 鱼 ɒ²⁴ nau³¹

30. 鸟 ɲi²¹ no²¹

31. 鸡 kai³³

32. 母鸡 ma²¹ kai³³

33. 公鸡 pau²⁴ kai³³

34. 狗 mpu³³

35. 猫 mpo³³

36. 虱子 ma²¹ tsen³¹

37. 跳蚤 ma²¹

38. 树 $ma^{21} tai^{33}$

39. 柴 $ʔa^{21}$

40. 种子 $pei^{33}$

41. 叶子 $ɲi^{33}$

42. 野草 $kua^{33}$

43. 稻草 $kaŋ^{33} mau^{13}$

44. 根 $tʂei^{33}$

45. 树皮 $tʂau^{33}$

46. 毛 $mie^{21}$

47. 皮肤 $tʂau^{33} qa^{31}$

48. 骨头 $to^{21}$

49. 肉 $o^{24}$

50. 血 $pia^{31}$

51. 油 $naŋ^{31}$

52. 植物油 $naŋ^{31} kaŋ^{33}$

53. 猪油 $aŋ^{31} mo^{33}$

54. 蛋 $taŋ^{33}$

55. 角 $qo^{55}$

56. 爪 $pi^{33} qua^{21}$

57. 尾巴 $tʂie^{55}$

58. 羽 $mie^{21}$

59. 头发 $ma^{13} saŋ^{33}$

60. 头 $neŋ^{55} qo^{31}$

61. 耳 $pi^{55} zau^{31}$

62. 眼睛 $pi^{55} tau^{31}$

63. 鼻子 $neŋ^{33} tɕi^{31}$

64. 口 $tʂa^{24} ŋu^{31}$

65. 牙 ma$^{13}$paŋ$^{33}$

66. 舌 phei$^{55}$tie$^{31}$

67. 脚 pi$^{55}$qua$^{31}$

68. 腿 pi$^{55}$qau$^{33}$

69. 膝 ta$^{55}$ku$^{24}$

70. 手 pi$^{55}$mo$^{31}$

71. 右手 pi$^{55}$sie$^{31}$

72. 左手 pi$^{55}$xie$^{31}$

73. 手指 ma$^{13}$mo$^{31}$

74. 腹（肚子） loŋ$^{55}$loŋ$^{55}$

75. 胸脯 ȵie$^{31}$nu$^{24}$

76. 脖子 noŋ$^{55}$kɨ$^{55}$

77. 肩 pha$^{55}$pɚ$^{55}$

78. 后背 tau$^{31}$koŋ$^{24}$

79. 身体 qhɒ$^{33}$saŋ$^{33}$

80. 心 pu$^{24}$

81. 肝 ta$^{33}$

82. 喝 zen$^{13}$

83. 吃 qɒ$^{55}$

84. 咬 ta$^{31}$

85. 嚼 ȵie$^{13}$

86. 舔 quo$^{31}$

87. 看 tho$^{55}$

88. 看见 tho$^{55}$ka$^{33}$

89. 听 ia$^{21}$

90. 听见 ia$^{21}$xa$^{33}$ia$^{21}$

91. 知道 sa$^{24}$

92. 睡 ŋau²¹ku³¹

93. 醒 ŋau²¹ku³³zaŋ³³

94. 死 peŋ³³

95. 活 pu²⁴

96. 杀（鸡）veŋ³¹

97. 洗澡 a²¹vu²⁴

98. 飞 phau³¹

99. 走 pai³³

100. 跑 zau²¹

101. 躺 ȵi³³

102. 来 mu³³

103. 去 vu²⁴

104. 坐 tsuo³¹

105. 站 iu³³

106. 给 nau³³

107. 说 kuo²⁴

108. 叫 ki²⁴

109. 太阳 kuei³³

110. 月亮 ma¹³tuo³¹

111. 星星 leŋ³³tsuo³³

112. 水 vu²⁴

113. 冰 tsei⁵⁵

114. 雨 meŋ³¹

115. 石头 qau³¹

116. 沙 sa³¹

117. 地 nau³¹

118. 泥巴 ka²⁴nuo³¹

119. 云 vu²⁴

120. 烟（火烟） kaŋ⁵⁵ pai⁵⁵

121. 烟（抽的烟） i²¹ kaŋ⁵⁵

122. 火 pai⁵⁵

123. 灰 tɒ³¹

124. 烧 ʦu³³

125. 煮 taŋ³¹

126. 路 qeŋ³³

127. 山 san³³

128. 红 xɒ³¹

129. 绿 sɿ⁵⁵

130. 黄 ȵi²⁴

131. 白 zu¹³

132. 黑 laŋ⁵⁵

133. 夜里 ɕi³¹

134. 早上 nɒ²¹ ʦen³¹

135. 中午 tau³¹ xoŋ³¹

136. 热 ȵi⁵⁵

137. 冷 qaᵃ³³ iŋ³¹

138. 新 mu³³

139. 旧 qaᵃ³¹

140. 好 ᴀ³³

141. 坏 ᴀ³³ ʔau¹³

142. 圆 naŋ³¹

143. 干燥 xei²⁴

144. 湿 pia²⁴

145. 名字 tau³³ su³³

146. 姓 $\varphi i^{33}$

147. 和 $q\alpha^{24}$

148. 豹子 $tei^{31}$

149. 在 $a\eta^{55}$

150. 脊背 $tau^{31}\,qo\eta^{24}$

151. 因为 $ia^{21}$

152. 吹 $xa^{31}$

153. 儿童 $xau^{24}\,xau^{24}$

154. 大人 $na^{31}\,t\varphi ie^{31}$

155. 数（东西）$tau\,?^{24}$

156. 割 $ku^{24}$

157. 砍 $ka\eta^{31}$

158. 切 $iau^{24}$

159. 白天 $ta^{24}\,xo\eta^{31}$

160. 挖 $ki^{55}$

161. 犁（地）$nie^{24}$

162. 耙（地）$\varphi ie^{24}$

163. 脏 $\mathfrak{t}\mathfrak{s}ha\eta^{13}$

164. 干净 $t\varphi hie^{31}$

165. 钝 $xo u^{55}$

166. （刀）快 $\mathfrak{t}hi^{31}$

167. 尘 $tau^{31}$

168. 土 $ka^{24}\,no u^{31}$

169. 降落 $to u^{31}$

170. 远 $ka^{31}\,nai^{31}$

171. 近 $ka^{55}\,lau^{13}$

172. 父亲 $pa^{31}$

173. 母亲 ma$^{21}$

174. 害怕 na$^{13}$ nau$^{31}$

175. 最 kan$^{21}$

176. 少 ȶi$^{24}$

177. 多 ai$^{31}$

178. 打架 vaŋ$^{31}$ tɕia$^{13}$

179. 五 mpu$^{33}$

180. 五月 mpu$^{33}$ tɒu$^{31}$

181. 初五 mpu$^{33}$ kɒu$^{55}$

182. 浮 nɒu$^{21}$

183. 流 kuai$^{33}$

184. 花 ŋkau$^{24}$

185. 草 kua$^{33}$

186. 四 pu$^{33}$

187. 四月 pu$^{33}$ tɒu$^{21}$

188. 冻 qɒ$^{31}$

189. 肠 sai$^{24}$

190. 重 keŋ$^{33}$

191. 轻 kau$^{24}$

192. 打 vaŋ$^{31}$

193. 怎样 mo$^{31}$

194. 冰 tʂei$^{33}$

195. 凉 liaŋ$^{31}$

196. 如果 qau$^{33}$ tau$^{31}$

197. 在……里面 an$^{33}$ pei$^{24}$ li$^{21}$

198. 河 nei$^{31}$

199. 水塘 paŋ$^{21}$ pɯ$^{24}$

200. 井 pəɯ²⁴

201. 沟 xou²⁴

202. 笑 sau³³

203. 哭 lu²⁴

204. 左边 pie³³ ȵie³¹

205. 右边 pie³³ xie³³

206. 前面 ȵie²¹ ku³³

207. 后面 tau³³ qoŋ²⁴

208. 生活（过日子）qoŋ³¹ kuo³³

209. 窄 ɒu³¹

210. 宽 tʂɿ²¹

211. 老 tɕiau²⁴

212. 年轻 kuai²⁴

213. 其他 pie³³ koŋ³¹

214. 玩 ie²¹

215. 拉 tsei²¹

216. 开 xɒ³³

217. 推 qau³¹

218. 正确 xɒu³³ mi²¹

219. 错误 xɒu³³ mi²¹ ɒ³³

220. 绳子 ka³³ sɿ³³

221. 破，烂 sɿ³³

222. 磨 xou³³ xɒu³³

223. 搓 paŋ³³

224. 盐 ȵiou³¹

225. 糖 vu¹³ vei³¹

226. 抓 ȵiou²¹

227. 缝 poŋ$^{31}$

228. 唱歌 tau$^{31}$sa$^{33}$

229. 跳舞 pu$^{23}$

230. 天 vei$^{31}$

231. 地 za$^{13}$tɒ$^{33}$

232. 嗅 mpɒ$^{21}$

233. 香 ŋan$^{13}$

234. 臭 mpɒ$^{13}$

235. 滑 tsaŋ$^{33}$

236. 蛇 ŋkau$^{31}$

237. 龙 zau$^{33}$

238. 雪 pia$^{33}$

239. 雨 meŋ$^{31}$

240. 雹子 meŋ$^{31}$zu$^{33}$

241. 风 voŋ$^{31}$

242. 口水 vu$^{24}$tsua$^{33}$

243. 裂 xa$^{33}$

244. 挤 kie$^{22}$

245. 压 me$^{33}$

246. 戳 sie$^{24}$

247. 剪 tsai$^{24}$

248. 捡 pau$^{24}$

249. 栽 phie$^{33}$

250. 枝条 tɕi$^{33}$tai$^{33}$

251. 直 zie$^{31}$

252. 弯 kau$^{24}$

253. 含 keŋ$^{33}$

254. 舔 $qv^{33}$

255. 胀 $\text{tsan}^{33}$

256. 厚 $\text{nau}^{31}$

257. 薄 $\text{la}^{21}$

258. 想 $\text{tai}^{24}$

259. 旋转 $\text{kuei}^{33}$

260. 滚 $\text{len}^{31}$

261. 呕吐 $\text{tshon}^{33}$

262. 洗（衣）$\text{ai}^{33}$

263. 何时 $\text{thuo}^{33}\text{la}^{13}$

264. 翅膀 $\text{phei}^{33}\text{ki}^{33}$

265. 揩，擦 $\text{sie}^{33}$

266. 拍 $\text{pou}^{33}$

267. 握 $\text{nie}^{33}$

268. 年 $\text{qou}^{33}$

269. 岁 $\text{pei}^{33}$

270. 月 $\text{tuo}^{31}$

271. 天 $\text{xon}^{31}$

# 附录一 田野调查的典范，语言研究的硕果

## ——《戴庆厦文集》读后

2012 年 1 月，共 290 万字的五卷本《戴庆厦文集》由中央民族大学出版社出版。该文集的五卷分别为《景颇族语言研究》《藏缅语族语言研究》《有关语言学理论与方法的问题》《双语学研究》《汉语和非汉语比较研究》，汇集了戴先生近 60 年从事少数民族语言研究已经发表的主要论文，全面和系统地反映了戴先生在以上五个方面的科研成果。

一

第一卷《景颇族语言研究》收录了戴先生景颇族语言研究的论文49 篇。从 20 世纪 50 年代起，戴先生就开始研究景颇族语言，至今已有近 60 年，可以说，景颇族语言研究是戴先生倾注毕生心血、成果最突出、最具特色的研究领域之一。从内容上看，该卷主要分为以下几个方面：一是对景颇族语言单一的描写研究。在《景颇语名词的类称范畴》中，戴先生分析了景颇语类称范畴的现状，剖析了其形成的条件。《景颇语的泛指动词》运用共时分析和描写的方法阐释了泛指动词的基本特点，探讨了泛指动词形成语法化的内部机制。二是对景颇族语言内部关系的研究。《论景颇语和载瓦语的关系》通过景颇语

和载瓦语的对比研究，得出了景颇语和载瓦语是两种不同语言的结论。三是对景颇族语言本体的研究。如《景颇语的声调》《景颇语词汇化分析》《景颇语的述补结构》分别从景颇语的语音、词汇和语法三个方面对景颇族语言进行了研究。四是从社会语言学角度对景颇语进行的研究。如《论景颇族的支系语言——兼论语言和社会的关系》，论述了语言在社会环境中的发展问题。五是对景颇语的个案研究。如《萌芽期量词的类型学特征——景颇语量词的个案研究》，以景颇族量词为研究对象，通过对量词多层面、多角度的分析和穷尽性统计，探讨了景颇语量词萌芽期的类型学特征。该卷内容集中，研究深入，是我国语言学界研究景颇族语言的代表作。

该卷中的论文不仅体现出戴先生孜孜以求、不断创新和坚持不懈的治学精神，还反映出戴先生在运用多种语言学研究的理论与方法方面的尝试和探索。如在《景颇语方位词"里、处"的虚实两重性》中，戴先生认为：过去我们在确定"里、处"的词性时曾反复不定，有时认为是名词，有时认为是助词，后来通过进一步研究才明白，这类词虽然是方位词，但因经常和动词连用，出现了虚化，又具有了状语助词的功能，成为虚实两重性的"两栖词"。《景颇语的句尾词》对景颇语句尾词的共时特征做了系统分析描写。文章指出：大多数句尾词的来源，目前还认识不清楚，有待以后深入研究。《再论景颇语的句尾词》从景颇语语音、语法、语义的相互关系和语言结构的系统性入手，通过亲属语言的比较，分析句尾词的性质、来源、形成条件以及发展趋势，还从景颇语的特征上论述了藏缅语代词化的来源问题。两篇文章相隔六年，体现出了戴先生在语言研究中，不断深化认识的过程和科学严谨的治学态度。

在研究景颇语方面，戴先生运用的研究方法主要有：

（1）统计学方法。如在《景颇语使动范畴的结构系统和历史演变》中，戴先生通过量的统计数据论述景颇语使动范畴的历史演变。

《萌芽期量词的类型学特征——景颇语量词的个案研究》《景颇语四音格词产生的机制及其类型学特征》都运用了穷尽性统计方法。前者以属于汉藏语系藏缅语族的景颇语量词为研究个案，通过对量词多层面、多角度的分析和穷尽性统计，探讨景颇语量词萌芽期的类型学特征，后者在对《景汉辞典》所收的 15245 条词进行统计考察后，筛选出四音格词 1127 条（占收词总数的 7.4%），并对产生四音格词的语言机制进行了分析，通过与亲属语言比较，进一步探讨四音格词的性质及其类型学特征。再如《景颇语助动词形成的途径及条件》统计了2737 个词的话语材料，对其中的 215 个助动词（占 7.9%）进行研究，论证了景颇语助动词形成的相关条件。

（2）系统论的理论与方法。如《景颇语使动范畴的结构系统和历史演变》运用系统论和认知论的观点和方法，分析景颇语使动范畴的结构系统，揭示其结构层次及不同的功能。再如《景颇语的句尾词》《从语言系统看景颇语动词的重叠》《景颇语的连动式》《景颇语的"体"和"貌"》等四篇论文都运用了系统论的理论与方法。《景颇语的句尾词》对景颇语句尾词的共时特征做了系统分析描写。《从语言系统看景颇语动词的重叠》从系统论的角度指出，动词重叠的存在与演变均受系统内各种因素的制约，是在各种因素的制约中形成其特点和演变轨迹的。该文从五个大的方面探索了景颇语动词重叠的系统机制特点。《景颇语的连动式》从系统论的角度对景颇语连动式的概念、结构、句法功能、形成条件等进行了探讨；《景颇语的"体"和"貌"》一文对景颇语的体、貌做了系统分析。

（3）共时分析的理论和方法。共时分析的方法和理论可以说是戴先生此文集中运用最为广泛的方法和理论之一，第一卷中多篇论文运用了这一理论和方法。如《景颇语的泛指动词》从共时角度描写并分析泛指动词的基本特点、语义语法特征及其类别，并探索形成语法化的内部机制。《景颇语的结构助词"的"》分析了景颇语中表示"的"

义的三个结构助词的共时特征。《景颇语重叠式的特点及其成因》对景颇语重叠式的主要特点（包括形式、手段、功能等），做共时分析描写，并对其成因做可能的解释。《景颇语的述补结构》通过景颇语述补结构的共时分析及与藏缅语亲属语言的比较，描写景颇语述补结构的主要特征，进一步揭示景颇语述补结构的类型学特征。《景颇语的否定范畴》主要分析、描写景颇语否定范畴的共时特征，包括语音、语法、语义、语用等方面的特征。《景颇语的"NP＋e$^{31}$"式——与汉语被动结构比较》从共时角度分析了景颇语"NP＋e$^{31}$"式的语义、语法及语用特点。

（4）类型学研究方法。如《景颇语"给"字句的类型学特征》分析了景颇语"给"字句的类型学特征。《景颇语四音格词产生的机制及其类型学特征》通过与亲属语言比较，探讨了四音格词的性质及其类型学特征。《萌芽期量词的类型学特征——景颇语量词的个案研究》通过对量词多层面、多角度的分析和穷尽性的统计，阐述了景颇语量词萌芽期的类型学特征。《景颇语的重叠及其调量功能》从类型学和认知语言学的角度讨论景颇语重叠的类型及其调量功能，论述其类型学的共性和个性。《景颇语的述补结构》通过描写景颇语述补结构的主要特征，进一步揭示景颇语述补结构的类型学特征。

（5）田野调查的方法。这是戴先生进行景颇语言研究的一大特色。戴先生几十年如一日，长期坚持深入田野调查，倡导民族语言研究要做"田野派"，强调民族语言研究者应该"到田野去"，只有这样才能做出真正的好成果、大成果。从年轻时长住景颇族村寨到年近八旬，戴先生走访了景颇族的村村寨寨，跋涉了景颇族的山山水水，取得了丰硕的景颇族语言研究成果。除了该卷中的论文，还有《景颇语语法》《景颇语参考语法》《景颇语词汇学》《景汉词典》《汉景词典》《景颇语教程》等。

该卷中论文大多涉及学术界较为热门的话题或者颇有争议的话

题，极具创见性。如《景颇语的话题》就涉及了汉藏语中的非汉语诸语言话题范畴的研究，对景颇语话题的性质、功能及有关特点进行具体分析，并由此提出了一些富有创见性的观点。《耿马景颇语的语言活力》揭示出一个分布在边境上的民族群体，在强势语言的包围下，其语言活力究竟如何，在现代化建设进程中，其语言演变的规律如何，发展趋势又是如何。这也是当下较为热门的话题之一。

该卷全面系统地描写了景颇族内部的语音、词汇和语法现状，论述了景颇族语言在汉藏语系中的地位和价值，给我国其他少数民族语言研究提供了很好的借鉴。戴先生本人曾谦逊地指出：有一些观点和认识仍然需要在实践当中不断深化和完善，这正反映出戴先生在学术研究中严谨的态度。

## 二

藏缅语族是汉藏语系中语种最多、分布最广、内部差异最大的一个语族。藏缅语族无论在共时或是历时上情况都很复杂，不仅存在多种类别，而且不同类别又呈现出交叉的特点。戴先生曾出版《藏缅语族语言研究》论文集五集，这次出版的《戴庆厦文集》第二卷《藏缅语族语言研究》中的论文在戴先生多卷个人论文集的基础上做了进一步精选，既包括总体性的描写也包括专题性的探讨，涵盖了藏缅语族语音、语法、语义、词汇等方面，细读该卷，我们可以大致了解戴先生研究藏缅语族语言的理论、方法和实践。

戴先生在研究藏缅语的语音问题时主要运用中国传统语言学的声韵调分析法。如韵母方面有《藏缅语族辅音韵尾的发展》等，声母方面有《彝缅语鼻冠声母的来源和发展》《彝语支语言的清浊声母》等，声调方面有《藏缅语族语言的声调研究》《藏缅语声调的产生和发展》《嘉戎语梭磨话有没有声调》等。采用声韵调分析法对语音进行研究是与藏缅语的自身特点分不开的。藏缅语族各语言的音素在音节里往往受位置的制约，同一音素在不同位置上不但发音特点可能不同，在发展变化上也可能具有不同特点。如现代藏缅语有 p、t、k 等塞音韵尾，居于声母位置时发音过程包括成阻与除阻两部分，而用作韵尾时，一般只有成阻而无除阻，而且两者有不同的发展变化。另外，藏缅语音节结构有许多特点，如许多语言有复辅音声母、有多音素组合的韵母，词汇中单词素的比例大，音节内部以声韵调为单位相互制约，所以用声韵调分析法更能揭示藏缅语的特点。戴先生在运用声韵调分析法的同时，也运用现代描写语言学的音位分析法对藏缅语的语音进行研究，如《藏缅语族松紧元音研究》《独龙语木力王话的长短元音》《哈尼语元音的松紧》《关于纳西语的松紧元音的问题》等。

　　运用语言的共时描写与语言的历时研究相结合的研究方法，不仅能全面、准确地反映语言面貌，而且能从平面的、静止的描写中弄清语言历史变化的特征。如《藏缅语松紧元音研究》中戴先生首先描写了藏缅语族中的彝语、哈尼语、拉祜语、苦聪语、景颇语等松紧元音概况，接着通过不同语言之间的描写比较探讨了松紧元音的来源。通过缅语支和彝语支的比较发现彝语、哈尼等语言的松紧元音可能由舒促韵母演化而来，过去这些语言是分舒促的，促声韵韵尾逐渐消失，带韵尾的促声韵转化为没有韵尾的紧元音了。另外，通过景颇语、载瓦语的松紧元音在哈尼语、彝语、藏语、缅语中是与声母的清浊相对应，推测载瓦语与哈尼语、彝语一样在塞、塞擦音上分清浊，后来浊声母消失，清浊对立特征转化为松紧元音对立特征。这一论点又通过载瓦语、彝语同源词的使动范畴的语音形式进一步得到证明。《从词源关系看藏缅语名量词演变的历史层次》首先横向描写了藏缅语族中不同语言的不同的名词、数词、量词之间的组合关系，以此将它们划分成了三组，再根据这三组藏缅语之间的同源关系并结合认知规律从纵向探求了藏缅语名量词演变的三个层次，即第一层：原始藏缅语非标准度量衡量词和集合量词；第二层：量词发展中介阶段出现的反响量词；第三层：性状、通用量词的出现达到了量词丰富发展阶段。

戴先生在语言描写上重视语言单位之间的相互联系和相互制约的关系。在他的论著中可以看到对声韵调的关系和语音、语法、语义三者之间关系的关注和研究。在声韵调的相互关系上，戴先生特别注意它们之间的伴随现象。正是由于声韵调之间存在相互制约的关系，一个要素发生改变往往会引起其他要素发生变化，所以通过相互间引起的伴随现象可以发现语音变化发展规律。例如，碧约哈尼语松紧元音影响舌位，在同一个元音上紧元音舌位比松元音低一些，开口度大些，这是松紧对立转为不同舌位的先兆。再如傈僳语在同一类调上紧元音调值略高于松元音，这反映了松紧对立转为不同声调的萌芽。戴先生善于结合语音、语义对语法进行研究。在《研究藏缅语族语言使动范畴句法结构的演变链》中，戴先生采取语义内容、语音形式、同源词三者的综合比较方法，以及语言系统（结构系统和亲属语言系统）的分析方法揭示了藏缅语使动范畴的历史演变规律：第一，使动范畴的形态变化是藏缅语族语言的一个重要特征，不同的亲属语言都有同源关系。同源关系可以从部分使动的同源关系以及语音对应关系中得到证明。第二，藏缅语使动范畴的历史演变受语音韵律和语义功能两方面因素的制约。第三，分析式大面积的发展是在曲折式之后。在语音形式上，分析式有较大的适应性，表示使动的动词和助词能加在各种语音形式的自动词之后。在语义上，分析式具有较强的表现力。第四，藏缅语使动范畴的历史演变特点说明，一种语言的语法范畴采用什么语法形式，是其内部系统的特点决定的，而且不同形式之间存在互补。

戴先生往往不满足于单一语言的剖析，他特别重视通过语言之间的相互比较看某一语言现象的本质特征。这在戴先生很多文章中都有反映。如在《彝语支语言的清浊声母》中，戴先生不仅将彝语支内部的语言进行比较，还将彝语支的语言与藏缅语支的其他语言进行了比较。语支内部和外部的比较更加全面客观地反映了彝语支清浊声母的一般特征、彝语支清浊声母与藏缅语族其他语言的关系和其发展趋势。首先，通过彝语支内部的彝语、哈尼语、傈僳语、拉祜语、纳西语的比较可以看出清浊在彝语支语言内部，基本特征是一致的，并且存在比较严整的对应关系。各语言在清浊特征上的一些差异，有着密切的内部联系，能找到其分化条件。所以可以说，彝语文的清浊特征在发展上大致处于相同的阶段。其次，将彝语同清浊对立（藏语、缅语、独龙语）和清浊一般不对立（景颇语、载瓦语）的两类同族其他语言进行比较。通过比较，发现彝语支语言的清浊在同语族其他语支语言里，存在比较明显的对应关系。若对方语言也分清浊，大致存在相同的对应；若对方语言不分清浊，清浊则同别的语音特征对应。总的来看，在藏缅语族语言中，保留清浊对立特点比较突出的，要算是彝语支。最后，通过彝语支内部各语言清浊对立的不平衡特点认为彝语支语言存在对立到不对立的发展趋势。

《彝缅语鼻冠声母的来源及发展》针对杨焕典教授提出与"彝语支松紧元音的对立可能是古辅音韵尾脱落后留下的痕迹"完全相反的观点，谈到了一些学者在语言研究方法上存在的问题，并提出了自己的意见。杨文认为，"没有任何的语言事实作为依据，唯一理论是根据经济文化发展的快慢决定语言发展的快慢，把汉藏语诸亲属语言的特征按经济文化发展的快慢排个次序，然后便断定松紧元音对立在先，古辅音韵尾的脱落在后"。戴先生指出，历史比较法的基本原则之一是通过语言本身的比较研究，来发现认识语言内部的发展规律，语言的外部因素只能是参考条件，不能作为主要依据。横向的、共时的语言特征分析固然能够反映语言的历时的变化，但是使用这一论点分析具体语言时必须谨慎，必须要有严格的科学论证的方法。因为不是所有的横向特征都能反映历时的变化，语言学家要对各种横向特征进行科学鉴定，而不能仅用语言以外的因素（如经济、文化发展的快慢）去推断，要从语言内部的特征及语言之间的相互制约关系中寻找。

《凉山彝语的体词状语助词》针对过去彝语语法著述分出介词一类是否合理的问题提出了关于语法研究体系"模仿—创新"的思考。模仿与创新，是人类认识客观事物的一对相关的手段与方法，也是人类创造发明所共有的、必须遵守的认识规律。语言研究也是这样。戴先生认为，既要模仿又要创新，这是语言研究得以顺利进行并能取得新成果的必要保证。任何人在开始研究一种新的语言或一种新的语言现象时，特别是初学做语言研究时，都避免不了要借鉴别人的经验和做法。模仿是研究语言、认识语言在初始阶段的一种既方便而又简捷的方法。模仿常常不会是单纯的模仿，模仿的过程总会带有不同程度的创新。戴先生以彝语不必设立介词这一词类为例（戴先生对汉藏语系的系属分类也可以作为例证），论证了模仿是研究的开端，也是后来创新的基础。戴先生认为，处理好模仿与创新的关系，必须正确认识共性和个性的关系。不同语言之间既有共性又有个性，汉语与非汉语之间也是这样。正是由于语言之间有共性，所以模仿的运作才有获得成效的可能。但语言除了共性外还有个性，个性决定了某一语言的性质。因而，语言研究对于那些不同的个性特点就不能生搬硬套，而应在具体分析语言事实、大量掌握语言材料的基础上，建立适合具体语言的语法体系。这是从模仿到创新，是建立新的语法体系的必经之路。

戴先生的每篇论文都具有翔实的语言材料、严密的逻辑推导、分明的结构层次、新颖独到的论据论点，对于一时因各种外部条件所限而不能确定的问题则保留自己的意见或者暂且搁置，留待以后进一步研究，不说没有充分科学依据的话。戴先生严谨的学术作风令我们钦佩，他在藏缅语研究方面的理论、方法和实践对我们具有重要的指导意义。

三

《戴庆夏文集》第三卷集中讨论有关语言学研究的理论和方法问题。该卷中，一篇论文着重研究一个方面的问题，每篇论文都是构成汉藏语研究整体的一部分，读后使我们不仅对当今汉藏语研究现状有了较为深刻的了解，更对少数民族语言学研究的理论和方法有了更为全面的认识。

（1）关于研究思路问题。

在如何确定语言对应规律上，戴先生认为在方法论上要有系统的观点，要分类来解决，采取多种标准（如声母、韵母、声调）；在比较程序上，戴先生主张多搞下位的微观比较，先搞清楚各语言内部的分析和描写，摸透特点，再在此基础上往前走，汉藏语研究应该"小题大做""眼高手低"：既从小问题入手，从基础做起，也要放开来从宏观上把握；戴先生认为要从重视分析描写走向重视解释，进而看到规律、本质，回答"为什么"。戴先生的这一系列研究思路不论是对普通语言学研究，还是对少数民族语言学研究都有很强的指导意义。

（2）关于正确处理民族语言研究中的四个关系。

四个关系即共时描写和历时比较研究的关系；单一语言研究与不同语言比较研究的关系；模仿与创新的关系；语言本体研究与非本体研究的关系。在共时历时方面，戴先生更加重视共时描写，他认为共时描写是基础，是需要加强的部分，语言分析也应逐渐从单一角度、单一方法向多角度、多方法转变，从以描写为主向描写解释相结合转变，这些理论与他踏实严谨的学术作风是分不开的，的确，只有基础打牢了，根基才会稳，学术大厦才有可能建得高、建得稳。语言是存在于社会之中的，与一切社会现象紧密相关，语言本体的重点要把握，跨学科研究、跨语言对比研究应该得到足够的重视，非本体的影响语言发展演变的外部因素也应该得到重视，只有"均衡营养"，语言研究才能"茁壮成长"。

（3）关于汉藏语系语言分类问题。

汉藏语很复杂，究竟应该如何分类？白保罗先生认为壮侗语和印尼语有同源词，二者同源，这是一个非常大胆的猜测，戴先生提出了更为大胆创新的新假设，他认为汉藏语内部亲属关系或许有两种类型：一是由原始母语分化下来的亲属语言（藏缅语和汉语），二是由语言影响而形成的亲属语言（壮侗语和汉语）。他认为藏缅语内部的语言分类存在简单化的倾向，主张不同流派、不同风格并存，应该多做底层比较，一层一层往上比，把基础打牢。戴先生这种"大胆假设，小心求证，兼收并蓄"的学术视角是十分值得我们学习的。一方面，他不照着前人路子走而是大胆地提出自己的假设，并且从基础做起来求证；另一方面，他不否定他人的研究成果，提倡百家争鸣。

（4）关于田野调查在语言研究中的地位。

戴先生指出："田野调查是语言研究的永恒任务。"他特别重视田野调查，他亲身调查至少也有四五十次（他自己所说），调研成果丰硕。他80岁高龄，还奔波在田野调查的第一线，这给了我们年轻学人极大的鼓舞，是我们学习的榜样。在讲到田野调查这一块时，他从最细节的基础处说起，还用自己的亲身调查经历来解释问题，给我们展示了一个"虽然辛苦，但收获丰富，意义重大"的田野调查观念。

（5）关于语言接触。

《语言接触研究必须处理好的几个问题》是一篇研究语言接触问题的指导性论文，文章论述了鉴别语言影响成分是研究语言接触的基础和前提，提出了研究语言接触问题的步骤、范围和方法等问题。传统历史比较的根本困难是如何区别同源关系和接触关系，在没有弄清接触机制的情况下提出同源关系和接触关系的各种标准都只能是假设。因此，只有通过对语言接触的深入研究，才有可能比较出语言分化和语言接触的根本区别，从而提出确定同源关系的方法，于是出现了深层语义分析法、词阶判定法、词族证明法、文化参照法等。戴先生很有远见地看到了这一研究方向，他主张以新的眼光重新审视语言的亲属关系以及历史比较语言学的研究方法，他认为研究范围应该由小到大，语种数量上以先做两种语言接触的关系为佳，语言结构内容上也应该选择小范围的去做，"描写"要从多角度出发，使用多方法才能取得有深度的认识，"解释"要兼顾语言内部机制和外部条件两个方面，这些理论方法都将"语言接触"这个大的宏观研究解剖成了一个个小的方面，对研究具有非常积极的意义。

（6）中国民族语言学对发展语言学的重要性。

李方桂先生在《上古音研究》中说过："汉语与别的汉藏语系的语言比较研究，这是将来发展汉语上古音的一条大路。"我国的语言材料丰富，许多现象是国外罕见的，研究我国民族语言，肯定会在一定程度上丰富现有的语言学理论。从研究方法上看，历史比较法强调语音对应规则、形态对应规则，而汉藏语形态变化少，靠语序会被说是类型学上的偶合，靠同源词，又会被说是早期借词，所以我们不得不去探索适合汉藏语系语言的新方法，如邢公畹教授的同类原则，罗美珍的并用原则、搭配原则等。另外社会语言学在民族语言学中有反映，如民族同语言的关系、民族语言的相互影响、跨界民族语言的发展、双语教学、语言同文字的关系、部分少数民族的语言濒危等。最后，研究民族语言同研究汉语史有密切关系，如上古音的构拟。在方法论上，戴先生在《"诺苏"为"黑族"义质疑——兼论从语言研究民族的方法论问题》中明确指出：使用语言材料研究民族史若要得出科学的结论，必须坚持以下几个原则：正确记音、正确的语义分析、要有语音对应规律做后盾、语言事实与文化事实相互补充印证。戴先生正是由于看到了民族语言如此重要的地位，才会这样数十年如一日地钻研，孜孜不倦地在少数民族的土地上耕耘，为我国少数民族语言的发展做出如此之多的贡献。

（7）西部开发与语言学研究。

西部地区是一个语言的天然宝藏。我国语言分属汉藏、阿尔泰、南亚、南岛、印欧五大语系，除了南岛语系，其他四大语系在西部都有分布。西部还有丰富的古文字，如突厥文、回鹘文、巴思八文、契丹文、东巴文、哥巴文等，还有大量古文献。另外一些已经消亡的古代语言也在西部，如西夏语、粟特语、焉耆—龟兹语等。西部汉藏语系、阿尔泰语系的语言系属问题是半个世纪以来困扰语言学家的研究之"谜"。越来越多濒危语言出现在西部，我们应该如何对待？睿智如戴先生，他看到了我国西部各语言的巨大潜力，也将终身献给了语言学的研究。

（8）怎样培养有扎实功底的民族语言研究者。

民族语言研究者，要把精力放在提高语言研究能力上，包括语言田野调查，准确记音，能把记录的语料整理成可用的素材，对语言现象有敏锐性，有筛选、分析、判断的能力，写出好论文的能力，等等。另外要摆正语言学理论学习与提高语言研究能力的关系：把理论回归到自己研究的语言事实是第一性的；在运用理论时要创新。这是戴先生对民族语言研究者的要求，也是期望，是我们努力奋斗的方向。

（9）从戴先生访谈录看他的学术态度。

在学术道路上，戴先生坚持：由近到远，由小到大，由微观到宏观，从语言本体到语言外部。态度上他主张：尽心尽力，顺其自然，不浮躁，不随大流。另外，他重视田野调查实践，他坚持的"有几分材料说几句话"的宗旨十分可贵，正是由于他遵循这一宗旨从事研究，所以能最大程度地保证资料及论断的准确性。戴先生主张年轻人应多做语言事实的分析、整理，重视学会研究语言的基本功，为以后理论的研究打好坚实的基础。

理论是人们对客观世界的认识达到一定水平之后形成的，具有时代性、阶段性等特点。人们认识客观世界的过程是永远不会停止的，因此对理论的探索也永无止境。同样，民族语言学的理论和方法论探讨也是永无止境的。在今后的学习中，我们不但要侧重于实践基础上的理论探讨，还要力求做到语言理论和研究方法的共性与本土化有机结合，理论探讨与个案研究有机结合，科学精神和人文精神有机结合。在研究内容上，从历史比较语言学、语言调查、语言态度、语言与文化、语言接触、濒危语言、双语教育等领域探讨中国民族语言学的实践和理论的发展，重视共时描写、历时研究、跨学科研究。我们在牢记前辈"务实"教导的同时，也应该重视理论方法"创新"所带来的质的飞跃，这是打开语言学宝库的一把钥匙。

## 四

《戴庆厦文集》第四卷《双语学研究》是我们所看到的为数不多的个人有关双语学研究的论文集。《双语学研究》（以下简称《双语》）回顾了双语研究的历史，论证了双语研究的内容及方法，论述了建立双语学的意义，呼吁我国尽快建立起双语学这一新学科。该卷论文凝聚了戴先生双语学思想的精华。

人类社会早期就已有了双语现象的萌芽，然而"双语"（bilingualism）的概念直至 20 世纪初才具雏形。20 世纪六七十年代，苏联学界开展了一次大规模的双语调查，其间出版、发表了大批有关双语的专著和论文。到了 20 世纪 80 年代，欧美各国的双语研究成为一个热门，出现了大量研究双语学的著作。自 20 世纪 80 年代初期，戴先生便开始关注双语现象，他是我国最早研究双语学的语言学家之一。进入 20 世纪 90 年代伴随着研究的深入，戴先生在我国少数民族双语问题上体现出极大的热情，相继发表了《论双语学》《中国国情与双语教育》《论母语》《中国少数民族双语教育类型》《新时期中国少数民族双语的变化及对策》及《中国少数民族双语教育的历史沿革》等重要学术论文。这一阶段戴先生的视角侧重于从国情入手，分析我国早期社会双语现象的特点、少数民族双语现象形成的原因、发展变化过程与对策，以及少数民族双语教育的类型、现状及现实问题等。21世纪初，戴先生庞大的双语学理论框架初成，这一阶段开始对云南、贵州、新疆、延边等具体少数民族地区的双语使用情况进行田野调查，并深入探讨我国少数民族双语教育体制的建立和实施，呼吁我国构建双语和谐的多语社会。

《双语》高屋建瓴，气势恢宏，其中所收录的学术论文是先生双语学理论观点的重要集成，与传统的双语学研究相比既有继承又有发展，既有学术默契又有独到创见，是我国学者研究双语学必读之著作。戴先生重要的双语学观点体现在：

（1）民族地区具体实际是决定双语政策的根本出发点。语言是民族维系的重要特征，它在扮演交际工具的角色中悄无声息地记录下民族的个性与历史变迁。我国是以汉族为主体的统一多民族国家，汉语作为一种强势语言始终影响着少数民族语言的发展。汉语成为我国各民族的族际交际语的过程就是少数民族汉化的过程，汉语与少数民族语言共存时，就达到语言兼用（即双语现象）。戴先生认为，每一个民族都具有与生俱来的天然基因，因此对民族地区双语问题的规范，还应从民族的人口数量、分布特点、民族关系、文化特点、发展水平、民族心理等入手。

（2）语言使用的多样性是判断双语问题复杂性的决定因素。我国有56个民族，约130种语言，而这些语言又分属于五大语系，语系下又分9个语族，14个语支，且有多个民族涉及跨境语言。我国民族语言的多元性特征决定了我国双语问题的复杂性。因此，贯彻实施民族语言政策，发展各民族经济、文化和教育必须从不同民族语言使用的复杂程度出发。尤其在制定双语教育体制的过程中，必须根据各民族双语使用的不同类型，多种模式、多种方法兼用，只有这样才能从根本上提高民族地区双语教育的质量。

（3）遵循语言使用的发展规律是科学地解决双语问题的基本途径。随着现代科学技术的发展，信息传播速度越来越快，范围也越来越广，语言文字的使用问题日渐成为困扰多民族多语种国家的重要问题。如何制定科学的双语教育模式，确保使用不同语言的人们都能迅速、准确地交流思想、沟通信息，是我们语言工作者所肩负的时代重任。我国少数民族发展实践证明，遵循语言使用的客观规律是解决双语的关键。只有使我国的民族教育走出一条适合本民族实际的发展道路，才能更好地促进各民族平等繁荣地发展。

（4）促进民族母语与国家通用语的和谐发展是解决少数民族双语问题的最佳模式。历经多年的语言调研实践，戴先生总结性地指出：促进民族母语与国家通用语的和谐发展是解决少数民族双语问题的最佳模式。在第八届国际双语学研讨会上戴先生再次强调了这一观点的重要性，并形象地称之为"两全其美"模式。这一观点启发我们在少数民族双语问题上，既要保护民族同胞母语使用和发展的权益，又要帮助他们更好地学习使用通用语，保证民族母语和通用语在现代化进程中分工互补、和谐发展。"两全其美"模式是我国民族语言生存和发展的主流模式，有利于少数民族的发展繁荣，有利于不同民族的友好团结，符合各民族人民的共同心愿。

戴先生曾说："人生的价值在于贡献，这是我一生的座右铭。"先生扎实的学术态度是整部著作最精美的装帧，他用骄人的学术成果践行自己的诺言，为自己的学术生涯做出了最华丽的注脚。《双语》的学术价值及社会意义宏大而深远，在此只有撷取精华。首先，《双语》提出了"双语学"的学科定义及一些重要概念。关于"双语"的概念目前尚未达成一致意见，《双语》中将"双语"定义为个人或集体使用两种或两种以上语言的现象，这一解释得到了学术界的普遍认可；

《双语》中提出的一些其他概念如双语教育、双语教学、双语专业、民汉兼用、母语保留型双语现象、双语教育体制等被当今学者广为沿用。其次，《双语》归纳出了少数民族双语学研究的类型。《双语》对具体少数民族双语现象进行了科学、系统的分类，如在谈论我国双语教育问题时将我国的双语教育归纳为一贯制双语类型、小学双语型和辅助双语型。对我国少数民族双语研究类型的划分是戴先生双语研究的另一大特色。再次，《双语》制定出一系列具体的研究课题，并论证了研究课题之间的相互关系及其与双语学的体系性关系，使双语学理论体系更加具体、清晰、系统。最后，他对双语学建立过程中来自学科内外的不利因素进行了分析，并提出了一些应对的思路。此外，《双语》的社会意义也不容忽视。戴先生早在20世纪90年代就提出了极具预见性的双语学观点。1997年发表的《建立双语专业势在必行——内蒙古民族师范学院开设蒙汉双语专业的启示》一文中就提出："双语专业的设置在新时期是与市场经济的发展、民族教育改革的需要合拍的，是一个有发展前途的新专业。"极力倡导民族地区实施双语制教育，保护双语平等和谐发展。"国家社会科学研究课题"之《一条切实可行的发展民族教育之路——云南省德宏傣族景颇族自治州双语文教学体制启示录》则更加明确地指出，建立符合我国少数民族语言实际的双语制教育体系是发展民族教育的必由之路。历史和现实证明，在我们统一多民族的社会主义国家，构建双语和谐，能够增进民族情感，帮助民族发展，促进民族团结繁荣。《双语》所创立的科学"双语观"其实质是一种辩证解决双语问题的工作方法。双语问题不仅仅是语言问题，它与国家紧密相连，与民族问题息息相关，只有真正认识到双语地位的平等互补，才能从根本上消除民族发展与团结的天然障碍。我国民族多，分布广，双语类型多样，有聚居区和杂居区、内地和边疆、大民族和小民族、跨境民族和非跨境民族等不同类型，科学的"双语观"就是针对双语的不同类型、不同特点，根据本民族的需求，解决好双语问题的思想观点。戴先生为我国乃至世界双语学研究做出的贡献是巨大的。

五

《戴庆厦文集》第五卷汇集了戴先生近 60 年有关汉语与非汉语研究方面已发表的主要论文。在该卷的多篇论文中，戴先生论述了汉语结合非汉语研究的必要性和相关理论、方法等问题。如在《汉语研究与非汉藏语》中，戴先生指出："汉语研究能从同语系非汉语研究的成果中加深对汉语特点的认识，扩大汉语研究的新视角。""从汉语与同语系的非汉语的同源关系和对应关系中，深化对汉语的认识，发现汉语的新特点。""在研究方法上，非汉语的汉藏语研究会为汉藏语以及汉语的研究提供有价值的启发。"在《关于汉藏语语法比较研究的一些理论方法问题》中，戴先生认为："汉藏语语法比较研究能为汉藏语的历史研究提供证据"，"能为语言类型学研究提供丰富的材料"，"能为语言教学提供理论方法上的依据"。戴先生还深入探讨了汉语与少数民族语言结合、古汉语研究与少数民族语言研究结合的理论和方法问题。在这些研究中，戴先生特别强调"反观法"的运用。2013 年 4 月 15 日，在《中国社会科学报》上，戴先生发表《多角度深化中国少数民族语言研究》一文，从理论上进一步总结了"反观法"，强调应"充分使用不同语言的'反观法'"。戴先生指出："我国的语言类型丰富、特点殊异，有着发展语言学取之不尽的资源，是提炼语言研究理论、方法的宝地。利用不同语言'反观'，也是深化语言认识的重要途径。在语言研究中，可以使用'反观'的方法从显性特征和隐性特征的相互映照中发现隐性特征。"

该卷第一部分介绍了语言对比中汉语与非汉语研究结合的理论问题和必要性（前 9 篇论文外加第 26 篇论文）。第二部分介绍了汉语与藏缅语的语法特点对比以及汉藏语研究（论文第 10 篇至第 22 篇）。

第三部分介绍了闽语的语音规律（论文第23篇至第25篇）。第四部分介绍了新时期的民族语言翻译和汉藏语系概要（第27篇论文和最后一个讲课稿）。

该卷重点阐述语言对比中语法对比的一些理论与方法，探讨汉语与非汉语研究问题。如在历时条件下研究古汉语和少数民族语言，在共时条件下考察汉语与藏缅语在述宾结构和选择疑问等语法特点的比较、汉语与景颇语中量词的比较以及汉藏语与粤语的对比分析。最后几篇论文阐述了闽语仙游话的语音规律，介绍了非亲属语言语法比较的方法论及新时期的民族语言翻译问题。

在《跨语言视角与汉语研究》中，戴先生主要认为汉语研究如果能把视角扩大一些，看其他语言特别是亲属语言的特点，做些语言间的比较，就会发掘出单个语言研究所看不到的特点和规律。在《论新时期的民族语言翻译》中，戴先生以我国少数民族语言翻译汉语为对象，分析语言翻译在我国新时期的性质、特点，论述语言翻译与社会和谐、语言和谐的关系，并对如何搞好新时期的语言翻译提出了一些建议。在该书的第三部分戴先生从闽语仙游话的变调规律、音变规律和文白异读三个方面介绍了闽语仙游话的语音规律和仙游话语音发展的新趋势。在《汉藏语系概要》中，戴先生从汉藏语系语言学的任务、概况、语音、语法、词汇、文字及其现况这几个方面对汉藏语系做了全面论述，内容涵盖面广，语言简洁，通俗易懂。在《有关亲属语言语法比较的一些方法论问题》中，戴先生从语言比较的性质、目的以及根据第二语言教学等方面介绍了语法比较的两种途径：一是通过两种语言规律的对比发掘相互间的共性和个性，二是通过语言教学的实践反观不同语言的特点。

该卷为我们提供了汉语与少数民族语言对比研究的方法，在双语教学、科研领域发展和应用方面开拓了前景，深刻地阐述了藏缅语的述宾结构、选择疑问句、连动结构、因果复句关联标记、强调式施动句和述补结构的具体与汉语不同的语法特点等。其创新性观点对我国少数民族以及濒危语言研究具有重要启示。

戴先生提出在语言对比中，要从习得偏误中发现双语的特点。偏误分析是认识两种语言特点和差异的一种有效方法，因为在第二语言的习得过程中出现的误差，大多是由母语与目的语的差异引起的，因而从偏误分析中能够获得语言差异的真知，能够准确地抓住第二语言习得中的难点，使第二语言的教学能够更有针对性。戴先生比较分析了偏误习得与非语言习得（即静态语言）的情况，认为偏误习得是一种动态分析，从语言使用的动态过程、中介语向目的语演化的过程，揭示了语言习得的规律。这无疑为双语教学和第二外语学习提供了一种新的有效的方法。

戴先生是我国少数民族语言研究中成就高、影响大的语言学家，他为我国乃至世界语言学研究做出了重大贡献。更值得我们称道的是：这位年已八旬的著名学者，至今仍以他严谨、扎实的学术精神，坚守着语言学和少数民族语言学研究这块阵地，他实践着自己"活到老，学到老，做到老"的座右铭，用他毕生的精力和智慧在我国少数民族语言学研究史上写下了绚丽的篇章。

（冯广艺　严萍）

**参考文献**

［1］戴庆厦：《多角度深化中国少数民族语言研究》，《中国社会科学报》2013 年 4 月 15 日。

［2］戴庆厦、罗仁地、汪锋主编：《到田野去——语言学田野调查的方法与实践》，民族出版社 2008 年版。

［3］戴庆厦：《戴庆厦文集》（全五卷），中央民族大学出版社 2012 年版。

［4］戴庆厦：《汉语与少数民族语言关系概论》，中央民族大学出版社 1992 年版。

# 附录二 论恩施土家族苗族自治州
# 民间歌谣的审美特色

　　恩施土家族苗族自治州位于湖北省西南部，东接宜昌地区，南邻湘西，东北接神农架地区，西北毗邻重庆市。在这 2.4 万平方千米的土地上，居住着土家、苗、汉、侗等 28 个兄弟民族。上下几千年，历尽沧桑的勤劳、勇敢、智慧的各民族人民，在这片神奇美丽的热土上，在长期艰苦的劳动生活中，不但创造了丰富的物质财富，还创造了瑰丽多彩的民族民间文化遗产。这些文化遗产中的民间歌谣以其独特的艺术形式，凝聚着人民群众的心灵之美；闪烁着民族的智慧光芒。2005 年，恩施州各级文化部门按照"情歌""劳动歌""生活歌""时政歌""历史传说歌""仪式歌""盘歌""儿歌""叙事歌""杂歌"等类别进行搜集选编，出版了《恩施土家族苗族自治州民间歌谣集》，下面我们试图对恩施土家族苗族自治州民间歌谣的审美特色做一些探索。

## 一　和谐自然的生态美

　　恩施土家族苗族自治州是一个山河纵横、植被茂盛、峰峦叠嶂的生态之城，恩施独特的自然人文环境为民间歌谣的生成和传颂提供了平台和资源。"自然美可以培养人的感受力和创造力。常言道：'钟灵毓秀'，山明水秀的自然环境能够造就聪明杰出的人才。对自然景观的欣赏，往往是与知识的获取、思维的活跃和情感的激发融为一体的。"① 艺术来源于生活，长期沐浴着恩施州和煦的阳光、轻柔的细雨，恩施人满眼的山水绿色装点了首首歌谣，使恩施土家族苗族自治州民间歌谣到处散发着清新质朴的风情，成了一种极具恩施特色的地域性文学。

民间歌谣是劳动人民集体的口头诗歌创作，恩施土家人、苗人的生活贴近大自然，构成一种人与自然的和谐，形成了他们热爱山水的文化心态。无论在"情歌""劳动歌""生活歌""时政歌"还是"历史传说歌""仪式歌""盘歌""儿歌""叙事歌""杂歌"中，恩施方言和特色地域词俯拾皆是。如：

（1）茶子开花一片白，隔年开花隔年结。阿妹好比茶子树，四季常青不落叶。

（2）太阳出来照白岩，情妹出来晒花鞋。情妹花鞋我不爱，只爱情妹好人才。赛过当年祝英台。

（3）小小鲤鱼红眼腮，上江游到下江来，上江吃的灵芝草，下江吃的苦青苔，打鱼就到清江来。

（4）水无百日寡清水，鸟无百日单翅飞，鱼过百层贡水网，网网鱼儿网不住，河水再绿也枉然。

（5）太阳正当顶上光，树叶翻白正打快，我把出头倒挂起，泡桐树下歇阴凉，你唱我接闹一场。

（6）山歌本是古人留，留给后人解忧愁。一天不把山歌唱，三岁娃娃白了头。

（7）穷人登上青石岩，眼望北方口难开。心里喊着贺龙军，

---

① 徐恒醇：《生态美学》，陕西人民教育出版社 2000 年版，第 68 页。

取得胜利快回来，巩固鄂西苏维埃。

（8）向天王子一支角，吹出一条清江河。声音高，洪水涨；声音低，洪水落。牛角弯，弯牛角，吹出一条弯弯拐拐的，清江河。

（9）一二三四五，金木水火土。大官吹笛子；小官打花鼓。吹的吹来鼓的鼓，下下抽到中指拇。

（10）排排坐，吃果果。一排坐十个，恰好一圆桌。青的红的果儿多，又酸又甜又解渴。你一个，我一个，再留五个红果果。弟弟吃一个，姐姐吃一个；爸爸妈妈各一个，还给奶奶吃一个。

例（1）的茶子树，例（2）的太阳、白岩，例（3）的鲤鱼、灵芝、青苔、清江，例（4）的河水鱼鸟，例（5）的泡桐树叶，例（6）的山歌，例（7）的青石岩、贺龙军，例（8）的清江河、牛角，例（9）的笛子、花鼓，例（10）的青果红果，都是劳动人民从原生态的生活取材，用当地的民俗风物、地物风貌营造出"清水出芙蓉，天然去雕饰"般的优美意境。"意境是由意象群组合而成的"，"意境所显示的不仅是一幅具体生动的画面（'境'内之'象'），更是一个能激活欣赏者想象的艺术空间（'象'外之'境'）"①。没有华丽的辞藻，没有矫揉的表情，有的只是恩施到处可见、随处可查的自然景物和平常事物，有的只是恩施人常常听到的平实无奇的生活口语，却脱俗别致，让人感到格外的清新质朴。当雅致清新的意象如汨汨清泉通过质朴的恩施口语传达出来的时候，读者仿佛置身于恩施土家族苗族自治州实地采风，满眼满脑都是恩施"俊美"的生活情景。民间歌谣传递出的多彩意境使读者恨不能穿越时空去触摸大自然的深处，去感受恩

---

① 吴战垒：《中国诗学》，人民出版社 1991 年版，第 41 页。

施独特而浓郁的地域风情,去享受人与自然的最大和谐。

## 二　率真质朴的风格美

一方水土养一方人,恩施人世居崇山峻岭之中,青翠巍峨的大山给了恩施人豪迈坚毅的品质;灵动清澈的江河湖水给了恩施人率真智慧的源泉。占有恩施人口比重46%的土家人是巴人的后裔,史书有载"歌舞以凌殷人","下里巴人,和者甚众",由此便可得知土家族酷爱歌舞,歌谣文化甚为发达。恩施土家族长期从事农业,日出而作,日落而息,不违农时,勤勤恳恳。同时他们也热爱生活,喜欢歌唱生活,有着"为生活而生活"的达观态度,他们用玲珑的歌喉尽情吟唱他们质朴的生活。在《恩施土家族苗族自治州民间歌谣集》中收录了"情歌"560首,"劳动歌"95首,"生活歌"137首,"时政歌"154首,"历史传说歌"31首,"仪式歌"78首,"盘歌"5首,"儿歌"103首,"叙事歌"12首,"杂歌"27首。无论哪种形式都是土家族、苗族各族儿女心灵的歌唱,他们"我口唱我心",真实直接地表达着自己的所思所想所愿所求,豪气冲天地坦露着内心最深处的情感。如:

(11) 油菜开花黄晶晶,芝麻开花共条心。千个万个我不爱,单单只爱妹一人。

(12) 牙齿白白白如霜,嘴唇薄薄纸一张。眉毛细细弯弯月,盖过所有妹姑娘。

(13) 情哥不高又不矮,腰宽膀壮好人才。双脚能踏东海浪,两肩敢把泰山抬。真想把哥抱在怀。

(14) 白布汉衣扣子多,解开扣子摸情哥。当年摸你浑身肉,今年摸你骨头多。"想你想得瘦成壳。"

(15) 金打锄头银打刀,金碗装饭银筷挑。龙肝凤肉我不爱,情愿陪哥吃苦蒿。

（16）高山点灯不怕风，大河撑船不怕龙；哥恋情妹不怕死，妹恋情哥不怕穷。两人心思一样同。

（17）只要大家肯齐心，哪怕石王重千斤。哪怕石王千斤重，只要四两拨千斤。

（18）太阳出来万丈高，情妹起来晒花椒。花椒晒得大参口；情妹晒得汗长流。花椒今年大丰收。

（19）老板不顾长工命，甲子乙丑年年混。上坎整锄跑三里；下田扯草留三寸。不怕老板鼓眼睛。

（20）一百（斤）两百（斤）靠地力；三百（斤）四百（斤）靠人力；五百（斤）六百（斤）靠肥力；七百（斤）八百（斤）靠智力。

（21）单身苦来单身苦，衣服烂了各人补。青片补来白线连，穿起像个花老虎。

（22）姐儿住在枫香坡，又会绣来又会说。绣的红花配绿叶，说的媳妇敬公婆。拜你为师跟你学。

（23）吃菜要吃白菜心，当兵就要当红军。穷人跟着共产党，黑夜有了北斗星。

（24）穷人不怕穷，只要跟贺龙。跟着贺龙走，愁脸变笑容。

例（11）直抒胸臆"单单只爱妹一人"。例（12）（13）分别通过对女子外貌、男子身材的描写抒发着少男少女的爱慕之情，大胆坦率。例（14）则描写了久未谋面、长期忍受相思之苦的恋人终于见面之后的情意缠绵，率直地表现了相思男女爱之深思之切的痴情。例（15）（16）表达了恩施儿女重情轻利、自由婚恋、真诚奔放的爱情观。例（17）是一首石工号子，激励了劳动人民的士气，凸显了劳动人民的热情。例（18）描写了花椒丰收的生活场景，劳动人民获得丰收的喜悦之情溢于纸面。例（19）不仅用语言而且用行动表明长工对老板长期压榨的不满，体现了劳动人民对人权和个人尊严的追求。例（20）是劳动人民长期生活经验的总结，朴实的咏唱闪烁着智慧的光芒。例（21）用幽默的语言、戏谑的口吻恰如其分地写出单身汉子的心酸苦楚。例（22）毫不掩饰对心灵手巧、蕙质兰心的姐妹的艳羡仰慕之情，恳切拜师，一心向学。例（23）（24）是人民群众真诚的革命热情和由衷的参军渴望的表现。

爱情是人类生活永恒的主题，情歌是劳动人民爱情生活的真实反映，恩施土家人、苗人等各个少数民族"以歌为媒"，自由恋爱。他们大胆率性地敞开歌喉，尽情表达着爱慕、相思之情，创造了最多也最引人注目的爱情歌谣，令人叹为观止。"饥者歌其食，劳者歌其事"，以天为盖、以地为庐的劳动大众在与自然和谐相处中养成了淳朴敦厚的品性，他们善于歌唱美好，赞美爱情，表达幸福；高尔基曾经指出："民间创作是与悲观主义完全绝缘的，虽然民间创作者的生活很艰苦，但这个集体却似乎出于本能而意识到了自己的不朽并且相信他们能战胜一切和他们敌对的力量。"① 在与恶劣的自然环境相斗争的过程中他们又塑造了坚强乐观的品德，他们歌唱苦难，反抗压迫，哭诉不公，是正视苦难、不屈不挠、积极乐观的写照。无论是为协调动作、统一指挥、鼓舞情绪的"石工号子"，还是田间地头休闲大众、提高效率的"薅草锣鼓"；无论是歌颂劳动的"一把锤子治百病"、热火朝天的"伐木歌"，还是告诫务农"以时"的"催你耕田又栽秧"，告诫勤勉的"勤种勤管才有收"；无论是赞美能工巧匠的"十个姐儿织绫罗""四川来个巧木匠"，还是对美好生活热情企盼的"建房歌""贺喜辞"；无论是庆祝节日的"贺生娃""祝寿辞""摆手歌"，还是鼓励人生乐观生活、潇洒一世的"人生在世慢慢磨""走遍天下吃五

---

①　高尔基：《论文学》，人民出版社 1983 年版，第 104 页。

湖"，甚至是那些反映生活艰辛的"背佬儿歌""挑力歌"；埋怨生活
酸苦的"怀胎苦""怨后娘"；哀叹收成极差的"打渔歌"；控诉老板
黑心、欺压长工的"太阳落土忙匆匆""前世做了么子孽"；歌唱反抗
压迫的"不怕主东奸""不怕老板鼓眼睛"，依然传达出人民群众一种
豪迈豁达的乐观精神；表现了民众勇于追求真善美的积极的生活
态度。

### 三　浅白传神的意蕴美

丰富多彩的社会生活给了恩施人灵感，使他们创作了多种多样的
民间歌谣。如海德格尔所言："接近故乡就是接近万乐之源。故乡最
玄奥、最美丽之处恰恰在于这种对本源的接近，决非其他。所以，唯
一有在故乡才可亲近本源，这乃是命中注定的……还乡就是返回与本
源的亲近。"[①] 劳动人民随地取材，随时歌唱，朴素的艺术传达出的是
大众对生活真实感受无法抑制的唱咏和抒发，也是大众内心真情的自
然流露。恩施土家族、苗族民间歌谣除"仪式歌""盘歌"外一般都
比较短，人民大众聪明伶俐，口吐莲花，在简短的篇幅内，用浅白清
新的方言土语，描绘出一个个可触可感的形象，营造出一个个多彩的
意境，激活大众的审美感受，达到传神的艺术美感。如：

（25）十七八岁姑娘家，脚踩门槛手做花。看到燕子成双对，
心里就像猫儿抓。

（26）隔河望郎笑开颜，小郎过河采茶来。手里还拿一本书，
文武双全好人才。这样男儿谁不爱。

（27）郎在高山打一望，姐在河里洗衣裳。郎在山上望到姐，
姐在河中望到郎。棒棒打在拇指上。

---

① ［德］海德格尔：《人，诗意地安居》，郜元宝译，上海远东出版社1995年版，第87页。

（28）打从花儿开，挑担花儿卖，挑担花儿上长街。担担儿挑上肩，跑个周围圈，一肩挑到桥中间。花儿挑一肩，拓溪桥上站，买花大姐都来看。花儿看高哒，货郎你讲价，一束花儿二吊八。花儿涨了价，切记莫买它，再等三年自己打金花。

（29）大婆娘，细老公，一耳光打得起旋风。哪个叫你不争气，一泡尿屙在铺当中。

（30）无钱汉子帮长工，一年四季都受穷。老板睡的绫罗帐，蚊子咬的是长工。

（31）贺龙红军得了胜，穷人兄弟喜盈盈。万道金光河中闪，红旗映红半天云。百姓四处来慰问，送茶送水忙不停。同贺红军打胜仗，打倒不平享太平。

（32）山上山下歌搭歌，你来我往打哦吷。耕田种地流大汗，唱个号子吼个歌，山歌好过痨伤药。

（33）腊月三十过大年，敲锣打鼓闹喧天；新衣新鞋人人穿，大人细娃都喜欢。家家年饭十大碗，鸡鱼面蛋样样全；饭后打起金钱板，歌儿唱得巴口甜。车车灯来干龙船，狮子龙灯到处玩。从来没过这样年，只有解放才得见。

（34）今日喜饮交心酒，吉时良辰结佳偶。男才女貌双俊秀，才华事业两风流。

例（25）用了简短的 28 个字描绘了一幅妙龄少女怀春图，生动形象地吐露了少女对爱情的渴望和向往。例（26）一位喜笑颜开、文武双全、勤劳朴实的青年才俊跃然纸上，赏心悦目，令人生羡。例（27）好一幅情深意浓的情郎情妹遥相对望图，读者不自觉地走入画中，感受爱情。例（28）完整地呈现了货郎挑花卖花，爱美的姑娘们欣喜万分，高兴之余不忘讲价，议价不成，省钱打金花做结婚嫁妆的场面，俨然一部买花情景剧，读者与买花姑娘们同喜同乐，同悲同恸，传神的描写引起了读者的情感共鸣。例（29）选取了生活中再简单不过的一个场景，揭示了"大妻子小丈夫"的封建落后婚姻模式和这种模式给妻子带来的痛苦，"起旋风"的耳光打得固然过瘾，读者分明感觉到声音响起，妻子早已泪眼模糊。例（30）开门见山，简明了当地抒写了劳苦人民被压榨的命运，通俗明快，却分明是劳动人民心酸悲痛的歌唱。例（31）歌颂了贺龙军深得民心，是鱼水同心、军民同德的写照。例（32）恰如其分地表露了劳动人民对于山歌的喜爱，无论是闲暇时分还是耕田劳作，山歌是他们生活中不可缺少的一部分，山歌使他们的生活丰富，使他们的生活朗润，读者有意无意中跟随着山歌的节奏，和着自然的韵律尽情歌唱。例（33）描绘的是锣鼓喧天、热闹非凡的过年场景，老百姓丰衣足食、心满意足，甜甜的歌声中唱出了新生活的激情和他们张扬明快的生命活力，快乐的音符随处蹦跃，幸福的日子长远万年。例（34）浅白的话语遮掩不住对喜结良缘的一对新人的美好祝愿和由衷赞美，我们分明感觉得到：幸福之门正在开启，已经开启。

民间歌谣口耳相传，纵横古今，生生不息。它扎根泥土，散发着浓厚的乡土气息；它取材生活，弥漫着真实的生活情愫。所以艾青说："生活实践是诗人在经验世界里的扩展，诗人必须在生活实践里汲取创作的源泉……将全部的情感都在生活里发酵、酝酿，才能从心的最深处，流出无比芬芳浓烈的美酒。"[①] 劳动大众以生活场景入诗，用白描的手法粗线条地勾画出事物的轮廓，没有辞藻的堆砌，没有气氛的渲染，在有限的篇幅内，寥寥数笔，以少胜多，激活了读者的联想机制，引领读者进入了新的视觉空间，生动传奇。

当然，劳动人民是最智慧的群体，他们在辽阔的土地上全身心地书写出最有用的生活经验，他们浅白的语言闪烁着人生哲理的光芒。

---

① 艾青：《诗论》，人民文学出版社1983年版，第185—186页。

他们用"轻轻薅草铲脱皮"告诉人们薅草的注意事项；用"生产歌"训诫勤劳才能致富的道理；用"十劝姐"规劝妇女恪守妇道、相夫教子的品德；用"我劝哥哥要忠孝"传达孝敬父母的美德；用"哪有食指一般齐"引导人们宽和包容的生活态度；用"五谷杂粮莫乱抛"劝诫人们养成勤俭节约的生活习惯。他们用睿智雅致的长篇幅的"历史传说歌""盘歌"潜移默化地传播了生活知识，激发了劳动人民的思维和联想的能力。

### 四　律动隽永的语言美

恩施州是山歌民谣的海洋。李泽厚曾指出，"诗同乐和舞，最初是三位一体的，以后才逐渐发生了分化"[①]。我国当代歌谣学家吴超也说："民间歌谣是从远古诗乐舞三位一体的原始文化形态中分化出来的，但保留有乐、舞特征的一种韵文样式。作为一种综合性的整体艺术，它同时兼有文学（词句）、音乐（曲调）和表演（表情动作）三种形态……"[②] 这不仅指出了诗、乐、舞之间密不可分的关系，而且强调了民间歌谣创作者美妙敏锐的音乐感。恩施州的各族人民是极具诗歌天赋的，他们站在生活的舞台上，自然轻松地咏叹出一曲曲和着生命律动的"天籁"。

恩施州民间歌谣形式多为"四句七言""五句七言"山歌，或者由"四句七言""五句七言"段组成的仪式歌、叙事歌；也有三字句、六字句、八字句，也有十个字一行的"十字调"。无论形式如何迥异，均有着优美和谐的格律，如：

（35）大山砍柴不用刀；大河挑水不用瓢；好姐不要媒人讲，

---

① 李泽厚、刘纲纪：《中国美学史》，中国社会科学出版社 1984 年版，第 68 页。
② 吴超：《中国民歌》，浙江教育出版社 1985 年版，第 13 页。

山歌搭起鸳鸯桥。

（36）隔河望见花一桠，郎变蜜蜂画上爬。叫姐莫打蜜蜂子，郎的魂魄就是它。

（37）新打镰刀弯又弯，与姐初把心事探。心里咚咚像打鼓，脸上就像火烧山。好比船儿下陡滩。

（38）说起唱歌歌就来，走到园门花就开。好花无风香十里，好姐有情把口开。姻缘不成仁义在。

（39）郎好比万喜良修筑长城；姐就像孟姜女去送衣襟。郎好比张君瑞跳出江城；姐就像崔莺莺两下交情。

（40）王母娘设蟠桃大摆酒宴，宴席上请着那八大神仙。张果老坐中庭笑容满面；蓝采和拿蟠桃十指尖尖；吕洞宾驾云头身背宝剑；何仙姑现出那三寸金莲；汉钟离轻飘飘摇风打扇；李铁拐原是个独脚神仙；曹国舅喜的是渔鼓简板；韩湘子吹玉笛庆贺八仙。

（41）星星稀，披蓑衣；星星密，戴斗笠。披蓑衣，戴斗笠，勤快些，有饭吃。

（42）胖子胖，打麻将，该我钱，不还账。我要钱，买电棒，打得胖子不敢犟。

例（35）（36）是典型的"四句七言"，韵脚和谐，一、二、四句分别押的是"ao""a"韵；例（37）（38）是典型的"五句七言"，一、二、四、五句分别押的是"an""ai"韵；例（39）（40）是典型的"十字调"，例（39）一、三句押"eng"韵，二、四句押"ing韵"；例（40）全篇押"an"韵，一、二、四句押韵和单双句各自押韵构成一种错综的美。例（41）（42）是典型的三字句，全篇分别押"i""ang"韵，一韵到底，荡气回肠。

恩施州土家族、苗族歌谣喜用开口呼韵脚，洪亮悦耳；韵律和谐单纯，朗朗上口。且其谐美的韵律借助恩施各地方言口耳相传，如一条奔腾不息的河流生生不息。"从韵律学的角度看，平仄、节奏是构成语音和谐的重要方面。"① 恩施土家族、苗族民间歌谣平仄搭配比较自由，但是节奏紧凑，字字珠玑。如：

（43）前头前，点状元；中间中，大马蜂；后头后，闻屁臭。

（44）羊儿｜咩咩，走路｜拐拐。没得｜妈妈，走不｜回来。

（45）穷人｜不怕穷，只要｜跟贺龙。跟着｜贺龙走，愁脸｜变笑容。

（46）高山｜跑马｜马头抬，马上｜抛下｜戒指来。你是｜金的｜我不捡，你是｜银的｜我不爱。姐儿｜爱人｜不爱财。

（47）我的夫｜到如今｜竟然｜作古，年纪轻｜丢了奴｜苦情｜难吐。在灵前｜不由人｜泪如｜雨注，叫一声｜冤家夫｜细听｜奴述……

（48）一月｜里来｜月正东，孔明｜借风。好孔明，借东风，定下｜计谋｜破曹公，风起｜云涌，献连环，是庞统，破曹｜用火攻。

例（43）是"三个音节组成一个独立的音步"②。例（44）是"四字串分成格式"③。例（45）是"五字串组成［2/3］格式"④。例（46）是"七字串组成［2/2/3］格式，因为没有其他读法"⑤。例（47）是十字一行，依然符合冯胜利总结的"'小不低于二，大不过于三'"⑥的韵律规律。相同的音步使民间歌谣读起来气势连贯，节奏鲜

---

① 冯广艺：《语言和谐论》，人民出版社 2007 年版，第 145 页。
② 冯胜利：《汉语韵律句法学》，上海教育出版社 2000 年版，第 95 页。
③ 同上。
④ 同上。
⑤ 同上。
⑥ 同上。

明。例（48）分别由三字串、四字串、五字串组成，避免单一的节奏，音节参差，富有建筑美。

重言叠词的大量运用更是"借声音的反复增进语感的反复；借声音的和谐张大语调的和谐"[①]，美化了韵律感，增强了层次感，深化了意境感。"白飘飘""苗条条""笑盈盈"似乎将一个肤如凝脂、笑靥如花、身姿绰约、凌波微步的温婉女子带到了读者面前，带给读者愉悦的审美感受。"轻悄悄，悄轻轻，轻轻悄悄进姐门"韵律有致地刻画出热恋中男子偷偷与女子约会的谨慎小心，毋庸置疑，女方父母并不赞成这门婚事，叠词的使用突出了诗歌的画面感，使人物形象立体可感，诗歌节奏紧凑有力。"一见一见观世音，有点有点动人心。心中心中想到你，如何如何得拢身，差点差点想成病。"全篇重复，将相思情绪表达得缠绵悱恻，感情真挚强烈。便于儿童记忆传唱的儿歌也多用重言叠词。如："流水当当，淘米筛糠。婆婆吃米米，我吃糠糠。""猫猫咪咪，开红花花，快点回来，吃个糯糍粑粑。"语言晓畅自然，节奏明快，优美如歌。

民间歌谣是劳动人民情感的自然抒发，丰富的生活经验给了他们敏锐的眼光捕捉闪光的点滴；细致的社会观察充实了他们灵活的头脑联想隽永的妙语；深切的生活体验点燃了他们创作的激情，吟唱了绝美的歌谣。恩施土家族、苗族民间歌谣巧用辞格，比喻、排比、双关、拟人、夸张、设问、反问、对偶、顶真、用典辞格比比皆是。如：

（49）孤单不过郎孤单，好比冷庙修高山。冷庙修在高山上，许的香愿无人还。

（50）姐儿乖来姐儿乖，好似仙女下凡来。走路好像风摆柳；

---

① 陈望道：《修辞学发凡》，复旦大学出版社 2008 年版，第 141 页。

坐下赛过祝英台。

（51）她是鲜花种在园，郎是莲藕在塘间。几时开花园里香，几时塘生并蒂莲。花也香来藕也甜。

（52）姐是鲤鱼紫鱼鳃，下河游到上河来。我郎没得吃鱼命，手拿丝网撒不开。

（53）隔河望见枞树林，枞树林里闷沉沉。正在开花风又绕；正在结果雨又淋。十磨九难情更深。

（54）小小蜜蜂飞得快，一翅飞到花园来。蜜蜂采花花蕊动，花把蜜蜂抱在怀。

（55）白岩下面一口塘，苦瓜丝瓜种两旁。郎吃苦瓜苦想姐；姐吃丝瓜思想郎；望到几时得成双。

（56）后园栽菜行对行，芹菜韭菜栽两行。郎吃芹菜记情姐，姐吃韭菜久记郎。

（57）麻鸡母，蹲鸡窝，生个蛋，唱个歌。天天我都捡一个，我吃蛋蛋你唱歌。

（58）凤凰坐在金銮殿，喜鹊守卫好精神。乌鸦丞相奏一本，八哥侦探报分明……

（59）上一步一家和气万事兴；上二步文武双全世上稀；上三步三朵金花插两柱；上四步四季金银堆满库；上五步五子登科进学府……

（60）红军追敌追得紧，追得敌人就在地上滚；有的就往水里奔；有的举枪要投降；有的跪着喊饶命。红军枪法打得准，颗颗子弹穿敌人。

（61）排排坐，吃果果。果果甜，买黄连；黄连苦，买豆腐；豆腐辣，买枇杷；枇杷酸，买鸡蛋；鸡蛋薄，碰牛角。

（62）燕儿窝，板板梭，田二姐，推磨磨。磨磨转，卖茶饭；茶饭香，卖生姜；生姜辣，卖枇杷；枇杷苦，卖鸡母。

（63）姐儿送郎过小河，双手捧水送郎喝。今日喝了妹的水，十年天干口不渴。

（64）号子喊得柳叶尖，惊动天上鲁班仙。鲁班仙师天上看，看见弟子把岩牵。

（65）昨日无事去上街，看见刘备卖草鞋。张飞杀猪又卖酒，云长挑起豆腐卖。英雄都从苦中来。

（66）贵府千金小姐，结就美满姻缘。秦晋两国联姻，朱陈和好百年……①

　　例（49）（50）用的是比喻中的明喻，例（49）将孤单的男子比作修在高山的冷庙，一语中的，形象可观。例（50）把心仪的女子比作下凡的仙女，风摆柳腰，貌赛英台，一个轻盈貌美的女子跃然纸上。例（51）（52）用的是比喻中的暗喻，例（51）把女子比作鲜花，把男子比作莲藕，花开藕香来比作两人情投意合，意境优美。例（52）用打鱼钓鱼隐喻求偶，抒写爱情，含蓄隽永，令人回味无穷。例（53）（54）用的是比喻中的借喻，歌谣中没有热恋的青年男女，例（53）用开花风绕、结果雨淋比喻爱情的磨难，歌颂两人坚贞不渝的爱情；例（54）通过"蜜蜂采花，花抱蜜蜂"淳朴的自然风物比喻青年男女两情相悦，可谓言有尽而意无穷。例（55）（56）用的是双关的修辞，"丝"与"思"谐音，"芹"与"情"谐音（恩施方言芹与情同音），"韭"与"九"谐音，表面说的是平常不过的日常蔬菜，实则含蓄地表达了思念深深深几许。例（57）（58）用的是拟人的辞格，生动活泼地体现出童真童趣。例（59）（60）用的是排比的辞格，例（59）将一系列吉祥的话语通过上梁仪式串联，真挚地表达了对主人美好生活的祝愿和期盼，字字铿锵，韵味十足。例（60）写出了敌人

---

　　①　本文引用的民间歌谣皆出自《恩施土家族苗族自治州民间歌谣集》，湖北人民出版社2005年版。

兵败如山倒的狼狈之状，形象具体。例（61）（62）用的是顶真的辞格，首尾呼应，上下蝉联，音韵和谐，趣味盎然。例（63）（64）用的是夸张的辞格，例（63）用妹妹一捧清水，哥哥十年不渴这有悖常理的夸张表达了对情人的爱之深之切，也贴切地反映了热恋中男女敏感浪漫的爱的洞察。例（64）用"惊动天上鲁班仙"的石工号子展现了石工们情绪豪迈、斗志昂扬的采石热情，给读者以苍劲雄厚的震撼。例（65）（66）运用了许多历史典故，例（65）用刘备"家贫，以贩履、织席为业"，张飞"颇有庄田，卖酒屠猪"等典故劝诫人们英雄都从苦中来，勇敢面对苦难才能取得成功，简洁之语不乏警策，丰富了诗歌的内涵。例（66）用"秦晋之好"及朱元璋和陈友谅和好联姻百年表达对新人由衷的祝福。

为了进一步说明恩施土家族、苗族民间歌谣的辞格使用状况，我们以首为单位对全集 1202 首民间歌谣有无使用辞格情况进行了调查，见下表：

| 有无使用辞格 | 例数（首） | 比例（％） |
|---|---|---|
| 有 | 879 | 73.1 |
| 无 | 323 | 26.9 |

从上表可以看出，恩施土家族、苗族民间歌谣中大部分都使用了辞格。"辞格是积极修辞"，"积极的修辞，要使人'感受'……每个说及的事物，都像写说着经历过似的，带有写说者的体验性，而能在看读者的心里唤起了一定的具体的影像。"[1] 值得一提的是，辞格的使用形式也是多种多样的，有的只用某一种辞格，如仪式歌、盘歌中大量的设问、反问；有的全篇使用比喻、排比、拟人；有的同一首民歌

---

[1]　陈望道：《修辞学发凡》，复旦大学出版社 2008 年版，第 57 页。

或民谣中几种辞格的综合运用，辞格的使用丰富了民歌民谣的容量，彰显了劳动人民非凡的语言才能，带领读者走入歌谣的题旨情景。正是有了民间歌谣，人类增添了童真的回忆；有了它，人类增添了许多生活的甜美和幽默；有了它，人类的悲欢离合变得鲜活具体；有了它，人类的理想和追求有了附丽。

总之，恩施土家族、苗族自治州民间歌谣极具审美特色，其呈现出和谐自然的生态美、率真质朴的风格美、浅白传神的意蕴美、律动隽永的语言美，具有浓厚的艺术氛围，带给我们独特的审美体验，值得我们学习和借鉴。

（李华　冯广艺）

# 附录三 三亚黎族民歌的审美特征

在我国最南端美丽的海南岛三亚生活着一支古老的民族——黎族，据史书记载，这个民族已经有 3000 多年的历史。黎族人民远居海外，他们在悠久的历史和独特的海岛自然环境中创造了个性鲜明的民族文化，其中黎族民歌更是黎族文化中的一朵奇葩。三亚黎族人民爱唱歌，"有歌不唱熬肚烂"，民歌在黎族人的生活中占有十分重要的地位，是黎族人民交流感情、抒发情怀的工具。三亚黎族民歌表情真切率直，语言本色质朴，反映了原汁原味的黎族文化风情，具有很高的审美价值。

## 一 丰富多彩的内容

三亚黎族民歌的题材十分广泛，涵盖了历史传说、伦理道德、生活习俗、亲情爱情等各个方面。大致可以分为以下几种类型。

### （一）劳动歌

劳动歌是伴随着人类的生产劳动活动而产生的，是人类历史上最早的歌谣。三亚的黎族人民有着勤劳朴实的民族性格，他们热爱劳动，在长期的共同劳动中，他们创作了很多与劳动动作相配合的歌谣，用这些歌谣来协调动作、相互加油鼓劲。三亚黎族人民的劳动歌生动地反映了他们砍山、插秧、放牧、打猎、织锦等劳动生产场面，抒发了他们在劳动中的种种情绪，如《割谷谣》："新谷到手新箩装，新米做饭甜又香，手拿镰刀下田垅，割下稻谷早尝新。"体现了丰收的喜悦心情。同时，这些歌谣也是黎族人民生产生活经验的总结，蕴含了丰富的智慧和哲理，可以传授生产技艺，还能够教育后人，如《插秧歌》："插秧小小，插它顶顶只青鲜，插它顶顶只好发，插它斜斜发来迟。"

（二）情歌

三亚黎族民歌中表现爱情主题的歌谣非常多，这与黎族"婚嫁无媒妁，踏歌以相蝶"的习俗有关。黎族男女自古恋爱择偶都比较自由，男女以歌相交，情投意合者即订婚配。黎族传统的节日"三月三"更是男女对歌欢唱、传情达意的盛会。这些情歌有的描写了恋爱中的种种情景：从相互试探到热烈追求到相互思念再到海誓山盟的定情，情真意切，委婉动人，如"妹有心哥有心，讲句语言值千金。妹讲句话哥拾起，不分语言落山林"。有的描写爱情遭到阻挠破坏、被恋人抛弃的痛苦，悲叹幽怨，十分感人，如"情妹呀，我的眼泪像汗水流下，像夜露洒落。我的情妹呀，好久没见面，一见到你，我的心肝像被木棒打到一样"。黎家男女长到一定年纪就不再与父母居住而是住到专门为男女谈情说爱而搭建的茅草房"寮房"中。一到夜间，男孩就会在女孩的"寮房"外吹箫唱歌，向心仪的女孩求爱。男女一唱一和，若女孩也相中了男孩就会邀请男孩来自己的"寮房"中玩耍、谈情，这种活动称为"放寮"，许多情歌描写了这一活动："忆到当初咱放寮，忆亲话言当初交，忆亲话言当初学，到处山林都睡了。"

（三）生活歌

三亚黎歌是黎族人民日常生活的写照，生活歌涉及了黎族日常生活的各个方面，如宗教习俗、风土人情、婚丧嫁娶、祭祀、娱乐、知识等。如《嫁女歌》《游灯歌》《哭哥歌》《舅公做客歌》《孝子歌》《跳神歌》等，这些歌谣为我们了解三亚黎族人民的日常生活、认识三亚黎族历史文化发展提供了窗口。随着时代的发展，黎族人民的生产生活水平都得到了极大的提高，物质财富的丰富使生活歌又增添了很多与时代接轨的新内容。

（四）故事歌

故事歌在黎语中被称为"吞波烟"。故事歌有歌而且有故事，主要叙述的是黎族的历史源流和一些民间传说故事，对歌手的文化底蕴和演唱水平都有很高的要求，是民歌发展到一定程度的产物。三亚黎歌中的故事歌为数不少，有创世神话歌如《黎族祖先歌》长达近千句，讲述了黎族先祖的由来，是黎族古代生活的艺术再现，体现了黎族先民艰苦的创业过程。民间传说故事歌如《梁山伯与祝英台歌》《董荣情哥》等都有完整的故事情节，讲述了两段凄美动人的爱情故事。

（五）革命歌

黎族人民素来就有强烈的斗争意识和反抗精神，不甘被压迫。三亚的革命歌谣产生于当地人民的革命斗争中，如《当兵歌》："嘱父嘱母不用闷，子做青年去参军，子去为家与为国，国家和平回一轮。"表现了黎族青年勇于承担责任，为了家庭为了国家挺身而出，不得胜利不回还的革命意志和英雄气概。新中国成立后，在党的政策的关照下，三亚黎族地区发生了翻天覆地的变化，黎族人民的生活水平得到了极大的提高，黎族人民用一首首歌谣来表达他们对共产党和新中国的热爱、感激。如《解放歌》："民主解放真是好，不给人民多困饿。过去人民没饭吃，现在人民饱肚肠。"

## 二 纯真率直的情感美

"'诌书立戏真山歌',意即书是编的,戏是创造的,山歌可是真的。"[①] 民歌最宝贵的地方就是情真。黎族本身就是一个能歌善舞的民族,三亚黎族民歌大多是黎族人民在生活中即兴创造的,随情而唱,想到什么唱什么,想用什么调子唱就用什么样的调子唱,完全发自内心。"饥者歌其食,劳者歌其事",三亚黎族歌谣反映的是黎族人民实实在在的生活内容,是他们情感的真实流露,是"真"的情,"我口唱我心",绝不作假,强烈直白地抒发自己的喜怒哀乐。黎族人民朴实坦率,爱恨分明,这样的民族性格保证了三亚黎族民歌传情表意的纯真率直,这是三亚黎族民歌的审美特征之一。

三亚黎族情歌为数不少,这些情歌情感真切炽烈,十分动人,有着鲜明的民族特色。黎族人民纯朴、爽直、率真,他们对爱意的表达也如他们的民族性格一样,真诚直接、泼辣热烈,绝不矫揉造作、故作姿态。他们对爱情敢于表达、敢于追求。男孩对心爱的女孩表白:"妹妹不爱哪个爱,过海过崖相伴来,死父死母不要紧,跟我妹妹谈心来。"多么坦率直白。黎族人民重视承诺,在追求爱情过程中常常许下誓言,《情人歌》中男孩对心上人立誓:

> 情妹呀,请你不要伤心,十年六年我都会跟你好,十年六年我都会跟你玩,要是有了小女孩,我会教她做人的道理,情妹呀,请你不要伤心,哥会跟你玩下去,要是生个男孩,我就送他一把砍山刀,教他会使猎枪,还教做人的道理。

誓言真切,平实中让人感受到男孩诚实纯朴的内心和绝不会失言

---

① 刘半农:《山歌原始之传说》,《语丝》1925 年第 2 期。

的坚定。面对爱情，黎族女孩也不会扭捏作态，她们勇敢泼辣，敢于直接表达自己的情感：

> 好久不见哥熟悉的面容，想到我肝都发痛，好久不见哥英俊的面容，想到我心都发痛。踩到棉花也好像发出声响。我梦见咱俩睡在一起，我梦见咱俩吃槟榔，我梦见咱俩在谈话，我梦见情哥睡枕头，我梦见情哥在翻身。

语言大胆、热烈，深刻地表现了女孩对心上人的思念之情。黎族男女在爱情中有着坚定意志和极强的反抗精神，当爱情受到阻挠时，他们用歌来表现悲伤和幽怨，同时也在歌中向对方表明自己绝不退缩、至死不渝的坚贞。《情人歌》用男女对唱的方式讲述了一对恋人因父母反对不能在一起而离家出走的故事，男孩唱道：

> 我的好情妹，让我对你说，你要是有心就跟我去流浪，咱俩带上碗锅，咱俩带上织锦的针线，请你不要担心，咱俩一去就不回头了……我的好情妹，咱们会遇上有蚂蟥的泥潭，会遇上有塌方堵死的山路，会遇上有黑树的森林，会遇上有旋涡的流水，会遇上很难插足的荆棘，你怕不怕？你会不会哭泣？

女孩答道：

> 我的好情哥，你先让我收拾好东西，收拾好衣服、裤子和筒裙。要是遇上洪水，咱们就坐下来等待，要是遇上荆棘，咱们就穿鞋小心走过去，要是遇上很陡的高山，咱们就爬过去。

他们不甘于被命运压迫，勇敢追求爱情的自由，特别是故事中的黎族女性，为了爱情奋不顾身、不畏艰险，有着坚定的爱情信念。

黎族人民爱憎分明，对于帮助过黎族人民、带给黎族人民新生活的共产党进行了热情的赞颂。

> 民主解放就是好，分田分园分钩刀，分国分园群众做，不给群众饿肚肠。

> 不学田蟹两头走，不做戏台鼓乱操，要做灯心一条心，跟党白毛不回头。

> 南海水深不算深，红军恩情比海深，南海水深有尺比，红军爱民不胜情。

这些歌谣句句情真，纵情歌颂国家，歌颂共产党，歌颂党和国家的领导人，表达了黎家儿女的深情厚谊。

同时，三亚黎族民歌的纯真率直还体现在黎族人民对于内心快乐或苦闷情绪的直接表达。他们敢于直面人生的苦难，对于生活中的不幸遭遇，他们不回避、不妥协、不屈服，这些表现人生苦难的歌谣如泣如诉、苍凉凄苦，体现了黎族人民强烈的悲剧意识。新中国成立前，黎族人民还是原始的刀耕火种生活，生产力十分低下，物资匮乏，人民吃不饱穿不暖，有很多歌谣描写记录了这样的生活，如：

> 生出娘肚苦到今，毛巾拿来做仔衣，山藤拿来做裤带，鸡笼拿来做摇篮。

再如《十闷歌》，从"一闷来到咱贫家，从小都不清寒下，一真半饭做二顿，半真米饭如山茶"（真，指瓢）开始，细数了家贫无饭吃、无衣穿、无房住、无田地等，悲叹生活艰辛、命运不济。他们把人生的悲苦、无奈唱进歌中，歌谣成了他们排解忧愁、释放生活压力的工具。

### 三　质朴平实的语言美

口头创作、口头传播的方式使得民歌的口语化特征十分明显。刘半农在《〈外国民歌〉自序》中指出，歌谣的好处"在于能用最自然的言辞、最自然的声调把最自然的感情抒发出来"。三亚黎族民歌是黎族人民对自己生活的真实吟唱，歌谣的内容和语言都取自生活，它产生于田间地头，述说着人们的喜怒哀乐，流传在人们的口头，说的都是平时生活中的话，选用的是口语中鲜活的词，每个人都可以创作，都可能是歌手。它的创作者没有经过专业的训练，也不受格律和形式的束缚，他们看到什么就唱什么，语言真实质朴，无须雕饰。口语似的歌谣语言使得三亚黎族民歌生动、活泼，呈现出通俗平易、本色自然的质朴之美。

黎歌很多时候都是即兴创作、即兴演唱，它的句式和语法形式相对来说比较简单，甚至很多就是未经过任何加工的口语。《哭哥歌》唱道：

你要是没走，你来了我有好酒招待你，我要给你摆上大桌，我要给你上好菜好肉。你为何不多活一年，多活一天，咱们可以去种山兰，种水稻，种它个满满，种它个多多，我的命运不好呀，你已经走了，只剩下一人，只听到天空中下雨的声音。

语言明白如话，没有多余的修饰，却能反映失去手足的深重悲痛，让听者为之感动流泪。

三亚黎族民歌有一部分是用对唱的形式表现，特别是情歌，男女一唱一和，一问一答。这种对唱形式的歌谣往往是人们在生活中张口即来的，歌唱出来后对方必须马上回应，问答间没有更多的时间进行构思和创作，考验的是歌手的反应力，因此，它比其他形式更具口语性，男孩唱：

好久没能见到你，我今天来找织布染料树的种子，听说你家染料树的种子好，落在石头上都能长芽。

女孩答道：

你今天来做什么？找染料树种子做什么？我们的染料树种子不好，撒在泥土里也不会长芽。

表面上是找女孩家借种子，实则是与女孩搭讪，夸女孩家种子好实际上是在夸赞女孩、讨好女孩。女方假装不懂男孩的用意，说我们家种子不好，撒在土里也不会发芽，你来我家做什么呢？巧妙地借男孩的话来回绝他，这一唱一和风趣生动，语言平实无华却让人忍俊不禁，体现了黎族人民的机智幽默。

三亚黎族民歌是建立在黎族传统的文化和当地的语言之上的，表现的是黎族人民的日常生活，歌谣中所描写的事物都是人们生活中常见的，如"槟榔""山兰""茅屋""放寮""米酒""稻""插秧""龙眼""腰篓""黎锦""锄""椰子"等，充满浓郁的海岛特色和民族风情。为了便于歌谣的流传，三亚黎族民歌中所使用的词语大都是民众普遍使用的方言土语，很少使用书面语，这些词往往随口而出，绝不过分雕饰，具有浓厚的地方风味。"一心只想跟哥交，只怕外头人剪料。"（剪料：干涉）"交亲咱交亲，咱交一个亲摆面。"（摆面：翻脸）"哥做句班给侬班，侬班乜时海水干。"（班：猜；乜：什么）、"母欠与子住同室。"（欠：应该）"日头落下郊岭隅，净净见人不见他。"（日头：太阳）等。这些方言土语的应用保证了黎族民歌的原汁原味，使歌谣更加贴近黎族人民的生活，更容易被接受和传唱。

三亚黎歌善用"比"。比，即比喻，"以彼物比此物也"，对人或者物进行形象的比喻，能使其特征更加突出，引发听众的联想，使抽象的形象具体化、深刻的道理浅显化，同时，也使歌谣语言生动形象。

跟哥在一起真好，哥哥像挺拔的大树，像滑绿的树叶，像倒映在水中的星斗，哥哥的嘴巴像精雕，哥哥的嘴角像刻纹，哥哥的眼睛像青蛙的眼睛，哥哥脾气很温和，讲话卷舌头，要是交上哥哥，我的命就好了。

比喻词为"像"，把情哥比喻成"大树""树叶""星斗"等，体现了女孩对心上人的仰慕，给人以鲜明的形象。又如：

我的好情妹，你我心连着心，像绑在一起的秧苗，像连在一起的草席，像织在筒裙上的图案……我的好情妹，我心里挂念你，像母亲挂念田地，像父亲挂念山兰，像草席挂念被子。

用"绑在一起的秧苗""连在一起的草席""织在筒裙上的图案"来体现情人间坚定的爱情，情真语挚，让人唏嘘感叹。"母亲挂念田地""父亲挂念山兰""草席挂念被子"把无形的思念具体化，形象地勾勒出情哥对情妹的挂念，使听众能感同身受。从以上例子我们可以看出，三亚黎族民歌选用的喻体如"山兰""草席""被子""筒裙""田地"等都是生活中非常常见的事物，以这些事物作比，使得歌谣更加贴近生活，语言更加质朴、亲切。

### 四　回环复沓的形式美

三亚黎族民歌表达情感纯真率直，它的语言质朴自然，接近口语，但同时，它也善于借助艺术手法来帮助自己塑造形象、表达感情。三亚黎族民歌比较普遍地使用了"重章叠唱"的方法。重章叠唱指的是歌谣中结构或者语言大致相同的语句、章节重复出现。这种语句或章节的反复咏唱加强了歌谣的节奏感和音乐性，起到和谐韵律、突出主题、增强情感的作用，同时也能使诗文的格式整齐有序而又回环起伏，形成歌谣回环复沓的形式美。

因为重章叠唱可以反复强调一种主题，所以可以起到一层一层铺展内容、加深情感的作用，三亚黎族民歌有较多语句的重复，但最为普遍的还是章节的重复。先来说语句的复沓，如《儿媳妇虐待瞎婆婆歌》："子嚙近来母讲好，顿顿都吃蚂蟥汤，顿顿都吃蚂蟥血，顿顿都吃蚂蟥肠。"后三句字面意思不同，结构相同，只是换了三个字"汤""血""肠"，强调了媳妇对婆婆的苛待。再如："咱俩相约一起玩，哥来不要怕蛇咬，哥来不要怕蜈蚣咬，哥来不要怕蜘蛛咬，哥来不要怕蝎子咬。"后四个句子四种有毒动物的转换既生动地体现了女孩对心上人到来的急切期盼，又体现了她对心上人的担心和关怀。

再来看一下章节上的重叠，《牛郎织女歌》唱道："青天白日见个天，千年万古不见她；七月十四碰一拜，三月清明碰一时。青天白日见一下，千年万古不见她，七月十四碰一拜，三月清明碰一夜。"歌谣两小节基本相同，只是在第一句和第四句换了两个词，"时"与"夜"在时间长短上的变换推进了歌谣情感的表达，把牛郎织女见面的不易形象地表现了出来，同时也协调了歌谣的节奏。三亚黎歌在这种章节的反复吟唱中形成了很多固定的程式，有的以时间如月份、时辰等为线索，如《砍山兰歌》：

> 正月打把新钩刀，勤的来砍懒得看，高高低低着欠砍。二月来到砍园起，回去商量去砍它，高高低低着欠砍，砍来砍去砍到圯……十一月来挑稻回，担稻不了请乡村。请来乡村担足足，谁都齐扬这坩园。十二月来到人过年，舂米做酒试新味。旧衣旧裤换下染，媳妇子儿回过年。

从正月一直唱到十二月，讲述了开园、播种、收割、做米酒的全过程，总结了人们的劳动智慧，传授了知识。《正月歌》也是从一月唱到十二月，分别记录了每个月的特征以及人们应该做的农事，鼓励人们努力工作、勤奋惜时。其他的如《生茶子歌》《蜂玩花歌》《游灯歌》《正月六连歌》等也是采用相同的样式，《时辰歌》以"子、丑、寅、卯、辰、巳、午、未、申、酉、戌、亥"十二个时辰层层递进来展开内容。还有的以数字开头来组织结构，例如《十怨歌》："一怨来到咱贱命，八字携来早安定；一味受贫二受苦，携东不成西不成。二怨来到咱身体，咱做个人难作诗；不食不穿人看短，不得清闲过一时……"按数字顺序铺陈开来，类似的还有《十闷歌》《快乐歌》《十等上娘》等，反复渲染情感，一唱三叹，使歌谣朗朗上口便于记忆和流传，充满语言美，给人愉悦的审美感受。

　　三亚黎族民歌富有民族风情和地方特色，反映黎族人的民族性格特征和审美追求。它有着纯真质朴的内质，不事雕琢，是情感的真实流露，它同时又有灵秀机巧的外在形式，达到了"不求工而自工，不求好而自好"[①] 的境地，给人以美的享受。

（田静怡　冯广艺）

**参考文献**

[1] 苏庆兴主编：《三亚黎族民歌》，学林出版社 2011 年版。

[2] 符桂花主编：《黎族传统民歌三千首》，海南出版社 2008 年版。

[3] 杨滋举、罗海燕、李柏青：《海南民族歌谣初探》，海南出版社 2008 年版。

[4] 谭月珍：《黎族民间文学的审美特征探析》，《大家》2012 年第 14 期。

---

① 刘半农：《半农杂文二集》，上海良友图书印刷公司 1935 年版。

# 后　记

　　自从 2009 年中南民族大学语言学与濒危语言研究团队组队以来，我们团队就把南方少数民族语言作为重点研究对象。团队承担了教育部人文重点研究基地重大项目"黎语生态研究"、海南省"黎学论丛"重大招标项目、教育部后期资助项目"语言生态学研究"、横向项目"瑶族古文字研究""瑶族古文字的发掘整理研究"等，出版了《黎语生态论稿》《永州女书》等著作，发表了十几篇相关研究论文。近几年来，我们团队每年寒暑假都深入南方少数民族地区调查少数民族语言及其生态环境，先后参加调研活动的老师和研究生、本科生有三十多人次。通过调研，我们和少数民族同胞建立了深厚的感情，也加深了对少数民族语言文化的了解。本书就是我们历次调研成果的汇编。

　　中南民族大学语言学与濒危语言研究团队有着很好的学术传统。早在 20 世纪 50 年代，著名语言学家严学宭先生就开始调查研究黎语，研究黎文的创制和应用等问题，土家语研究专家何天贞教授致力于研究土家语，出版了《土家语简志》等著作，女书研究专家谢志民教授在女书研究上自成一家，他编撰的《女书字典》是学术界研究女书的重要参考书，女书文化研究中心（女书文化研究所）聚集了一批研究女书文化的学者。薪火相传，前赴后继。在老一辈学者开辟的学术天地里，我们团队将继续耕耘，不断开拓，力争取得更多的新的研究成果。

　　本书的出版，得到了教育部人文社会科学重点研究基地重大项目"黎语生态研究"经费和中南民族大学学科建设经费的资助；中国社会科学出版社文学艺术与新闻传播出版中心主任郭晓鸿博士和特约编辑席建海先生悉心审稿，匡谬指瑕，在此一并致谢！

冯广艺　李庆福

2016 年 5 月 7 日